LA VIE

DE DON

ALPHONSE BLAS

DE LIRLAS,

FILS DE GIL BLAS

DE SANTILLANE.

AVEC FIGURES.

A AMSTERDAM,

Chez MEYNARD UYTWERF.

M. DCC. LIV.

AVERTISSEMENT

DU

LIBRAIRE.

L'Ouvrage que je don-
ne ici, pourra servir
de suite à l'HISTOIRE
DE GIL-BLAS DE SAN-
TILLANE, qui, avec rai-
son, a été si bien reçue du
Public, & traduite en di-
verses Langues. Je me flatt

AVERTISSEMENT.

que l'Hiſtoire du Fils de ce
fameux Avanturier pourra
ne pas déplaire , des Perſonnes de goût m'ayant aſſuré
qu'ils l'avoient lue avec plaiſir.

TABLE

TABLE
DES
CHAPITRES

Contenus dans ce Volume.

LES

LA VIE
DE DON
ALPHONSE BLAS
DE LIRIAS.

CHAPITRE I.

*Education d'*ALPHONSE. SCIPION *arrive d'*AMÉRIQUE.

APRE'S ce que mon Pere a publié de ses Avantures, je crois abſolument néceſſaire de donner, comme je vai faire, une idée de notre famille un peu différente de celle qu'on pourroit s'en être formée. Le Public, qui a reçu l'Ouvrage de mon Pere avec un ſi grand empreſſement, & qui n'en parle encore qu'en termes qui marquent ſon aprobation, pourra voir par-là que ſi mon origine a quelque

A   choſe

chofe d'ignoble du côté de mon Pere, elle
eft d'autant plus illuftre par une longue fuite
d'ancêtres les plus diftingués du côté de ma
Mere. Elle étoit d'une famille où il n'y avoit
jamais eu le moindre mélange de fang Maure
ni Juif ; honneur dont peu de familles, même
les plus diftinguées parmi la Nobleffe, pourroient fe glorifier : elle étoit d'ailleurs alliée
à la plûpart des principales Maifons d'Efpagne. De ce mariage ma Mere n'eut que deux
fils, dont je fuis le cadet. Dès l'âge de cinq
ans je fus élevé chez Don Alphonfe mon Parrain, qui n'aïant point d'enfans me demanda
à mes Parens. Il leur promit de fe charger
non-feulement du foin de mon éducation,
mais encore de celui de ma fortune & de
mon établiffement dans le monde.

Peu après la difgrace du Comte d'Olivarès,
le Roi jugea à propos de donner à un autre
la Viceroyauté d'Arragon qu'avoit mon Patron : cela fe fit felon la coutume des Cours,
on donna à mon Parrain de grands éloges
fur la maniére dont il avoit rempli fes fonctions dans un Pofte fi éminent ; le compliment fut affaifonné d'une penfion proportionnée à fa naiffance, & à la dignité dont il
avoit joui plufieurs années. Il fe retira fur fes
terres, il menoit dans fon château une vie
auffi retirée que le pouvoit une perfonne de
fon rang & de fa qualité, & qui étoit généralement eftimé & confidéré tant des Grands,
que des autres Gentilshommes du Pays. Il
paffoit la plus grande partie de fon tems dans
fa Bibliothéque, ou à s'entretenir avec Dona
Séraphina fon époufe, qui avoit un goût extraordinaire pour les Mathématiques ; ou
avec fon Chapelain, qui avoit plus de lecture

ture que n'en ont d'ordinaire les perſonnes
de ſon état, qui tout Prêtre qu'il étoit accompagnoit ſa ſcience de beaucoup de modeſtie, & d'une piété ſolide. Il y avoit outre
cela dans le château un Gentilhomme Allemand, homme de bon ſens, & qui outre
qu'il ſe piquoit de Philoſophie, poſſédoit
paſſablement les langues mortes, & parloit
aſſez facilement quelques-unes des principales de l'Europe. Don Alphonſe l'avoit prié
de ſe charger du ſoin de mon éducation. Ce
bon Gentilhomme prit une telle affection
pour moi, qu'il me tenoit preſque continuellement entre ſes bras. Comme il ne me parloit jamais que Latin, à peine eus-je atteint
ma huitiéme année, que je parlois cette langue preſque mieux & avec plus de facilité
que l'Eſpagnole. Mon illuſtre Patron, qui
honoroit toujours mon Pere de ſa protection
& de ſa bienveillance, alloit de tems en tems
avec Dona Séraphina paſſer un mois ou ſix
ſemaines à Lirias : on y menoit auſſi le Chapelain & le Gentilhomme Allemand, &
j'étois de la partie.

Les premiéres années de mon éducation ſe
paſſérent ainſi entre les ſoins, les attentions,
& les careſſes ; qui pourtant ne paſſoient pas
les juſtes bornes que la prudence & le diſ-
cernement leur preſcrivoient. A l'âge de
treize ans je poſſédois également bien le Latin, l'Allemand, le François & l'Italien,
outre ma langue maternelle. Alors Don Alphonſe crut qu'il étoit tems de me mettre
dans l'Univerſité de Salamanque. Il m'y envoya ſous la direction de Don Juan de Steinbock, c'eſt le nom du Gentilhomme Allemand
qui juſqu'alors avoit été chargé du ſoin de

mon éducation. Il nous donna pour nous servir deux domestiques portant livrée.

Mon Gouverneur qui avoit pour moi une
tendresse de Pere, se donna des peines extraordinaires pour m'avancer dans mes études; il ne négligea aussi rien de tout ce qui
pouvoit contribuer à me donner de bonne
heure des principes solides d'honneur & d'é-
quité; en un mot, il mit toute son attention
à me rendre bon Chrétien. Je ne pouvois
aller nulle part sans qu'il m'accompagnât. Il
ne souffroit point que je reçusse de visites,
ni même que j'eusse aucune familiarité avec
de jeunes gens dont la conduite lui étoit sus-
pecte, ou dont le mauvais exemple auroit
pu me jetter dans la débauche. Comme j'avois
pour lui une véritable amitié, & que d'ailleurs ses manières étoient des plus prévenantes, ce genre de vie n'avoit rien de
gênant pour moi. J'avois tout autant de
plaisir en sa compagnie, que j'aurois pu
en avoir en celles des jeunes gens de mon
âge. Ce prudent Gouverneur ne me refusoit
aucun amusement honnête & convenable;
& il s'y prenoit avec moi de telle façon, que
l'étude me paroissoit plûtôt un jeu qu'une
occupation pénible. Je ne sçaurois dire au juste combien Don Alphonse nous passoit pour
notre dépense annuelle; cependant nous
avions trois bons chevaux à l'écurie; j'avois
toujours la bourse bien fournie, & païois
moi-même mes livres, & je fournissois à mes
autres besoins. Lorsque je n'avois plus d'argent, Don Juan m'en donnoit de nouveau,
sans même me demander compte du vieux: à
la vérité il n'ignoroit rien de mes dépenses,
& je ne sçaurois encore à présent me reprocher

chet d'avoir dépensé un réal mal-à-propos dans l'espace de deux ans que nous restâmes à Salamanque, avant que d'aller faire un tour pour voir Don Alphonse, ou mes Parens.

Comme j'avois un goût décidé pour l'étude, j'y prenois d'autant plus de plaisir, que j'étois toujours secondé par mon aimable Gouverneur, qui de son côté avoit un soin extrême d'en prévenir ou d'en aplanir toutes les difficultés. Aussi ne me suis-je jamais dérangé des heures qui étoient destinées pour mes occupations. J'employois mes heures de loisir à aprendre le Dessein, c'étoit un amusement pour lequel j'avois beaucoup de goût; j'aimois aussi beaucoup à m'aller promener avec mon Gouverneur & un jeune Seigneur nommé Don Joseph de la Zerda. Celui-ci avoit avec lui un Gentilhomme chargé de veiller à son éducation, & qui étoit très-attentif à ne lui laisser faire connoissance qu'avec des personnes dont la conduite & les mœurs fussent sans reproche.

Don Joseph étoit petit-neveu du Duc de Médina Céli. Nous liâmes ensemble une très-étroite amitié, & il étoit rare que nous ne fussions pas ensemble aux heures de recréation. Nos Gouverneurs, qui étoient tous deux de fort honnêtes gens, & d'une profonde érudition, étoient aussi unis entr'eux que leurs Eléves. Nous faisions souvent de petites parties de plaisir; nous mangions presque toujours ensemble, tantôt dans l'appartement de Don Joseph, tantôt dans le mien. Enfin nous fûmes rapellés, Don Juan & moi, par Don Alphonse. Sur ce que Don Juan lui avoit mandé des progrès que j'avois fait dans mes études, il avoit trouvé qu'il

étoit

étoit tems de me faire faire mon tour d'Europe, & de m'envoyer étudier dans le grand
livre du Monde.

Nous prîmes congé de Don Joseph & de
son Gouverneur. Mon ami me fit l'honneur
de me promettre la continuation de son amitié : il m'offrit ses services de la manière la
plus obligeante, si je venois jamais à être
à même d'en avoir besoin dans la suite. Nous
fûmes agréablement surpris en arrivant à
Leyva, d'y trouver toute la famille de Lirias & de Jutella, que Don Alphonse &
Dona Séraphina avoient invité à venir passer
les Fêtes de Pâques à cette maison de campagne.

Je ne m'étendrai pas sur la réception qu'on
nous y fit. Il suffira de dire qu'elle fut telle
que nous pouvions l'attendre d'un généreux
Patron satisfait de ma conduite, & de tendres Parens pour un fils qu'ils n'avoient pas
vu depuis deux ans, & qui ne leur avoit jamais donné le moindre mécontentement.

Après les premiers complimens, je demandai d'abord des nouvelles de mon frere :
on me dit qu'il étoit allé à la pêche, & quand
il étoit une fois sorti dès le matin pour aller
à ces sortes de plaisirs, il ne revenoit jamais
au logis avant la nuit. Don Juan de Jutella
mon Oncle se fit un plaisir de m'instruire
de son caractére, il me le donna pour un
bon Gentilhomme campagnard, qui possédoit à fond les talens & les ruses de la chasse & de la pêche : quoiqu'il n'eût, me dit-
il, qu'un an & demi de plus que moi, il n'y
avoit pas selon lui un homme dans toute
l'étenduë de la Monarchie qui se connût
mieux en chevaux & en chiens, qui pût

mieux

mieux résister à la fatigue, ou qui tuât plus
de gibier ; qu'il n'avoit pas son pareil à la
pêche ; & qu'à la chasse il étoit également
bon au poil & à la plume : que le plus beau
concert de musique ne flattoit pas tant ses
oreilles, que lorsqu'il est à la piste d'une
meute de chiens courans, tant il est versé
dans le langage des chiens. Dans la saison
de la pêche il fait toutes sortes de mouches
artificielles pour pêcher à la ligne ; personne
ne connoît mieux que lui toutes les différentes sortes d'apas & d'amorces pour chaque
espéce de poisson. Dans le tems des perdrix
il ne chasseroit pas avec un chien qu'il n'auroit pas dressé lui-même : il est sur l'article de
la chasse d'une délicatesse si grande, qu'il ne
voudroit seulement pas se servir d'un filet
qui auroit été fait d'une autre main. Enfin,
selon mon cher Oncle, Monsieur mon frere
étoit un Gentilhomme de campagne accompli ; & je parierois bien, dit mon Oncle,
qu'il ne verra jamais la Cour, tant il trouve de plaisir & de charmes dans la vie champêtre. Et de fait, continua-t-il, ce n'est qu'à
la campagne qu'on peut trouver le seul & véritable bonheur ; ce qu'il seroit aisé de prouver par les exemples de tant de personnages,
qui après avoir long-tems cherché cette félicité au milieu du tumulte & des affaires,
ou dans la pompe & les grandeurs de la
Cour, ont enfin vu que leur poursuite étoit
vaine, & ont pris le sage parti de chercher
ce bonheur, & l'ont trouvé dans les amusemens innocens d'une vie champêtre &
retirée.

En bonne-foi, dit mon Pere, vous &
sa Mere vous m'avez entiérement gâté cet

 enfant

enfant; fans cela j'aurois pu le pouffer dans les
Sciences, & j'en aurois fait quelque chofe
de bon : il auroit pu être de quelque utilité à fa Patrie, & donner un certain relief
à fa famille, d'autant que de mon côté il
faut des vertus bien éclatantes pour cacher
la baffeffe de ma naiffance : mais d'un côté,
Madame, felon la louable coutume des
Meres, n'a point voulu qu'on le fît étudier,
crainte qu'on n'altérât fa fanté ; & de l'autre, l'indulgence que vous avez eu de flatter fa paffion pour la chaffe & autres amu-
femens de cette efpéce, l'a entretenu dans
fa pareffe naturelle, & a pour ainfi dire
fortifié & fomenté fon averfion pour l'é-
tude, deforte qu'il ne fauroit être propre à
autre chofe qu'à exercer quelque vil emploi
dans un chenil, ou dans quelque écurie. Sainte
Vierge reprit ma Mere, le pauvre enfant a
toujours été fi délicat & fi fluet que l'aplication l'auroit tué ; & après tout, à quoi lui
ferviroit la Science ? N'y a-t-il pas dans la
génerofité de Don Alphonfe, & dans ce
que vous avez gagné par les fervices que
vous avez rendu à l'Etat, au-delà de ce
qu'il en faut pour fatisfaire l'ambition de
tout homme qui fçaura fe contenter du néceffaire pour les befoins de la vie ? Vous
pouvez encore y ajouter ma terre de Jutella, dit mon Oncle ; car vous voyez que
je n'ai point d'enfans. Fort bien, dit mon
Pere ; mais ma Femme, continua-t-il en
s'adreffant à ma Mere, fongez-vous bien
que vous avez encore un autre fils ? je crois
en bonne-foi que vous l'avez oublié, car
vous avez tout donné à Sanche. Et que
vous a donc fait Alphonfe ? Ne foyez point
inquiet

inquiet sur son compte, reprit mon Parrain & bon Patron, ne me l'avez-vous pas
donné? Dona Dorothée me rend justice, en
pensant que ses soins pour Alphonse seroient
superflus.

A ce discours, je fis une profonde révérence à Don Alphonse, & j'allois lui faire mes
très-humbles remercimens, mais mon Gouverneur ne m'en donna pas le tems. Si des
sentimens de l'affection la plus tendre & la
reconnoissance la plus parfaite, dit-il à mon
Oncle, suffisent pour lui mériter la continuation de vos bontés; je suis garant qu'il
aura toujours en vous, Monsieur, un Patron des plus généreux & des plus affection-
nés. Dona Séraphina ajouta, qu'elle ne doutoit point que Don Alphonse, dont elle connoissoit le bon caractère, avec les sentimens
nobles qui lui étoient inspirés par Don Jean
de Steinbock, ne donnât toujours à son
Patron tout lieu à ne point se repentir de
sa générosité: si tant est qu'on puisse apeller
ainsi ce qui dans le fond étoit dans les bornes
de l'exacte justice, de payer en la personne du
fils, une partie de ce qu'on doit à son Pere.

Pendant que ces complimens se faisoient,
on avoit-préparé le souper; car il se faisoit
déja tard lorsque nous arrivâmes à Leyva.
Le bon Chapelain arriva sur ces entrefaites,
il nous félicita sur notre heureux retour, &
nous fit à tous les deux un compliment fort
court, mais très-bien tourné, au Gouverneur sur les soins qu'il s'étoit donné pour
mon éducation, & à moi sur la manière dont
j'y avois répondu.

A peine étions-nous à table, que mon frere
arriva de la chasse. Tout ce que mon Pere

avoit.dit de lui, m'en avòit donné une telle idée, que si je ne le croyois pas tout-à-
fait un Paysan, du moins je m'étois figuré
de trouver en lui toute la rusticité d'un
Gentilhomme campagnard. Aussi je fus d'autant plus agréablement surpris, quand au
lieu d'un rustre Gentillâtre que j'attendois,
je trouvai en lui un jeune homme de condition, bien fait, se presentant des mieux,
aïant des maniéres & de la politesse; je lui
trouvai du bon sens, un esprit vif & prévenant, & le tout accompagné de beaucoup de
prudence. Il m'embrassa avec une tendresse
qui me charma; il fit aussi à mon Gouverneur
un compliment fort court & des mieux
tournés. Durant tout le souper je ne fis attention qu'aux discours de mon frere & à
ses maniéres, & mon petit amour-propre
ne trouva guéres son compte à voir de
combien ce Gentilhomme chasseur me sur-
passoit en tout. Dès l'enfance mon Oncle
l'avoit accoutumé à raisonner avec le monde, & il ne faisoit aucune visite chez quelque personne de qualité du voisinage, qu'il
ne le menât avec lui. On lui avoit fait
faire ses exercices à Jutella, où mon Oncle
entretenoit un Maître à danser, & un en
fait d'armes; d'ailleurs ce tendre Oncle avoit
pris la peine de lui aprendre à monter à
cheval. Il n'y avoit pas d'homme dans toute
la Monarchie, fut-ce même un Maître, qui
entendit mieux le manége que ce bon-homme. Don Juan avoit beaucoup de goût pour
l'Histoire, il se la faisoit lire par mon frére tous les soirs, & même pendant le jour,
lorsque le tems ne permettoit pas d'aller à
la chasse ou à la pêche; il lui faisoit même

me écrire dans un repertoire les endróits
les plus effentiels & les paffages les plus
remarquables. Dans ces lectures ils faifoient
leurs remarques, ils raifonnoient, ils cen-
furoient ou ils louoient la conduite dès
Grands-Hommes dont il étoit parlé. De cette manière mon frere s'étoit rendu très fa-
miliére l'Hiftoire de prefque toutes les Nations, il avoit la mémoire heureufe; & par-
là, fans être Homme d'étude, il ne laiffoit
pas d'être d'une fort bonne converfation.

Mon frere m'adreffant la parole, me dit
qu'il avoit fenti un plaifir extraordinaire,
en voyant le portrait avantageux que mon
digne Gouverneur avoit envoyé de moi
lorfque nous étions à Salamanque; & cela
non feulement, dit-il, par la part fincére
que je prens à tout ce qui vous regarde;
mais encore par la fatisfaction que devoit
avoir Don Alphonfe notre bon Patron, &
à qui nous devons un attachement des plus
réfpectueux, de voir combien vous répon-
diez à fon attente, & fentiez tout le prix
de la bienveillance & de la protection dont
il vous honoroit. Je repliquai que j'étois
pénétré de l'excès de fes bontés, que je
connoiffois tout ce que notre famille devoit à ce Seigneur, & que je ne pouvois
même les reconnoître que foiblement, par
une foumiffion aveugle à fes volontés, &
par les fentimens de la plus vive gratitude.

Notre Patron, dont le bon cœur ne s'accommodoit pas de nos complimens, nous interrompit & m'adreffant la parole : Alphonfe, dit-il, avez-vous jamais vu l'Emblême de
la Libéralité ? Oui, Seigneur, répondis-je.
Eh bien, continua-t-il, vous favez que

lorsqu'elle fait quelque présent, elle tourne la tête en arriére, pour marquer qu'elle n'en attend aucune reconnoissance, & qu'on est amplement dédommagé d'un bienfait par le seul plaisir que goûte en le faisant un cœur bien placé. Je loue votre façon de penser de votre frére & de vous; mais tout votre entretien ne me fait nullement plaisir, & si vous voulez m'obliger, vous m'épargnerez la peine de ne plus rien entendre sur ce sujet. Il dit ces mots d'un ton à nous imposer silence, & changeant lui-même de discours : Sanche, dit-il en s'adressant à mon frere, vous êtes-vous bien amusé aujourd'hui ? à quoi vous êtes-vous diverti ? Seigneur, répondit mon frere, j'ai aporté pour un bon plat de poisson, que votre Seigneurie verra bientôt sur la table.

Il achevoit à peine de parler, qu'un Page vint dire à Don Alphonse que le Seigneur Scipion d'Amérique demandoit la permission de baiser les mains à sa Seigneurie. Cette nouvelle répandit une joïe universelle, que je vis peinte sur les visages de toute la compagnie. Ma Tante, Séraphine de Jutella, ne fit qu'un cri, elle ne put modérer sa joïe : Que le bon Dieu soit loué & la Sainte Vierge de Montferrat, dit-elle d'abord, c'est mon cher Pere! Tout le monde se leva de table. Don Alphonse alla d'abord embrasser ce bon homme, qu'un Page conduisoit. Dans le même instant ma Tante se jetta à ses genoux, elle les embrassoit tendrement & les baignoit de larmes de joïe. Chacun s'empressoit, & sur-tout mon Pere, à le féliciter sur son heureux retour

tour après une absence de douze ans.

Enfin chacun eut son tour pour lui faire son compliment. Ma Tante de Jutella nous présenta à lui, à notre tour mon frere & moi: Après cela Don Alphonse, lui fit donner un siége à côté de lui. Il lui fit d'abord plusieurs questions, c'étoit-à qui lui en feroit davantage : Seigneur, dit Scipion, lorsque votre Seigneurie se trouvera assez de loisir pour s'amuser de mes avantures, j'aurai l'honneur de lui en faire un détail circonstancié. Pour à présent, je me contenterai de lui dire que j'ai sacrifié ma vie à la tendresse que j'ai pour ma fille, & à la reconnoissance que je dois avoir pour mon Patron le Seigneur Gil Blas de Santillane, à qui je suis charmé de voir deux enfans qui paroissent promettre beaucoup. Puis s'adressant à mon Oncle de Jutella, Seigneur Don Juan, lui dit-il, j'aporte de la Nouvelle Espagne assez d'argent pour rejoindre à la terre de Jutella, celle que le bon cœur & la générosité de vos Ancêtres ont pu en aliéner, & même pour y en ajouter de nouvelles. La Seigneurie de Xagua, qui est entre Jutella & Lirias, & qui y est contigue, a été achetée deux ans après son aliénation par le vieux Pédro Rondillas mon Agent à Madrid ; mais le contrat en est en votre nom, je l'ai laissé avec mes gens & mes équipages à Lirias, où je suis arrivé ce matin.

J'étois si empressé de rendre mes respects au Seigneur Don Alphonse, & à Madame Séraphine, de voir mon chére Patron, ma fille & vous, qu'à peine ai-je pu prendre sur moi de me reposer une couple d'heures ; j'ai même pris vos chevaux ; Seigneur

Don

Don Gil Blas , dit-il en s'adreſſant à mon
Pere, tant j'étois impatiente de venir à Leyva. L'acquiſition dont j'ai parlé m'a couté
cent mille écus ; je vous en fais préſent ,
dit-il à Don Juan , pour vous dédommager
en quelque ſorte de ce qui peut manquer
à ma fille du côté de la nobleſſe. J'ai d'ailleurs par devers moi deux cens mille piaſtres
en bonnes eſpéces ſonnantes , outre un petit
préſent d'un collier des plus belles émeraudes de l'Amérique , que j'eſpére que la Comteſſe de Leyva voudra bien accepter. J'ai un
autre collier de groſſes perles parfaitement
rondes & de la plus belle eau que j'offre à
Dona Dorothée , & quelques rares tentures
de tapiſſeries travaillées en plumes pour le
Seigneur Don Alphonſe. Pour mon cher
Patron, le Seigneur Don Gil Blas, je n'ai
qu'un cœur pénétré de la plus tendre affection & de la plus vive reconnoiſſance; mais je
deſtine au cadet de ſes fils un fort beau domaine, dont j'ai fait l'acquiſition pour lui
dans le Mexique : j'ai auſſi quelque choſe ,
que j'eſpére que l'aîné ne dédaignera pas ,
& pour moi je me reſerve des Lettres de
Nobleſſe, que j'ai acquis au prix de mon
ſang , & une extrême caducité , & les infirmités qui en ſont inſéparables ; en quoi
l'on voyoit bien que le bon-homme ne di-
ſoit que trop vrai.

Voilà, dit-il , un petit abrégé , en attendant l'occaſion d'entrer dans un détail plus
circonſtancié. Je n'ai à préſent qu'une grace
à vous demander , qui eſt que chacun s'é-
pargne les complimens que ſon bon cœur
pourroit lui ſuggérer , mon inclination en
tout ce que j'ai déclaré , n'aïant fait que

ſuivre

suivre mon devoir, & au surplus qu'on veuille bien ne se point déranger ; continuez, je
vous prie, votre souper, & me laissez tranquilement aller dans la chambre qu'on m'aura préparée, chercher un repos dont j'ai
grand besoin, car je suis extrêmement fati-
gué du voyage.

Là-dessus Don Alphonse ordonna aussi-
tôt à un valet de chambre de conduire le
bon-homme Scipion à l'apartement qui lui
étoit destiné, puisqu'il ne vouloit absolument pas que personne quittât sa table pour
l'accompagner. Cependant, quelque instan-
ce qu'il pût faire, il n'empêcha point mon
Pere de le suivre jusqu'à sa chambre : à la
vérité il le quitta & bien-tôt pour le laisser
reposer, & s'en vint rejoindre la compagnie.

Le retour du *Seigneur* Scipion dans le
tems où la compagnie étoit si nombreuse,
fut un véritable sujet de joïe pour nous tous,
quoiqu'à la vérité elle ne laissât pas d'être
un peu altérée par la peine où l'on étoit de
le voir si accablé de vieillesse & d'infirmités,
qu'on ne doutoit pas qu'il ne fût bien près
de la fin de sa carriére. Je n'étois guéres au
fait de ce qui le regardoit : seulement j'a-
vois oui parler de lui quelquefois à mon
Pere & à ma Tante, & je savois qu'il étoit
en Amérique. Je souhaitai d'être un peu
mieux instruit ; le souper fini, la conversation ne fut pas longue, chacun se retira
dans sa chambre ; & comme j'étois plus
étranger que mon frere, il voulut faire les
honneurs de la maison ; il vint m'accompagner dans ma chambre ; je le priai, s'il
savoit quelque chose de la vie de ce galant-
homme

homme, de vouloir bien m'en inftruire.

Je n'ai rien à vous refufer ; me dit ce cher frère ; mais il eft déja tard , vous devez avoir befoin de repos : d'ailleurs , comme fon hiftoire eft un peu longue ; croyez-moi, fufpendez votre curiofité jufqu'à ce que nous foyons à Lirias. Là je pourrai vous montrer un Manufcrit que notre Pere a fait de toute fa vie jufqu'à votre naiffance. Comme les avantures du Seigneur Scipion font fort liées avec les fiennes , elles y font tout du long , & vous les y verrez mieux détaillées. Je cédai à ces raifons, il refta encore un peu dans ma chambre , pour voir s'il ne me manquoit rien ; enfuite il me fouhaita le bon foir , & fe retira dans fon appartement.

CHAPITRE II.

Ingratitude punié.

LE lendemain matin , je vis à peine la petite pointe du jour que je me levai, fuivant l'habitude que j'en avois prife au Collége. Dès que je fus habillé , voyant qu'il n'y avoit encore perfonne de levé , je paffai dans le cabinet de livres de Don Alphonfe, où je m'amufai à lire jufqu'à ce que j'aperçus que tout le monde étoit debout. Alors je vins dans la fale , j'y trouvai Don Alphonfe, Don Juan, & mon Pere : il me parut qu'ils parloient entr'eux d'affaires férieufes, je me contentai de les faluer en paffant ; de-là j'allai dans la grande cour du châ-

château, où je rencontrai mon frere monté
fur un beau cheval Turc, qu'il dreſſoit avec
beaucoup de grace. D'abord que mon frere
m'aperçut, il avança vers moi, & après
m'avoir ſouhaité le bon jour, il me demanda comment j'avois paſſé la nuit, ſi le changement de lit n'avoit pas interrompu mon
ſommeil ; il me dit même, avec un air d'a-
mitié qui me charma, qu'il n'avoit pas voulu paſſer à ma chambre crainte de m'incommoder, ne comptant pas que j'aurois été
éveillé ſi matin. Il fut tout étonné quand
je lui dis qu'il y avoit long-tems que j'é-
tois levé ; j'ajoutai même que ç'avoit été
auſſi la crainte de l'éveiller qui m'avoit em-
pêché d'aller lui donner le bon jour dans
ſa chambre. Il me demanda ſi je voulois
monter à cheval, & aller faire un petit
tour pour prendre l'air, afin de revenir déjeûner enſuite de meilleur apétit. Je répondis que j'étois fort ſenſible à ſes attentions,
que j'accepterois la partie avec beaucoup
d'empreſſement ; mais que je n'avois pas
encore rendu mes devoirs à Don Alphonſe ; outre que je craignois que ce ne fût
un manque d'égards envers le Seigneur
Scipion, de ne pas attendre qu'il fût deſ-
cendu.

Vous avez raiſon, reprit mon frere, c'eſt
à quoi je n'avois en vérité pas fait attention.
J'avois même formé le deſſein de déjeûner
avec vous, & ſi vous me l'aviez permis,
d'aller joindre Don Pédro de Patillos, avec
qui j'avois fait la partie d'aller ce matin
jetter quelques filets dans un endroit de la
riviére où nous comptions faire une pêche
des plus abondantes. Mais je vai lui envoyer

un

un laquais pour le prier de m'excufer; en
attendant donnez-vous la peine de m'aller
attendre dans la fale à manger, voici à peu
près l'heure où toute la maifon s'y trouve
pour déjeûner.

Au nom de Don Pédro de Patillos, il
me paroit, lui dis-je, l'avoir ouï quelquefois nommer à notre Mere, & je fuis bien
trompé s'il n'eft pas de nos parens. Il l'eft
effectivement, reprit mon frere; il eft iffu
de germaïn de Dona Dorothéa; il nous
fait quelquefois l'honneur de venir nous
voir à Lirias; j'ofe dire même qu'il m'ho-
nore de fa protection; car enfin, tout parent qu'il eft, je crois devoir me fervir de
ce terme pour nommer ce qu'un Seigneur
de fon rang & fi fort au-deffus de nous,
veut bien apeller amitié. Il revint de fes
voyages peu après votre départ pour Salamanque. Il amena avec lui fon époufe, qu'il
avoit prife à Rome. Cette Dame eft, de l'a-
veu de tout le monde, la beauté la plus
parfaite qu'il y ait dans toute l'Efpagne.
Elle lui a aporté une dot dont bien des Princes Souverains fe feroient fort accommo-
dés; & pour fon mérite perfonnel, en vérité il donneroit encore du luftre au premier Trône de l'Europe; & malgré tout
cela, je puis vous dire fans exagération, que
Don Pédro eft bien digne de l'avoir pour
époufe, & même à tous égards. D'abord pour
fa perfonne, il eft fait au tour; il a les traits
du vifage les plus beaux & les plus réguliers
qui fe puiffent, & la phyfionomie la plus
heureufe & la plus prévenante. Sa naiffance eft des plus illuftres du Royaume,
une longue fuite d'ayeux tant du côté du

Pere

Pere que de la Mere qui ont occupé les
premiéres Charges de l'Etat , ou qui ont
été décorés des principaux Ordre de Chevalerie , & même des Commanderies : ses
maniéres seules suffisent pour faire voir
qu'il est homme de la meilleure naissance,
son esprit est très orné tant par l'étude que
par les voyages : les sentimens de son cœur
se font aimer de tous ceux qui le connois-
sent : sa conversation est des plus aimables,
sa douceur , sa compläisance , & ses attentions sont le modèle des bons maris.

Vous m'en faites un portrait trop avantageux , dis-je à mon frere, pour que je ne
sois pas très-empressé d'avoir l'honneur de
sa connoissance. Je serai charmé que vous
profitiez de la premiére occasion que vous
trouverez, ou que je vous prie de faire naître pour me la procurer , & me présen-
ter à lui. Vous sentez bien , dit mon frere
avec beaucoup de cordialité , que par les
sentimens que j'ai pour vous , je n'ai garde
de ne pas penser comme vous : je suis même fâché que vous m'aïez prévenu : outre
que sa constance vous fera plaisir , c'est
qu'elle pourroit par la suite ne vous être
pas inutile, d'autant que par sa Mere il est
neveu du Duc d'Ossone dont elle est sœur.
Vous savez que ce Seigneur est au-dessus
de presque tous les autres par sa naissance,
par ses titres par ses biens , & par la figure
qu'il fait à la Cour. Oui , dis-je, je le sai.
Hé bien , reprit mon frere , il est encore
au-dessus de tout cela par ses vertus & par
son mérite personnel.

C'est peu dire que ce Seigneur est des
Grands de la premiére classe , quand tout

le monde d'un commun aveu le met à la tête
de la première claffe des gens de probité.
S'il eft grand par fa naiffance, il l'eft plus
encore par l'éclat de fes vertus. Celles-ci
n'empruntent aucun luftre de celle-là ; nôtre naiffance n'eft point l'effet de notre choix :
mais pour le Duc, la gloire qu'il tire de fes
vertus, eft toute à lui il la tire de fon propre fond ; il n'en doit rien au rang de fes
ancêtres, ni à la faveur de la Cour. Ses dé-
penfes répondent parfaitement au rang qu'il
tient dans le monde, il fait grande figure ;
mais en cela il ne fuit pas la mode de tant
d'autres ; le Marchand, l'Ouvrier, l'Artifan
n'en païent pas leur quote-part : l'Orfévre,
le Tailleur, le Marchand de galons, le Bour-
relier, n'ont pas befoin de faire leur cour à
un Valet de chambre, un Intendant, un
Comprador pour trouver moyen d'être païés.
Tout eft réglé chez lui, tout y eft dans l'ordre : il paye ce qu'il doit avec une exactitude auffi fcrupuleufe, qu'un Marchand qui
roule fur fon crédit, fait honneur au jour
marqué à fes Lettres de change.

Enfin pour vous faire fon portrait en
peu de mots, il a tout autant d'amis qu'il
y a de perfonnes qui le connoiffent ; & fi
tant eft qu'il ait un ennemi, ce que j'aurois
bien de la peine à croire, il faut que ce
foit un homme dont tous les honnêtes-gens
fe feroient une honte d'avoir l'amitié. Don
Pédro me fit un jour l'honneur de me prendre avec lui pour aller à la maifon de campagne du Duc ; j'y reftai près de fix femaines ;
j'y vis régner cette manière noble de recevoir fes hôtes, fans bleffer l'économie, la
véritable grandeur, du pair avec une cordia-

lité

lité sans affectation ; le faste & la splendeur
réglés par une affabilité qui lui gagne tous
les cœurs ; enfin une charité des plus éten-
dues, sans la moindre tache d'ostentation.

Pour son fils, si l'on en croit les flateurs,
car il a aussi les siens, & où est-ce que manque cette vermine ? il est d'une humeur en-
jouée, d'un naturel gai, généreux, brave
& intrépide, de bonne compagnie. Mais
ceux qui préférent la vérité à une basse flâ-
terie, le peignent comme un homme qui
n'a que le nom & l'aparence de ces vertus ;
ils le taxent d'être libertin, extravagant,
prodigue, querelleur, enfin comme plongé
dans la débauche la plus outrée. Selon eux,
on diroit qu'il a moins voyagé pour s'inftruire, que pour se gâter l'imagination ; qu'il
a moins cherché à connoître le Monde, &
les intérêts des différens Etats, qu'à recueil-
lir pour ainsi dire & aporter en général avec
soi les défauts qui sont particuliers à chaque Nation ; qu'il est par exemple aussi
hautain qu'un Vénitien, vindicatif comme
un Romain, petit-maître plus qu'un François, ivrogne comme un Allemand, fier &
plein de bonne opinion de soi-même comme un Anglois.

N'allez pas vous imaginer que ce soit
par aucun penchant à dire du mal de qui
que ce soit, que je vous fais de ce jeune Seigneur un portrait, qui malheureuse-
ment pour lui n'est que trop ressemblant.
Comme je sçai que Don Alphonse compte
de vous envoyer à la Cour, & que je ne
doute pas qu'entre les recommandations
qu'on aura soin de vous donner, il n'y en
ait pour vous procurer la protection du

Du

Duc d'Oſſone, j'ai cru qu'il étoit bon de
vous mettre au fait de ce qu'on penſe, &
même de ce qu'on dit dans le monde & du
Pere & du fils.

Ce cher frere prenoit tant de plaiſir à s'entretenir avec moi, qu'il avoit preſque oublié
de renvoyer ſon cheval. Il alloit pouſſer plus
loin la converſation, lorſqu'un Page vint
nous avertir que Dona Séraphina étoit viſible
& qu'elle étoit même deſcenduë dans la ſale.
Mon frere remit ſon cheval à un palfrenier,
nous allâmes joindre la compagnie, nous
trouvâmes qu'on prenoit déja le chocolat; c'é-
toit alors un régal très recherché, parce qu'il
s'en falloit de beaucoup qu'il fut ſi commun
qu'il l'eſt devenu dans la ſuite, on n'en
prenoit encore que dans les maiſons de
qualité. Le Seigneur Scipion demanda des
nouvelles de la plupart des familles du voiſinage, & entr'autres du Comte de Fuénté-
buéna. Don Alphonſe lui répondit que ce
bon Seigneur étoit encore vivant & en bonne ſanté; mais qu'il avoit quitté le Royaume de Valence, qu'il s'étoit retiré dans une
belle terre qu'il avoit dans le Royaume de
Murcie, qu'il faiſoit ſa réſidence dans
une maiſon de campagne des plus agréables : c'eſt, dit-il, un château qui donne
d'un côté ſur la Méditerranée; de l'autre
il offre le plus beau coup d'œil qu'on puiſſe
imaginer, par le mélange agréable d'un pay-
ſage garni de bois, de boccages, de prés,
de vergers, de champs, de plaines & de
collines, le tout extrêmement diverſifié,
enrichi de vergers à perte de vue, où l'on
voit tantôt des oliviers, tantôt des oran-
gers, où la Nature paroit l'emporter ſur
l'Art

l'Art pour rendre ce séjour enhanté, sans
parler des ruiffeaux d'une eau claire & ar-
gentine, dont les bords émaillés de fleurs
vous offrent un printems perpétuel. Pour
ce qui eft du château & de la terre qu'il
avoit ici dans notre voifinage, il les a cé-
dés à fon fils Don Pédro de Patillos, qui
pouvoit avoir douze à treize ans lorfque
vous partîtes pour l'Amérique. C'eft un très
aimable Cavalier, digne certainement du
trefor qu'il poffède en la perfonne de fon
époufe. Je vous dirai feulement en paffant,
qu'il l'a amenée de Rome où il l'a époufée,
elle eft de très-bonne famille, c'eft ce qu'on
peut apeller une beauté parfaite, joignez
à cela un mérite extraordinaire, & par deffus le tout une dot confidérable, je veux
dire une bagatelle de foixante mille écus de
rente. Notre ami Sancho pourra vous raconter fon hiftoire; je ne doute pas que le
récit ne vous en faffe beaucoup de plaifir.
Il eft parfaitement bien auprès de cette Dame, parce qu'il a trouvé le fecret de gagner
les bonnes graces de Don Pédro, de qui
il en a apris toutes les particularités, leur
liaifon eft d'autant plus étroite, que Don
Pédro eft auffi grand chaffeur, & entend parfaitement toutes les rufes de la campagne,
tant pour la pêche que pour la chaffe aux
oifeaux. J'ai trouvé cette hiftoire fi curieu-
fe & fi fort à mon gré, que je l'ai engagé
à l'écrire. Lui de fon côté a montré à cette
Dame ce qu'il en avoit couché fur le papier;
elle l'a reçu avec une bonté & une politeffe
qui donnent encore un grand relief à toutes fes autres belles qualités, elle a même
eu la complaifance de lui fournir copie des

deux

deux feules lettres qui ayènt été écrites
entr'elle & Don Pédro lorfque celui-ci la
recherchoit. Il les avoit copiés fur l'original Italien , & le Révérend Don Géronimo notre digne Curé a eu la bonté de les
traduire en Efpagnol. Je ne doute nullement , continua-t-il en s'adreffant à mon
frere, que vous n'obligiez infiniment le Seigneur Scipion & quelques autres de la compagnie, en les régalant de la lecture de votre
ouvrage. Je vous affure , dit-il à la compagnie, que notre ami Sancho n'écrit pas fi
mal , quoiqu'il n'ait pas été élevé dans
l'Univerfité. Le Seigneur Scipion ne manqua pas de dire qu'il feroit charmé de l'entendre lire ; mon frere à l'inftant ne fit qu'un
faut jufqu'à fa chambre, d'où il revint à l'inftant , tenant en main un rouleau de papier
écrit. Alors Don Alphonfe dit avec un air
de bonté , tandis que notre auteur amufera
par fa lecture ceux qui ne font pas encore
au fait de cette hiftoire , nous autres qui
la fçavons , nous irons faire un tour dans
le bofquet. Fort bien , dit la Comteffe de
Leyva , & nous irons Dona Séraphina
de Jutella & moi nous affeoir à notre toilette.

De cette façon il ne refta à mon frere
d'autres auditeurs , que le Seigneur Scipion.
Il ouvrit fon manufcrit , & pour fe donner
en riant un certain air d'auteur , il nous
fit un petit préambule , ou plutôt un compliment fur ce que nous ne trouverions point
dans fon ouvrage ce ftile fuivi & châtié
qu'on pourroit fouhaiter. Mon Gouverneur
alloit lui répondre par un autre compliment,
mais le Seigneur Scipion qui n'y entendoit
pas tant de fineffe , le pria de commencer

fans

sans cérémonie. La-dessus mon frere se mit
à lire cette histoire, telle qu'elle est ici, &
que je l'ai copiée sur l'original.

» Le Comte d'Albano & le Marquis Cas-
» truccio étoient de jeunes Seigneurs issus
» de deux illustres Maisons. Le premier,
» tout jeune qu'il étoit, jouissoit d'un riche
» & considérable patrimoine ; l'autre, fils
» d'un Pere qui s'étoit ruiné par le jeu & les
» autres folles dépenses dans lesquelles don-
» nent la plûpart des Gens de qualité, qui
» faute d'éducation ne sçavent ce que c'est
» que d'avoir seulement l'ombre des senti-
» mens qui forment l'honnête-homme, ne
» se trouvoit pas de quoi vivre même en
» petit Gentilhomme, loin de pouvoir fai-
» re une certaine figure qui répondît à sa
» naissance. Une bonne Tante eut pitié de
» lui, & eut la générosité de se charger de
» son éducation. La bonne Comtesse de
» Spizza, c'est le nom de cette Tante, avoit
» à peine elle-même de quoi faire à Rome
» une figure convenable à son rang ; de sor-
» te que pour avoir de quoi subvenir aux
» besoins de son neveu, elle prit le parti
» de se retirer sur ses terres, où à l'aide
» d'une économie bien entendue, la bonne
» Dame trouvoit le moyen de donner une
» éducation convenable à ce neveu, qu'elle
» regardoit comme son héritier.

» Dès qu'il fut en âge d'être placé dans
» une Université, elle l'envoya à Padoue,
» pour y finir ses études. Elle avoit, en choi-
» sissant cette Université, une double vue,
» sçavoir de le faire instruire dans les Scien-
» ces sous les habiles Maîtres dont cette
» Université est toujours pourvue, & de me

B

» me

» mettre à même de faire des habitudes avec
» les Seigneurs Vénitiens; outre qu'il lui fe-
» roit plus aifé de cultiver le Séréniffime
» Doge de la République, & un Procura-
» teur de Saint. Marc, tous deux alliés de la
» famille des Caftruccio, & auxquels elle
» l'avoit particuliérement recommandé, pour
» lui obtenir dans la fuite de l'emploi au fer-
» vice de cette République. Dès les premiers
» jours que le Marquis fut à Padoue, il eut
» occafion de faire des connoiffances. Celles
» qui fe font dans les Colléges font ordinai-
» rement les plus folides & les plus durables;
» il fe lia fur-tout avec le Comte d'Albano:
» ils étoient à peu près de même âge, tous
» deux d'illuftre famille; & comme il fe trou-
» voit une grande uniformité dans leurs
» humeurs, ils ne tardérent pas de lier en-
» femble une amitié, qui dans la fuite de-
» vint très-étroite; on auroit dit qu'on la
» voyoit s'accroître chaque jour; ils étoient
» rarement l'un fans l'autre, tant que le Mar-
» quis avoit de l'argent. Comme la petite pen-
» fion que fa Tante lui faifoit n'étoit pas fuffi-
» fante pour fournir à toutes les parties où il fe
» trouvoit invité par le Comte, il prenoit quel-
» quefois des prétextes pour s'en difpenfer.

» Les premiéres fois que cela arriva, le
» Comte lui reprochoit obligeamment qu'il
» n'avoit pas affez d'amitié pour lui; il fe
» défendoit de fon mieux de fes reproches:
» mais comme à la fin les prétextes venoient
» plus fouvent, le Comte crut réellement
» qu'il y avoit quelque refroidiffement de la
» part du Marquis; deforte qu'il fit plufieurs
» parties fur la Brenta & ailleurs avec fes au-
» tres camarades, fans y inviter le Marquis.
» Un

»Un tel procédé ne laiſſa pas d'être très-
»ſenſible au Marquis ; cependant ſon petit
»amour-propre ne lui permettoit pas de dé-
»clarer au Comte le véritable motif qui lui
»avoit fait refuſer de ſe rendre à ſes invi-
»tations précédentes. D'Albano , qui avoit
»réellement un fond d'amitié pour le Mar-
»quis , ſentoit toujours qu'il lui manquoit
»quelque choſe quand il n'étoit pas avec
»lui : il fit tant que par adreſſe il ſçut par
»le laquais de Caſtruccio le vrai motif des
»excuſes de ſon Maître : il fut tiré par-là
»de l'erreur où il avoit été , & vit que c'é-
»toit bien moins le défaut d'amitié , que le
»manque d'argent qui avoit porté ſon ami
»à chercher des prétextes pour éluder de
»ſe trouver dans toutes ſes parties de plai-
»ſir. Cette découverte le jetta cependant dans
»un nouvel embarras : il connoiſſoit ſa fa-
»çon de penſer , il ſçavoit qu'il avoit l'ame
»haute & qu'un certain point d'honneur ne
»lui permettroit jamais d'être redevable de
»ce côté-là à un étranger , & qu'il ne vou-
»droit pas qu'il fût dit qu'il ſe fut jamais trou-
»vé à quelque partie où il n'auroit pas payé
»ſon écot.

»Il étoit certainement bien en état de lui
»fournir ſans ſe déranger de quoi faire fi-
»gure , & jouer ſon rôle auſſi-bien que les
»autres dans ces ſortes de parties : il en
»avoit auſſi la volonté : il ne croyoit ja-
»mais trop cher le plaiſir de la compagnie
»d'un ami pour qui il avoit une amitié ſi
»forte : la ſeule choſe qui l'embarraſſoit ,
»c'étoit de ſçavoir comment s'y prendre pour
»lui faire ce préſent , ſans qu'il pût même
»ſe douter de qui il vénoit. Après avoir long-

»tems

» long-tems ruminé, tant une parfaite amitié
» eft induftrieufe ; il trouva un expédient ,
» dont il ne tarda pas de faire ufage. Il s'em-
» barqua fur la Brenta , qui fait un canal
» charmant bordé de côté & d'autre de jar-
» dins les plus fuperbes , & fut bien-tôt à
» Venife , qui n'eft pas loin de Padoue. Il
» manda fon Banquier , dont il recevoit tous
» les ans , par ordre de fes Tuteurs , une
» fomme de plus de cinq mille fequins ; il
» lui ordonna d'en faire toucher deux mille
» à Caftruccio ; mais il l'avertit de s'arran-
» ger avec le Banquier de celui-ci, qui lui en
» fourniffoit tous les ans mille par ordre de fa
» Tante ; & de prendre fi bien fes mefures ,
» que fon ami en fût payé réguliérement tous
» les trois mois , fans qu'abfolument il pût
» découvrir d'où lui venoit cette augmenta-
» tion : de cette façon il mettoit fon ami
» de pair avec lui , & en état par-là même
» d'être de toutes fes parties , puifqu'il lui
» ôtoit la feule caufe de fes prétextes fous
» lefquels il s'en étoit auparavant défendu.

» Le Banquier fut exact à s'acquiter des
» ordres du Comte , il ne lui fut pas mal-
» aifé de s'entendre avec le Banquier du Mar-
» quis ; le fecret fut gardé , la penfion païée ;
» le Comte de fon côté retrancha de fes dé-
» penfes , le Marquis fe vit en état d'aug-
» menter les fiennes ; les deux amis fe trou-
» vérent au niveau , & bien-tôt devinrent
» inféparables. A la vérité Caftruccio étoit
» furpris lorfqu'il recevoit fon quartier , de
» le voir ainfi augmenté ; mais il ne fe don-
» na pas de grands mouvemens pour en dé-
» couvrir la raifon. Il s'en feroit donné fans
» doute davantage , s'il étoit furvenu de la
» diminution

» diminution ; ainsi il ne sçut point d'où lui
» venoit cette aubaine. Quelquefois il son-
» geoit que sa Tante, qui se retranchoit sur
» bien des choses pour subvenir à son entre-
» tien, ne pouvoit point lui avoir fait tout
» d'un coup une telle augmentation ; il ne
» pouvoit jetter ses soupçons sur le Doge,
» quoique son parent, parce qu'il étoit char-
» gé de famille ; outre qu'il étoit tout récem-
» ment revêtu de cette Image de Dignité
» chimérique, qui bien loin d'être lucrative,
» est plûtôt à charge, du moins dans les pre-
» miéres années. Pour son parent le Procura-
» teur de Saint Marc, il connoissoit trop son
» avarice, pour le croire capable d'une telle
» générosité.

» Il tâcha en vain de tirer quelque éclair-
» cissement du Banquier de Padoue qui lui
» comptoit son argent. Il n'en eut d'autre
» réponse, si ce n'est que son Correspondant
» de Venise qui tiroit son argent de Rome,
» lui ordonnoit de payer au Marquis Castruc-
» cio la somme de tant, qu'il lui remettoit
» tous les trois mois.

» Voilà donc nos deux amis dans l'union
» la plus parfaite ; le Marquis n'étoit plus
» dans le cas de chercher des échapatoires ;
» plus de parties l'un sans l'autre, chacun
» payoit son écot. Trois ans s'écoulérent,
» pendant lesquels ces deux amis vécurent
» ensemble d'une maniére qui fit l'admira-
» tion de tous ceux qui les connoissoient.
» Enfin le Comte aïant fini le cours de ses
» études, il fut tems de songer à commen-
» cer ses voyages. Ses Tuteurs lui envoyé-
» rent une Lettre de crédit, pour prendre
» chez son Banquier à Venise tout l'argent

» dont il croiroit avoir befoin ; ils lui ré-
» glérent le cours de fes voyages ; ils lui re-
» commandérent en quittant Venife de voir
» Milan, Turin, Génes, & de revenir par Flo-
» rence, pour fe rendre à Rome ; & de-là il
» devoit voir Naples avant de quitterl'Italie.
» A peine le Comte eut-il reçu ces lettres ,
» qu'il fe rendit chez fon ami , & les lui
» donna à lire. Après avoir remarqué la con-
» tenance qu'il tenoit , & l'avoir vu fenfible
» à fon départ, il ne lui donna pas le tems
» de parler ; il le prévint , & lui dit : Je
» vois bien , mon cher Marquis, que la For-
» tune aveugle ne rend pas toujours juftice
» au mérite , & que fouvent elle répand fes
» faveurs avec profufion fur ceux qui en font
» les moins dignes. Si elle étoit moins aveu-
» gle , je pourrois à prefent recevoir de vous
» les preuves d'une amitié fincére que je viens
» vous offrir : vous me voyez à la veille de
» quitter Padoue , il ne dépend pas de moi
» d'y faire un plus long féjour , & l'état de
» mes affaires ne le permet pas : mais je ne
» puis fonger à me féparer de mon cher ami ;
» oui mon cher , je féns tout ce qu'il m'en
» coutera fi je vous quitte ; ce fera pour moi
» le coup le plus accablant ; je ne doute point ,
» connoiffant votre bon cœur , que notre fé-
» paration ne vous foit auffi très-fenfible :
» voilà vos études finies, vos exercices le font
» autant que les miens ; les voyages que je
» vai faire vous feroient tout auffi avanta-
» geux qu'à moi , & peut-être en profiteriez-
» vous mieux que moi. Je fçai le feul motif
» qui pourroit vous empêcher d'être de la
» partie , parce que je fçai la fituation de vos
» affaires ; mais vous n'ignorez pas l'état des
» miennes.

» miennes. Vous ſçavez que par la grace de
» Dieu je jouis d'un bien conſidérable, cer-
» tainement il y en auroit bien aſſez pour
» vous & moi. Maître de la moitié de mon
» cœur, vous feriez-vous ſcrupule de l'être
» auſſi de la moitié de mon bien, ou du moins
» que nous le dépenſaſſions en commun? Vous
» accepterez ſûrement ce parti, & je ne fais
» nul doute que ce projet ne ſoit de votre goût,
» ſi vous ſentez réellement pour moi cette
» tendre amitié dont vous m'avez ſi ſouvent
» donné les aſſurances les plus ſolemnelles.
» Et pour que vous ne doutiez point de la
» cordialité & de la ſincérité de l'offre que
» je vous fais, je vai vous aprendre un ſe-
» cret, qui juſqu'à préſent a échapé à toutes
» les recherches que vous avez pu faire pour
» le découvrir. Je ne vous le communique-
» rois pas même encore actuellement, ſi ce
» n'étoit pour vous prouver qu'il n'y a rien
» de nouveau dans l'offre que je vous fais,
» & que ce n'eſt ni grimace ni compliment,
» puiſque voilà près de trois ans que je par-
» tage ma penſion avec vous, ſans que vous
» vous ayez jamais pu ſçavoir d'où vous
» venoit l'augmentation de la vôtre. Où
» trouverai-je des expreſſions, s'écria le
» Marquis tout tranſporté des ſentimens
» qu'excitoit en lui une telle généroſité,
» pour vous marquer à quel point je ſuis
» touché de cet excès de bonté, & juſqu'où
» va ma reconnoiſſance? Je n'en demande
» pas d'autre mon cher, dit le Comte, ſi
» ce n'eſt que vous me continuyiez une ami-
» tié, à laquelle mon cœur croit avoir quel-
» que droit par les ſentimens qu'il a pour
» vous, & dont je fais infiniment plus de

B 4 » cas

» cas que de tous les biens du monde. Vous
» pouvez aussi compter, reprit le Comte,
» sur les mêmes sentimens de ma part ; rien
» au monde ne sçauroit me consoler, si je
» devois me séparer de vous ; quoique de
» petits génies, qui ne sentent pas tout le
» prix d'une parfaite amitié, pourroient
» donner une mauvaise interprétation à mon
» empressement à vous accompagner, &
» l'attribuer à une avidité intéressée de m'at-
» tacher à vous plûtôt pour vos grands
» biens, & pour mon propre avantage, qu'à
» des sentimens nobles & desintéressés, tels
» que je les ai pour votre mérite personnel ; &
» à la plus vive reconnoissance, que je ne
» sçaurois refuser à une générosité d'autant
» plus noble, qu'elle est rare & peut-être
» sans exemple. Et où sont les actions & les
» intentions auxquelles on ne sçauroit don-
» ner un mauvais tour, reprit le Comte ?
» Non, mon cher Marquis, dès qu'un hon-
» nête-homme sent en lui-même qu'il n'a
» rien à se reprocher, & que sa conscience
» rend témoignage à sa propre droiture,
» il se met peu en peine de la fausse opinion
» des autres : le monde a toujours été ainsi ;
» & lorsqu'en faisant bien on ne peut empê-
» cher les autres de penser mal, il vaut mieux
» souffrir le mal auquel on ne sçauroit apor-
» ter de reméde. Il se passa encore quelques
» complimens entr'eux, ensuite ils convin-
» rent de leurs faits : le Marquis céda aux
» offres généreuses de son ami ; il en écrivit
» à sa Tante, il lui mandoit tout ce que le
» Comte vouloit faire pour lui : le Comte
» écrivit aussi à la Comtesse de Pizza, il lui
» confirmoit ce que son neveu lui écrivoit,
» &

» & tous deux de concert marquoient à
» la bonne Tante, qu'elle pourroit se dis-
» penser dans la suite de se déranger pour
» envoyer des remises à son neveu, qui seroit
» en état de s'en passer, par la générosité de
» son ami. Après avoir tout disposé pour
» leur voyage, ils quittérent l'Université,
» & s'en allérent à Venise, où ils logérent
» chez leur Banquier, qui se fit un plaisir
» de leur procurer tous les amusemens qu'on
» trouve dans cette grande Ville. Ils y sé-
» journérent jusqu'à l'arrivée d'un Gentil-
» homme, qui devoit y joindre le Comte
» pour l'accompagner dans ses voyages.

» Après avoir mis ordre à tout pour le
» voyage, ils prirent la route de Rome. Là
» les Tuteurs du Comte fixérent sa pension
» annuelle à vingt mille écus Romains pen-
» dant ses voyages. Je ne m'arrêterai point
» à donner un détail de leurs voyages, ni une
» description des pays & des Villes où ils
» ont passé ou séjourné ; on en lit assez, &
» souvent plus qu'on n'en voudroit, dans la
» plupart des Livres de Voyages. Je remar-
» querai seulement, que nos deux amis vé-
» curent dans une parfaite union, & que
» leur amitié, loin de souffrir la moindre
» altération, vint à un point qu'elle ne sçau-
» roit être plus forte entre deux bons freres.

» A leur retour à Rome, ils continuérent
» sur le même pié ; même logement, même
» table, mêmes compagnies ; ils partageoient
» leurs plaisirs & même les contre-tems ou
» les desagrémens de l'un touchoient l'autre
» également.

» Ainsi se passérent leurs beaux jours, jus-
» qu'à ce qu'étant parvenus à un âge où l'on

» se dégoûte de la vie de garçon , le Mar-
» quis representa un jour au Comte qu'il
» feroit bien de se marier : il lui offrit même
» son bien dont il étoit devenu maître , pour
» augmenter la dot de l'épouse qu'il pren-
» droit , & d'assurer tout ce qu'il possédoit
» aux enfans qu'il pourroit avoir. Enfin le
» Comte , bien persuadé que le Marquis ne
» vouloit pas se marier , songea à s'établir ,
» consultant en tout son ami , & ne fai-
» sant rien que d'intelligence avec lui. Il
» n'accepta pas les offres qu'il lui avoit fai-
» tes , il n'en avoit que faire. Il épousa une
» Demoiselle de très-bonne famille , qui lui
» aporta une dot considérable. A peine dix
» ou onze mois s'étoient-ils écoulés depuis
» son mariage , que la Comtesse accoucha
» d'une fille ; les couches paroissoient heureu -
» ses ; le Comte étoit au comble de la satis-
» faction , de voir sa chère épouse se rétablir
» à vue d'œil , lorsque tout-à-coup une fiévre
» de lait , suivie de quelques autres acci-
» dens, l'enleva au Comte , qui en sentit
» une douleur inexprimable. Son ami n'en
» fut pas moins touché. Comme il parta-
» geoit absolument tout ce qui pouvoit re-
» garder le Comte , & que cette Dame ,
» d'ailleurs très-estimable , avoit toujours eu
» pour lui beaucoup d'attention , tant par
» cette politesse qui lui étoit si naturelle ,
» que parce qu'il étoit l'ami de son époux ,
» il fut si affligé de sa mort, qu'on n'auroit
» sçu dire lequel avoit plus besoin de con-
» solation , de l'époux ou de l'ami.

» La fille dont la défunte étoit accouchée,
» fut nommée Marie sur les fonds de Baptê-
» me ; c'est la même qui fait à present toute
                                    » la

» la félicité de Don Pédro , qui en eſt devenu
» l'époux. Elle fut élevée avec tous les ſoins
» & toute la tendreſſe imaginables ; c'étoit
» à qui lui marqueroit plus d'affection , du
» Comté ou de ſon ami ; on auroit eu de la
» peine à dire lequeᵗ des deux étoit ſon Pe-
» re ; enfin on auroit dit qu'elle avoit deux
» Peres en ces deux amis. A la vérité , elle en
» ſentit bien la différence dans la ſuite. Cette
» pauvre enfant n'avoit que dix ans , que ſon
» Pére tomba dangereuſement , malade. Son
» ami ne négligea aucun ſoin pour ſon réta-
» bliſſement , il lui rendit tous les ſervices
» dont il fut capable, il fit apeller les plus habi-
» les Médecins , les remédes ne furent point
» épargnés , on fit conſultation ſur conſul-
» tation , mais tout fut inutile. Il ſentit lui-
» même qu'il touchoit à ſon dernier inſtant ;
» quelque accablé qu'il fût par ſa maladie ,
» il avoit conſervé tout ſon bon ſens ; il or-
» donna qu'on lui aportât ſa petite ſille. Son
» ami étoit au chevet de ſon lit , il n'en avoit
» pour ainſi dire bougé dans tout le cours
» de la maladie du Comte , juſques-là que
» lorſqu'il étoit accablé de ſommeil , il dor-
» moit dans un fauteuil à côté du lit de ſon
» ami ; enfin il avoit donné toutes les marques
» les plus ſenſibles de la plus vive douleur ,
» ſon affliction étoit ſi marquée qu'on auroit
» cru que jamais il ne ſurvivroit à ſon cher
» ami. Le Comte fit un effort pour ſe lever
» tant ſoit peu , & s'adreſſant à ſon ami :
» Mon cher Caſtruccio , ayez , je vous prie ,
» ſoin de votre ſanté , lui dit-il ; ménagez-
» la pour l'amour de moi ; voyez combien
» elle m'eſt néceſſaire ; cette pauvre enfanz
» eſt avec vous tout ce qui peut m'attacher

» la vie ; je me vois à ma fin , toute ma con-
» solation est qu'elle trouvera en vous un
» autre Pere ; recevez-la , je vous conjure ,
» comme le gage le plus précieux que je puis-
» se vous laisser de mon amitié ; je la con-
» fie à vos soins & à votre tendresse ; faites
» passer à elle cette amitié qui n'a jamais eu
» entre nous la moindre altération tant que
» j'ai vécu ; souvenez-vous qu'elle est ma
» fille , la fille de votre cher ami Albano ;
» ce motif seul doit être plus que suffisant
» pour lui mériter tous vos soins , & toute
» votre tendresse. Alors les yeux baignés de
» larmes il remit ce précieux dépôt entre les
» bras de son ami. Celui - ci étoit si atten-
» dri qu'il n'eut la force de répondre que par
» des sanglots , & par une inclination de
» tête , la désolation où il étoit , attira la
» compassion & l'admiration de tous ceux
» qui étoient dans la chambre.

» Ensuite le Comte apella son valet de
» chambre , lui donna la clef de son bureau,
» & lui ordonna de lui aporter un tiroir qu'il
» lui désigna. Dès qu'il l'eut aporté , le Comte
» en tira un paquet cacheté , il avoit fait rester
» le Curé qui venoit de lui administrer les
» derniers Sacremens ; il y avoit aussi un
» Notaire dans la chambre : C'est ici , dit-
» il , mon testament ; j'y ai partagé mon bien
» entre ma fille & mon ami Castruccio ; je
» me repose sur ce fidèle ami du soin de
» l'éducation de cette enfant , & je remets
» à son choix & à son discernement de la
» marier selon son rang , & de lui donner
» un parti à son gré ; je lui remets toute
» l'autorité que j'ai sur elle, & en cas qu'elle
» vienne à lui désobéir , & à se marier sans

» son

» ſon aprobation & contre ſa volonté , je la
» déclare déchue de ſa part de mon bien , &
» la réduis à la plus ſimple légitime , don-
» nant & transférant le ſurplus en pleine
» propriété au Marquis.

» En cas que l'un ou l'autre vienne à mou-
» rir ſans laiſſer d'enfans , je lui ſubſtitue le
» ſurvivant , qui par ce moyen joüira de
» toute ma ſucceſſion. Et ſi ma fille vient à
» avoir de la vocation pour le Couvent &
» qu'elle veuille ſe faire Religieuſe , le
» Marquis joüira de plein droit de l'autre
» part de mon bien , en payant à ma fille
» une dot proportionnée à ſa naiſſance &
» aux régles du monaſtére où elle entrera.

» J'ai jugé à propos , dit-il au Curé , de dé-
» clarer de bouche ma derniére volonté en
» votre préſence & devant ces témoins , du
» moins par raport à l'eſſentiel qui eſt l'Inſtitu-
» tion pour que ceci vaille en cas de beſoin
» & en tant que de raiſon ; quoique j'aye pris
» toutes mes précautions pour qu'il ne man-
» que rien au teſtament qui eſt ici écrit , &
» qu'il puiſſe ſortir ſon plein en entier effet
» tant pour le fond , que pour la forme.

» Il remit ce teſtament écrit au Marquis, & de
» là ſe tournant vers ſon enfant , il lui parla ſe-
» lon ſon âge , & lui recommanda d'être bien
» obéiſſante au Marquis, de ſuivre en tout ſes
» bons avis , de s'en raporter entiérement à
» tout ce qu'il régleroit pour elle , lui repreſen-
» tant que quand elle ſeroit même en âge de
» raiſon , le Marquis étoit bien plus capable
» qu'elle de juger de ce qui lui conviendroit.
» Là il s'attendrit ſi fort , qu'il ne put ſoutenir
» plus long-tems la vuë de cette chére fille ;
» il l'embraſſa , & la ſerra entre ſes bras

» fans pouvoir plus parler ; il fit figne aux
» femmes d'emporter la pauvre enfant qui
» fondoit en larmes , quoiqu'elle ne fentît
» pas encore tout ce qu'elle alloit perdre.
» On fe hâta de l'emporter , & en fe reti-
» rant, la pauvre petite répétoit en pleurant ,
» mon cher Papa ! mon cher Papa ! Tout
» le monde étoit attendri à ce fpectacle. Le
» Comte fit un dernier effort pour proférer
» encore quelques paroles, qu'il adreffa d'une
» voix mourante à fon cher ami : Voici la
» première fois , dit-il , mon cher Caftruc-
» cio que je préfére ma fatisfaction à la
» vôtre , & que je puis voir votre affliction
» fans en être moi-même infiniment touché.
» Je fens, je vous l'avoue , un certain plaifir
» de voir que l'état où je fuis en fortant
» de ce monde avant vous, m'évite les dou-
» leurs qui m'auroient été plus fenfibles que
» la mort même , fi j'avois eu le malheur
» de vous furvivre , & de vous voir en
» l'état où vous me voyez. Pardonnez mon
» cher cette petite partialité , c'eft la feule
» que j'aye à me reprocher dans tout le cours
» de notre longue amitié ; elle eft d'autant
» plus pardonnable, qu'elle part de l'excès
» de ma tendreffe pour vous. Je ceffe à la
» vérité de vivre , mais ....Ici la voix lui man-
» qua , il jetta un foupir , & ferma les yeux
» pour ne les plus ouvrir , que lorfque la
» trompette apellera tous les habitans du
» tombeau , & les retirera des bras de la mort.
　» La douleur du Marquis ne fut point
» tempérée par la riche fucceffion qui lui
» venoit de la mort de fon ami. Il hé-
» ritoit de la moitié de fon bien , mais il
» n'y avoit rien-là de plus que ce qu'il avoit
» eu

» eu durant sa vie ; car quoique le Comte
» eût à la vérité seul le titre de ses terres ,
» cependant l'usage en étoit dans le fond
» commun entre lui & le Marquis.

» Il n'y eut jamais d'amitié plus parfaite
» & plus sincére que celle du Comte , &
» jamais on ne vit de plus grandes démonf-
» trations d'amitié & de reconnoiſſance que
» de la part du Marquis.

» Dès que l'excès de la douleur lui per-
» mit de se reconnoître , il fit venir l'Inten-
» dant de la maiſon , il le chargea du ſoin du
» domeſtique , & des funérailles de ſon dé-
» funt Maître , il lui enjoignit ſur-tout de ne
» rien épargner pour que la pompe funébre
» répondît & au rang du Comte , & à la
» tendre amitié qui avoit régné entr'eux
» deux , & dont il honoroit la mémoire.
» Après s'être ainſi débarraſſé de ce ſoin
» qu'il vouloit donner aux cendres de ſon
» ami , il ſe retira dans ſon apartement , &
» s'y tint enfermé de façon qu'il ne voulut
» voir perſonne. A peine ſes domeſtiques
» purent-ils obtenir de lui qu'il prît quelque
» nourriture ; il n'en prit pendant quelques
» jours qu'autant qu'il en falloit abſolument
» pour ſoutenir la nature , & encore étoit-ce
» avec la plus grande répugnance. Enfin ,
» s'il n'eût été retenu par un principe de Re-
» ligion ; & par le beſoin qu'il ſentoit que
» devoit avoir de lui la petite Marie , en qui il
» voyoit revivre ſon cher ami , on auroit dit
» que le deſeſpoir le portoit à ceſſer de vivre
» en refuſant tout aliment , pour finir avec
» ſes jours une douleur qu'il ne croyoit pas
» pouvoir ſurmonter autrement.

Tandis que le Marquis étoit ainſi retiré ,

» &

» & qu'il se livroit à toute l'étendue de sa
» douleur , l'Intendant donnoit de son côté
» tous ses soins à exécuter ses ordres. Il fit
» embaumer le corps de ce cher Maître ,
» au service duquel il avoit été près de trente
» ans ; il le mit sur le lit de parade , dans
» une chambre toute tendue de noir ; rien
» ne fut épargné selon l'usage ; les Religieux
» Mendians se relevoient d'heure en heure
» pour faire les priéres , & donner de l'eau
» benite ; on y célébra des Messes sur deux
» Autels dressés pour cela , sans celles qu'il
» fit dire par toute la Ville. Après que le
» corps eut resté exposé selon la coutume ,
» on le transporta à l'Eglise avec tout
» l'apareil imaginable ; on y avoit fait apel-
» ler toutes les différentes Confrairies de
» Pénitens ; elles étoient suivies de Religieux
» des Ordres Mendians , des Moines , des
» Religieux rentés, & des différens Chapitres ;
» on y voyoit des Religieux de tout ordre &
» de toute couleur ; il n'y manquoit que les
» Jésuites, parce que ces Péres n'ont pas encore
» décidé s'ils seront du Clergé Séculier ou du
» Régulier ; outre qu'on ne sçait s'ils sont
» Mendians ou rentés , quoiqu'on sçache
» qu'ils ont des rentes. Tous ceux qui pré-
» cédoient le corps tant des Hôpitaux , que
» des Orphelins , des Religieux , des Moines
» & des Chapitres , avoient chacun un cierge
» allumé ; chaque Corps avoit sa Musique ,
» qui entonnoit d'un ton lugubre selon le
» Rituel Romain quelque Pseaume de l'Of-
» fice des Morts ; après venoit le corps avec
» ses écussons , où étoient ses armoiries & les
» autres marques de sa dignité. La pompe
» funébre étoit continuée par des espéces de
» Hérauts

» Hérauts ou Pleureurs à gage en long man-
» teau noir & en crêpe , qui précédoient
» les Parens , & toute la principale Noblef-
» fe de Rome qui y avoit été invitée. Cha-
» que caroffe étoit tout drapé , les chevaux ca-
» paraçonnés en noir jufqu'à terre ; ils étoient
» tous efcortés de leurs eftaffiers auffi en
» manteau & en crêpe , portant chacun un
» flambeau allumé. Dès que le convoi fut
» à la porte de l'Eglife , il y fut reçu par le
» Curé , & de-là introduit dans l'Eglife où
» il fut placé au milieu du chœur. L'enter-
» rement fe fit avec toute la pompe ufitée
» dans la Capitale du Monde Chrétien , où
» réfide le Chef vifible de l'Eglife , Vicaire
» d'un Dieu qui nous a prêché & enfeigné
» la pauvreté & l'humilité. On fit la neu-
» vaine accoûtumée , non-feulement dans
» l'Eglife où il avoit été enterré , mais dans
» toutes les Eglifes Paroiffiales de Rome :
» & dans toutes celles des Ordres Mendians,
» on y célébra une infinité de Meffes de
» *Requiem* : Enfin , fi le Comte avoit été
» neveu du Pape , on n'auroit pas pu faire
» mieux pour les honneurs de fon cadavre ,
» ni pour le repos de fon ame.

» Le tems eft un grand reméde aux cha-
» grins même les plus vifs. Le Marquis fut
» à la vérité plus de deux mois abandonné
» à la plus profonde trifteffe ; cependant au
» bout de ce terme il commença peu-à-peu
» à voir le monde. Un jour il fit apeller les
» Parens du feu Comte d'Albano , le Curé ,
» le Notaire , & les autres qui avoient figné
» au teftament : on l'ouvrit dans les formes ,
» & on trouva que les principaux articles ,
» fur-tout celui touchant l'Inftitution des
» Héritie-

» Héritiers, ou Légataires universels , étoient
» conformes à ce que le défunt en avoit dit
» de bouche dans son lit de mort : les autres
» articles étoient pour des legs pieux , &
» pour des récompenses à ses domestiques.
» Castruccio commença d'agir en Héritier &
» en Maître : il ordonna au Receveur du
» du Comte de payer tous ces legs particu-
» liers. Le tout se trouva monter , y com-
» pris les frais des funerailles , à près de
» trente mille écus Romains , & il s'en fal-
» loit de beaucoup que ce fût la moitié de
» ce qui étoit en espéces dans la caisse.

» Après avoir fait tous ces arrangemens ,
» il remit la jeune Pupille entre les mains
» d'une Dame de qualité & de beaucoup de
» mérite qui s'étoit chargée du soin de son
» éducation ; il lui fit sa maison , lui donna
» un domestique selon sa naissance & son
» bien ; il congédia tous les domestiques du
» défunt , & leur donna même généreuse-
» ment à chacun une année de leurs gages.
» Il ne retint pour lui qu'un valet de cham-
» bre & deux laquais ; avec cette suite il par-
» tit pour les terres dont il étoit devenu Sei-
» gneur , & alla en prendre possession.

» Ces respects qu'on lui rendit dans sa
» nouvelle Comté , le changement d'air &
» de lieu , la vuë d'un beau domaine , l'idée
» qu'il étoit maître absolu de la moitié d'une
» grosse succession , & même , si vous vou-
» lez , que tous les hommes doivent mou-
» rir un jour , tout cela ne contribua pas
» peu à adoucir son chagrin. Que dis-je ,
» adoucir ! il le dissipa si bien , qu'avec le
» tems il oublia même l'obligation qu'il en
» avoit à son ami , & enfin il parvint à ne
» plus

» plus se ressouvenir qu'il y eût jamais eu
» un autre Comte d'Albano que lui.

» Tout est sujet au changement dans la
» Nature, & peut-être n'y a-t-il pas sous la
» voute des Cieux de créature plus sujette
» au changement que l'homme. Une saison
» ne diffère pas tant d'une autre saison, un
» jour ne diffère pas tant d'un autre jour,
» que le même homme diffère de lui-même
» d'un instant à l'autre. Chaque âge de la
» vie apporte quelque altération dans nos
» corps. Il y a une si grande relation entre
» notre corps & notre âme, que souvent l'un
» s'altère, & se change du blanc au noir, selon
» l'âge, les vues, les dispositions ou les incli-
» nations de l'autre, tant ils influent l'un sur
» l'autre. Ajoûtez à cela que les sens & les
» passions ont un si grand ascendant sur la
» raison pour peu qu'on leur lâche la bride,
» que souvent nous regardons avec indiffé-
» rence, & sans le moindre scrupule, telle
» démarche, ou telle action, dont la seule
» pensée en toute autre tems nous auroit fait
» frémir d'horreur.

» Souvent le changement de fortune fait
» une entiére métamorphose dans un hom-
» me, & le rend tout autre qu'il n'étoit au-
» paravant : nous en voyons tous les jours
» des exemples. Tel dans un état médiocre
» bornoit toute son ambition au seul néces-
» saire, qui, s'il parvient par quelque hazard
» à posséder tout d'un coup de grands biens,
» formera des projets à proportion, peut-être
» même au-delà.

» Tout cela ne se trouva que trop vrai dans
» le pauvre Marquis. Lorsqu'il n'avoit rien
» en propre, il ne souhaitoit rien ; il s'esti-

» moit

»moit trop heureux de jouir des bienfaits
» de son ami : mais à peine se vit-il proprié-
»taire de la moitié de sa riche succession,
» que peu à peu il trouva que c'étoit peu
» que la moitié, il commença à rêver aux
» moyens de devenir maître du tout.

» Lorsque Castruccio fit faire l'ouverture
» du testament de son ami en présence des
» témoins, il avoit déclaré solemnellement
» qu'il auroit tout le soin possible de la jeune
» Dona Maria ; que tant qu'il auroit un sou-
» fle de vie il feroit voir à tout le monde
» qu'elle n'avoit pour ainsi dire que changé
» de Pere, & qu'elle en avoit en lui un qui
» n'avoit pas moins de tendresse pour elle
» que le précédent ; que la justice & la re-
» connoissance seroient toujours la régle qu'il
» auroit devant les yeux par raport à elle,
» & qu'il préféreroit en tout le bonheur &
» les avantages de sa Pupille aux siens pro-
» pres ; qu'à la vérité, par une générosité sans
» exemple, son ami avoit bien voulu lui don-
» ner la propriété de la moitié de son bien,
» mais que pour lui il ne se regarderoit ja-
» mais que comme le simple Tenancier, &
» l'Administrateur du tout ; que comme il
» ne vouloit jamais se marier, il remettroit
» le tout, même amélioré, comme il l'espé-
» roit, & amplifié de beaucoup, à sa chére
» Pupille, comme à l'unique & légitime
» héritiere du Comte d'Albano. Mais hélas !
» que les projets des hommes sont vains !
» que nous connoissons peu nos propres for-
» ces ! combien nos actions ne différent-elles
» pas des projets que nous avons formés
» vingt fois !

» Le tems avoit déja effacé de l'esprit du
Mar-

»Marquis le souvenir de son ami & de son
»bienfaiteur. Peu à peu il se considéra lui-
»même, ou plûtôt il ne considéra que lui-
»même; il se rapella la grandeur de sa propre
»naissance; cette idée l'occupa tout entier.

» Maître & paisible possesseur de plus de
» bien qu'il ne lui en falloit pour soutenir
» son rang & faire une figure proportion-
» née à sa naissance, déja il rêvoit aux moyens
» d'enlever à la fille de son bienfaiteur l'au-
» tre moitié du bien de son Pere; il forma
» le projet de faire revivre son nom, & de
» ne pas laisser éteindre en lui la race & le
» nom de Castruccio, & il ne songea qu'à
» épouser quelque personne de qualité qui
» pût lui donner des enfans.

» Dans cette idée, il s'ouvrit à une vieil-
» le Dame de ses parentes, & lui fit part
» de la résolution où il étoit de se marier :
» Pourvu, disoit-il, que je trouve une per-
» sonne qui soit de bonne famille, qui ait
» de la vertu; qui soit jeune, dont l'hu-
» meur & la personne me conviennent, &
» que je puisse compter qui me donnera des
» enfans, je ne m'embarrasserai pas qu'elle
» soit riche, je n'y regarderai pas de si près
» pour la dot.

» Dona Margarita, c'est ainsi que s'ap-
» pelloit la vieille Dame, lui dit qu'elle avoit
» justement dans sa maison une personne qui
» étoit son fait, qu'il trouveroit en elle tou-
» tes les conditions qu'il cherchoit. C'étoit
» une jeune veuve, parente du défunt mari
» de Dona Margarita; elle n'avoit guéres
» plus de vingt-quatre ans, elle étoit de très
» bonne famille, & n'avoit qu'un fils qui
» avoit près de six ans; son mari étoit mort

» au

» au bout de deux ans de mariage. C'étoit
» une Dame d'une prudence consommée ;
» elle avoit de la beauté sans paroître le
» sçavoir ; elle étoit gaïc sans étourderie ,
» complaisante sans adulation ; avec les
» Grands polie sans bassesse, avec les petits
» obligeante sans se familiariser , & d'une
» humeur égale & prévenante. Elle étoit si
» rangée dans son particulier , qu'avec un
» bien médiocre elle ne laissoit pas de faire
» une fort jolie figure selon son rang : &
» pour sa vertu , elle étoit si solide , que
» l'envie ni la médisance n'y auroient pu trou-
» ver la moindre chose à dire.

» Ce portrait ne manqua pas de faire sur
» l'esprit du Marquis une impression des
» plus vives. Il s'informa d'abord du nom
» de la veuve, de sa qualité & de son bien.
» Dona Margarita lui dit que c'étoit la Com-
» tesse de Spinéda : elle est, dit-elle au Mar-
» quis , fille du Marquis del Campo que
» vous avez connu, & dont les terres sont
» à près de vingt milles de Rome, sur le
» chemin de Civita - Vecchia. C'est à peu
» près à moitié chemin , y ayant la même
» distance de-là à ce port de mer : c'est le
» frere de la veuve qui en est à présent Sei-
» gneur. Le feu Comte de Spinéda son époux
» étoit Véronois ; son douaire n'est que de
» deux mille écus Romains par an. Lorsqu'el-
» le vient à Rome, elle me fait ordinaire-
» ment l'honneur de loger chez moi , &
» de vivre avec moi en famille & sans façon.

» Après ces éclaircissemens , le Marquis
» pria Dona Margarita de vouloir bien lui
» procurer une occasion de voir la Comtesse.
» L'obligeante Dame se chargea avec plai-
» sir

»fit de la commiffion ; elle dit au Marquis
»qu'il n'avoit pour cela qu'à revenir chez
»elle le lendemain à la même heure. Il n'y
»manqua pas , il vit la veuve , elle lui plut.
»On ne tarda pas de parler d'affaire , il ne
»leur fut pas difficile de convenir de leurs
»faits. Le Marquis trouvoit la veuve à fon
»gré : celle-ci favoit que le Marquis étoit
»riche : l'efpérance de marier fon fils avec
»la Pupille du Marquis dès que ces deux
»enfans feroient en âge , lui faifoit fermer
»les yeux fur la grande difparité d'âge qui
»étoit entr'elle & lui. Enfin le mariage fe
»conclut , & on n'en différa la cérémonie
»qu'autant de tems qu'il en falloit pour
»garder les bienféances , & pour tous les
»préparatifs néceffaires.

»Après le mariage , le Marquis fit fa mai-
»fon. Il prit chez lui la jeune Comteffe
»d'Albano fa Pupille. Dans les commence-
»mens , cette enfant étoit extrêmement
»chérie & fêtée , tant par le Marquis , que
»par la nouvelle Marquife. Celle-ci la re-
»gardoit comme devant un jour être fa bru ,
»elle avoit pour elle une tendreffe de Mere ,
»& ne négligeoit aucuns foins pour lui don-
»ner une belle éducation.

»Deux années n'étoient pas encore écou-
»lées depuis le mariage , que le Marquis
»fe voyant déja un fils , qui lui étoit né
»depuis près de dix mois , fongea tout de
»bon aux moyens de venir à bout d'un pro-
»jet qu'il rouloit déja depuis long-tems dan
»fa tête : c'étoit de fe voir feul maître de
»toute la fucceffion de fon défunt ami , &
»reconnoître ainfi le bienfait le plus fignalé
»par le plus noir des forfaits , en dépouil-
»lan

» lant de son bien une orpheline abandonnée,
» dont on lui avoit confié le soin.

» Pour en venir plus aisément à bout, il
» tâcha peu à peu de détourner l'amitié de
» la Marquise pour son fils du premier lit:
» cela lui fut d'autant plus aisé, que quel-
» que tems après la Marquise aïant accou-
» ché d'un second fils, elle mit si bien sa
» tendresse sur ces deux enfans du second
» lit, (comme cela n'arrive que trop sou-
» vent) qu'enfin le petit Spinéda lui devint
» tout-à-fait indifférent. Il ne fut plus ques-
» tion de lui faire un établissement solide en
» le mariant avec la jeune pupille, ce qui
» avoit pourtant été un des principaux mo-
» tifs du mariage de la Marquise : au con-
« traire, de concert avec son mari, elle
» travailloit uniquement à bâtir la fortune
» de ses derniers fils sur les ruïnes de celle de la
» jeune Comtesse d'Albano.

» On employa tous les artifices imagina-
» bles pour y réussir. La jeune Dona Maria
» pouvoit avoir alors près de quatorze ans.
» On débuta pour la sévrer de tous les pe-
» tits amusemens qu'on lui avoit permis jus-
» qu'alors, après cela on lui retrancha les
» compagnies de ses camarades & de ses
» amies. D'un côté la Marquise prenoit avec
» elle des maniéres dures & altiéres, elle
» ne lui parloit jamais que d'un ton ai-
» gre, elle désaprouvoit tout ce qu'elle fai-
» soit, enfin elle la traitoit comme on dit
» en marâtre. Tandis que de l'autre côté le
» Marquis lui lâchoit continuellement des
» gens attitrés, qui sous l'ombre de la com-
» passion & sous le masque de la dévotion,
» lui souffloient perpétuellement aux oreilles,

» qu'il

» qu'il n'y avoit qu'un Couvent qui pût la
» mettre à l'abri des duretés dont elle se
» plaignoit. Ces gens lui vantoient le bon-
» heur qu'ils prétendoient être inséparable de
» la Vie Religieuse ; ils la peignoient com-
» me un état où l'on est à l'abri des soins,
» des malheurs & des chagrins attachés à la
» Vie Mondaine ; ils la lui représentoient
» comme une route infaillible qui conduit
» ceux qui sont assez heureux pour la sui-
» vre, au travers d'un océan de douceurs
» qu'aucun orage ne peut agiter, aux ha-
» bitations célestes où l'ame doit goûter des
» plaisirs qui n'auront jamais de fin, & qui
» ne sont destinés qu'à ceux qui auront eu
» assez de vertu & de fermeté pour résister
» aux attraits trompeurs de cette vie mor-
» telle & passagére ; à ceux qui par une gra-
» ce particuliere du Ciel auront eu la pru-
» dence de préférer des richesses éternelles ,
» aux biens temporels de ce bas monde.

» En même - tems ces pieux conseillers
» avoient un soin extrême de déclamer con-
» tre la folie de ces créatures insensées, de
» ces foibles mondains, qui sont assez aveu-
» glés pour s'attacher à des biens & à des
» richesses, dont ils ne sont pas assurés de
» pouvoir jouïr une heure, tandis qu'ils ris-
» quent de perdre des tresors inépuisables que
» rien ne sçauroit leur enlever.

» Toute cette belle morale n'étoit nulle-
» ment du goût de la jeune Dona Maria ;
» elle savoit à quoi s'en tenir sur la préten-
» due amitié de ces beaux faiseurs de ser-
» mons , & toute jeune qu'elle étoit, elle
» voyoit parfaitement quel étoit leur dessein.

C

» Le

»Le Marquis vit bien que tous ces sermons
»n'avoient pas tout l'effet qu'il s'en étoit
»promis ; que ces belles exhortations de ses
»émissaires ne faisoient aucune impression
»sur l'esprit de sa jeune pupille , & qu'il
»n'y avoit pas moyen de lui inspirer la
»tentation de prendre le Voile. D'ailleurs ,
»les parens de la jeune Comtesse avoient
»déja eu soin de proposer quelques partis
»très avantageux , mais qu'il avoit eu l'a-
»dresse de rejetter sous divers prétextes ,
»tantôt par la grande jeunesse de la Demoi-
»selle , tantôt par raport à quelques défauts
»personnels qu'il lui suposoit ; d'autres fois
»il disoit qu'elle avoit une si forte vocation
»pour la Vie Religieuse, qu'il n'osoit pas
»même lui parler de mariage. Cependant ,
»comme il vit que toutes ses ruses étoient
»inutiles, il jugea qu'il falloit changer de
»batterie. La Marquise augmenta de sévé-
»rité , on voulut essayer si le chagrin & le
»desespoir ne produiroient point ce qu'on
»avoit inutilement tenté par la voie des
»conseils & des représentations. On lui ôta
»tous ses bijoux ; on ne lui laissa plus voir
»aucun de ses parens , dont auparavant elle
»recevoit les visites en présence de la Mar-
»quise ; on ne lui permit plus de sortir que
»pour aller à l'Eglise, encore étoit-ce dans
»le carosse du Marquis , avec les rideaux
»tirés , & en compagnie d'une vieille Doué-
»gne , qui avoit de si bons ordres qu'il étoit
»impossible à qui que ce fût d'en aprocher.

«Le Duc d'Ossune étoit alors Ambassa-
»deur auprès du Saint Pere de la part du
»Roi d'Espagne. Il avoit avec lui un ne-
»veu

„veu nommé Don Pédro de Patillos. Ce
„Seigneur avoit vû souvent la jeune Com-
„tesse lorsqu'elle alloit faire ses dévotions,
„& la vigilance de la Douégne, ne lui
„avoit pas échapé. Les charmes de cette
„Beauté naissante l'avoient frapé, il en étoit
„devenu éperdument amoureux. Il avoit
„épié long-tems l'occasion de pouvoir lui
„glisser un billet dans la main, sans que la
„vieille s'en aperçût. Il ne savoit pas com-
„ment s'y prendre pour lui faire connoître
„qu'il l'adoroit. Après avoir rêvé à plu-
„sieurs moyens de lui faire parvenir un bil-
„let, & avoit trouvé par tout des obstacles
„insurmontables, il s'avisa d'employer à ce
„ce dessein deux gaillards déterminés & aler-
„tes, domestiques du Duc son Oncle. Il
„les trouva disposés à exécuter ses ordres,
„il leur dit même comment il faudroit s'y
„prendre. Ils ne manquérent pas le lende-
„main de se charger du billet, & voici ce
„qu'ils firent. Ils attendirent que la jeune
„Comtesse fût à l'Eglise. Pendant qu'elle
„entendoit la Messe sous les yeux de sa
„Douégne, un d'eux arracha l'esse d'une
„des roues du carosse; ensuite, comme
„Dona Maria s'en retournoit, un deux en
„habit bourgeois cria au cocher d'arrêter,
„& lui dit que le carosse alloit verser, qu'il
„manquoit une cheville à l'essieu. Il fit
„l'empressé pour aider à retenir le carosse,
„le cocher fit descendre l'estaffier qui étoit
„derriere, afin qu'il eût soin des chevaux,
„tandis qu'il iroit chercher une esse chez
„le maréchal le plus proche. Tout cela ne
„se passa point sans que la vieille fut un

C 2   peu

„peu allarmée; elle mit la tête hors de la
„portiére du carosse pour voir ce qui man-
„quoit , & fit des remercimens à l'obligeant
„Citadin qui avoit eu la bonté d'avertir
„le cocher. Pendant que cela se passoit , l'au-
„tre valet de pié du Duc trouva le moyen
„de glisser le billet dans la main de la jeu-
„ne pupille , en lui faisant signe de ne pas
„parler , & de le cacher soigneusement. Il
„avoit gardé sa livrée , afin que la Com-
„tesse pût le reconnoître plus aisément pour
„lui remettre la réponse. Elle prit le billet ,
„& le cacha dans son sein ; elle regarda
„fort attentivement celui qui le lui avoit
„remis , & à sa livrée elle connut qu'il étoit
„à l'Ambassadeur d'Espagne.

„Le cocher ne tarda pas de revenir avec
„une esse neuve : dès qu'il l'eut remise , il
„continua son chemin , & reconduisit les
„Dames au logis , sans que le vieil Argus
„eût rien vu ni même se doutât de rien
„de ce qui s'étoit passé par raport au billet:
„elle entretenoit sa jeune pupille du danger
„qu'elles avoient couru , & ne manqua pas
„d'en attribuer la faveur à quelque miracle ,
„qui ne pouvoit être que l'ouvrage de la
„Madona qu'elles avoient priées pendant la
„Messe. La jeune Demoiselle étoit bien plus
„occupée du Saint qui pouvoit lui avoir
„écrit le billet. A peine fut-elle à l'hôtel ,
„qu'elle trouva bien-tôt un prétexte pour
„être laissée seule. Elle ouvrit le billet , &
„y lut ce qui suit.

A LA COMTESSE D'ALBANO.

MADAME,

*J'ai souvent eu l'honneur de vous voir dans l'E-
glife. Pouvois-je ne pas céder à vos charmes ?
Leur effet eft au-deffus de toute réfiftance. Je reconnois l'étendue de leur pouvoir, & je fens que
depuis le premier jour qu'ils ont excité mon admiration, mon bonheur dépend entiérement de celle
à qui la Nature les a prodigués. Ma paffion pour
vous, Madame, eft égale aux graces qui l'ont
fait naître. Il n'eft point de termes qui puiffent vous
la bien exprimer ; & fans doute elle feroit injuf-
tice à vos charmes, s'il étoit poffible d'en donner une jufte idée. J'efpére pourtant que mes foins
& mon refpect pourront vous convaincre de la fincérité de ma tendreffe, & de la pureté de mon
amour, perfonne ne fouhaitant plus ardemment
d'être à vous que*

DON PEDRO DE PATILLOS.

„Après la lecture du billet, elle ne dou-
„ta pas que ce Don Pédro de Patillos ne
„fût le même Cavalier qu'elle avoit déja
„remarqué qui n'ôtoit pas les yeux de def-
„fus elle tant qu'elle étoit à l'Eglife ; elle
„étoit même déja affez prévenue en faveur
„de fa perfonne ; il ne lui reftoit plus que
„de fçavoir s'il étoit homme de condition :
„la difficulté étoit de fçavoir comment s'y
„prendre pour le découvrir ; car elle n'au-
„roit ofé s'en informer d'aucun des gens
„qui étoient auprès d'elle ; & pour des

 „per-

,, perſonnes de dehors , elle n'en voyoit qu'en
,, préſence de la Marquiſe.

,, Après avoir un peu ruminé , elle s'a-
,, viſa d'un expédient qu'elle crut bien qui
,, lui réuſſiroit. Elle attendit que les domeſ-
,, tiques fuſſent retirés à l'iſſue du dîner , &
,, qu'il n'y eut perſonne dans la chambre à
,, manger , que le Marquis & la Marquiſe.
,, Elle demanda à ſon Tuteur s'il connoiſſoit
,, un certain Don Pédro de Patillos , & quel
,, homme c'étoit. Le Marquis fut du dernier
,, étonnement à ce diſcours , & lui demanda à
,, ſon tour d'où pouvoit provenir une telle cu-
,, rioſité ? La jeune Comteſſe ſans ſe déconcer-
,, ter lui dit avec un certain ſourire , commen-
,, cez par ſatisfaire ma curioſité , & je vous en
,, donnerai enſuite la raiſon , qui certainement
,, aura quelque choſe qui vous ſur prendra.
,, Là-deſſus le Marquis lui dit. Ce Don Pédro
,, eſt neveu du Duc d'Oſſune , Ambaſſadeur
,, d'Eſpagne ; c'eſt un jeune homme perdu de
,, débauche , la honte & l'oprobre de ſa fa-
,, mille , & qui fait à préſent ſes voyages. Il
,, en fit ce beau portrait d'un ton ſi embar-
,, raſſé & d'un air ſi troublé , que Dona Maria,
,, qui étoit dans ſa ſeiziéme année , & dont
,, l'eſprit étoit déja pour ſon âge égal à ſa
,, beauté , n'eut pas de peine à s'apercevoir
,, des motifs de crainte qui avoient porté
,, le Marquis à faire de Don Pédro un ſi
,, affreux portrait. Auſſi ne prit-elle pas le
,, change ; elle s'en forma juſtement une
,, idée toute opoſée à celle que le Marquis
,, avoit voulu lui en donner.

,, A préſent , dit le Marquis , dites-moi ,
,, je vous prie , comment ſavez-vous le nom
,, de

„de cet Etranger, & à quel propos vous
„êtes-vous informée de lui ? Tenez, ré-
„pondit la jeune Comtesse , vous trouverez
„de quoi satisfaire amplement votre curio-
„sité dans ce billet romanesque ; en même-
„tems lui remit la lettre même , qu'elle
„avoit reçue de Don Pédro. Cette drogue ,
„continua-t-elle , s'est trouvée dans un ti-
„roir de ma toilette ; mais comment elle
„y a été fourée ? c'est ce que je ne saurois
„imaginer. Je crois pourtant que cela
„ne s'est pas fait par miracle : à la vérité
„ce Don Pédro seroit peût-être assez scélé-
„rat pour avoir quelque commerce avec
„le diable.

„Pendant que le Marquis lisoit la lettre,
„la Comtesse examinoit attentivement tous
„les mouvemens de son visage , & elle s'ap-
„perçut aisément à sa mine, & à tous ses
„changemens de couleur, que cette lecture
„lui causoit de terribles inquiétudes. Il fit
„pourtant tous ses efforts pour cacher ce
„qui se passoit en son ame. Il donna la
„lettre à lire à la Marquise ; & après avoir
„un peu pensé, il s'adressa à la Comtesse:
„ma chére Dona Maria , lui dit-il, je ne
„sçaurois assez admirer ni louer votre pru-
„dence dans une affaire de la nature de
„celle-ci. Seigneur , reprit-elle, j'étois à la
„vérité bien jeune à la mort de mon Pere,
„mais je ne l'étois pas assez pour ne pou-
„voir pas me ressouvenir qu'il m'ordonna de
„vous regarder comme mon Pere , & de
„vous obéir comme à lui-même : ses der-
„niéres paroles ont toujours été profon-
„dément gravées dans ma mémoire & com-

C 4   me

,, me Dieu merci, je ne me fuis point en-
,, core écartée de fes ordres jufqu'à préfent,.
,, je prétens continuer à vivre de même , je
,, ne veux rien avoir de caché pour vous
,, & en tout ce qui pourra regarder mes in-
,, térêts, je me foumettrai exactement à vos
,, lumieres & à vos volontés. Je fuis plus
,, que perfuadée , par la longue & folide
,, amitié qu'il y a eu entre vous & feu mon
,, Pere, que vous ne cherchez que mon
,, bien ; que mes intérêts vous font auffi ,
,, chers que les vôtres propres ,. & c'eft pour
,, cela que je ne crois pas pouvoir mieux
,, faire , que de m'en raporter entiérement
,, à votre jugement & à votre expérience.

,, La Marquife n'eut garde de fe taire dans
,, une conjoncture de cette importance , elle
,, fe mêla auffi de la converfation. Je fuis
,, charmée , dit-elle , autant que furprife ,
,, de voir que l'efprit & le bon fens le dif-
,, putent à la beauté dans l'aimable Dona
,, Maria. Vous penfez , on ne peut pas plus
,, jufte , du Marquis , continua-t-elle en
,, s'adreffant à la jeune Comteffe. Il ne fe-
,, roit pas poffible qu'il eût pour fes pro-
,, pres enfans un attachement plus tendre
,, ni même qu'il cherchât leur avantage avec
,, plus de defintéreffement qu'il ne fait pour
,, fa chére pupille : & croyez-moi , ma
,, chére enfant , je ne lui céde en rien dans
,, les bons fentimens qu'il a pour vous , &
,, & je ne fçaurois avoir de plus grande fa-
,, tisfaction , que de vous voir jouir d'un
,, bonheur fixe & durable, que rien ne...

,, On en étoit-là de la converfation. Déja
,, la jeune Comteffe fe difpofoit à répondre
,, à

„à un difcours fi obligeant, & dont elle
„connoiffoit le peu de fincérité, lorfque
„le Comte de Paruta, Gentilhomme Véni-
„tien qui étoit à Rome pour affaires, entra,
„& empêcha par-là la Comteffe de répon-
„dre. Elle fortit de la chambre avec la
„Marquife. Celle-ci lui propofa d'aller faire
„un tour de jardin, elles y furent enfem-
„ble. La bonne Dame n'épargna ni careffes,
„ni proteftations de l'amitié la plus tendre
„& la plus fincére. Aprés cela elle en vint
„à donner à la Comteffe des avis. qu'elle
„eut grand foin d'accompagner ou d'entre-
„mêler des peintures les plus odieufes de
„la vie débordée des jeunes gens de qua-
„lité. Comme elle avoit un intérêt réel à
„perfuader la Comteffe de la vérité de
„ce qu'elle difoit, le zèle l'emportoit quel-
„quefois un peu trop loin ; auffi ne man-
„quoit-elle pas de s'en excufer fur la part
„folide qu'elle prenoit aux intérêts de la
„jeune Comteffe, qui, à ce qu'elle difoit,
„ne lui permettoit pas de s'écouter fi fort,
„ni de mefurer fes termes. Dona Maria
„écoutoit tout cela avec beaucoup d'atten-
„tion, elle fçavoit à quoi s'en tenir ; il ne
„lui échapa pas un mot, ni même un gef-
„te ou un ton de voix qui pût faire foup-
„çonner à la Marquife, qu'elle ne croyoit
„rien de ce qu'elle difoit. Au contraire, la
„jeune Dame paroiffoit être faifie d'horreur
„aux différens portraits qu'on lui faifoit
„des jeunes Seigneurs de Rome & des en-
„virons, fur-tout à celui de Don Pédro,
„que la charitable Marquife n'avoit pas
„manqué d'accommoder de toutes piéces-

,, Infenſiblement l'après-diné ſe paſſa dans
,, le jardin. Comme il commençoit à ſe faire
,, tard, nos deux Dames rentrérent au logis,
,, toutes deux très contentes d'elles-mêmes.
,, La Marquiſe s'aplaudiſſoit d'avoir ſi bien
,, perſuadé la Comteſſe, & celle-ci étoit dans
,, la joie de ſon cœur d'avoir ſi bien réuſſi
,, à la duper auſſi-bien que le Marquis, &
,, d'avoir cependant trouvé le moyen d'a-
,, prendre par ceux-mêmes à qui il impor-
,, toit le plus d'empêcher qu'elle ne le ſçût,
,, qui étoit Don Pédro, pour qui elle s'ètoit
,, déja ſenti beaucoup de panchant avant
,, d'être inſtruite de ſa qualité. Et certaine-
,, ment le portrait odieux qu'on lui en avoit
,, tracé, n'avoit fait aucune impreſſion ſur
,, ſon eſprit, & n'avoit rien diminué des
,, bons ſentimens qu'elle avoit pour lui.

,, Après ſoupé, le Marquis, qui ne per-
,, doit pas de vue ſon principal objet, re-
,, noua la converſation qui avoit été inter-
,, rompue l'après-diné par la viſite du Mar-
,, quis de Paruta. Il étoit déja inſtruit de
,, tout ce qui s'étoit dit dans le jardin, il
,, s'étendit beaucoup à louer la prudence &
,, la délicateſſe d'eſprit de ſa pupille, & de-
,, là il fit tomber la converſation ſur Don Pé-
,, dro : il le repreſenta comme un de ces
,, débauchés pour qui rien n'eſt ſacré, à
,, qui le crime ne coute rien ; rapt, meurtre,
,, aſſaſſinat, poiſon, ſacrilége, ſelon lui ce
,, jeune Seigneur oſeroit tout pour aſſouvir
,, ſa paſſion. Le Duc d'Oſſune ſon Oncle
,, en étoit ſi entêté, & il en avoit ſi bonne
,, opinion, qu'il n'étoit pas poſſible de lui
,, faire rien accroire à ſon deſavantage. Ce
,, jeune

„jeune libertin faifoit fi bien, qu'il trouvoit
„moyen d'écarter tous ceux qui oferoient
„tenter de porter à fon Oncle quelques
„plaintes de fes débauches & de fes excès;
„il n'y avoit pas dans la maifon un feul
„domeftique qui ne lui fût vendu & dé-
„voué; ainfi ma chére Enfant, continua
„le Marquis, en s'adreffant à fa jeune pu-
„pille, comme je fçai que ce jeune Seigneur
„eft extrêmement bouillant & emporté, je
„fuis d'avis qu'il vaut beaucoup mieux pré-
„venir toute infulte de fa part, que de
„l'attendre, & en courir le rifque à l'om-
„bre de notre rang ou de notre crédit. Ce
„Don Pédro feroit capable de vous faire
„enlever en plein jour & à la vue de toute
„cette grande ville, par une troupe de ces
„Braves dont on a ici tant qu'on en veut
„pour de l'argent.

„Il eft conftant, ajouta la Marquife,
„qu'on parle par-tout de lui comme d'un
„vrai déterminé; & fi j'avois un confeil à
„donner à la Comteffe d'Albano, ce feroit
„de chercher une retraite dans quelque
„Couvent, jufqu'à ce que ce dangereux
„Seigneur eût quitté Rome, ou du moins
„jufqu'à ce qu'on eût pris des mefures fo-
„lides pour la mettre à couvert de tout
„attentat de la part de l'Efpagnol. C'étoit
„juftement ma penfée, interrompit le Mar-
„quis. Et tout le contraire de la mienne,
„repliqua modeftement la Comteffe, car
„je me fens pour le Couvent une répu-
„gnance invincible. Vos bontés pour moi
„vous font paroître le danger plus grand
„qu'il ne l'eft en effet. Pour moi, je pen-

„fe

,, se que les hommes se rebutent bien-tôt,
,, dès qu'ils voïent que toutes leurs pour-
,, suites sont vaines, & que rien n'est plus
,, propre à les rebuter, que de ne faire au-
,, cune attention à eux. D'ailleurs les loix
,, sont trop précises, pour que Don Pédro
,, osât seulement tenter de faire la moindre
,, violence à une fille de mon rang. Et dans
,, le fond, ai-je la moindre chose à crain-
,, dre ? est-ce que vos attentions officieuses,
,, & les bons exemples de Madame ne sont
,, pas plus que suffisans pour me maintenir
,, dans les bornes du devoir, si par hazard
,, mon âge ne paroît pas assez mûr pour
,, qu'on s'en fie à moi de ma conduite ? Je
,, ne vois pas pourquoi je dois être mise en
,, prison, parce qu'il plaît à votre Monsieur
,, Don Pédro d'être un libertin. Enfermez
,, plutôt les coupables que les innocens. La
,, Justice ne me garantit-elle pas suffisam-
,, ment ? qu'ai-je que faire d'une autre pro-
,, tection ? Si j'avois eu le moindre soupçon
,, qu'un cachot dût être la récompense de
,, la confiance que j'ai en vos bontés, je me
,, serois bien gardée de vous parler de cette
,, fatale lettre, & j'aurois pris le parti de me
,, reposer sur la sévérité des Loix, plutôt
,, que de m'ouvrir à vous d'un secret que je
,, regarde avec tant d'indifférence.

   » La Comtesse parla à la fin avec une fer-
» meté, & une émotion dont ses Tuteurs
» ne s'aperçurent que trop pour leur repos ;
» ils commencérent à s'allarmer de cette ré-
» sistance, qui leur paroissoit nouvelle ; &
» ils jugérent à propos de changer de ton.

   » Le Marquis reprit la parole. Tranquili-
sez-

» fez-vous ma chere Enfant dit-il à la Com-
» teffe : fi l'excès de notre tendreffe pour
» vous , nous porte à chercher les moyens
» les plus convenables pour mettre votre ver-
» tu à couvert de tout danger , quoiqu'ils
» ne foient pas de votre goût faute de les
» avoir murement examinés , & d'avoir ré-
» fléchi fur le danger même , il ne faut pas
» pour cela vous altérer. Puifque vous avez
» une fi grande répugnance pour le Cou-
» vent , il nous faut fonger à quelque autre
» moyen de vous délivrer des importunités
» de ce dangereux Efpagnol. Je n'en vois
» pourtant pas de plus fûr , dit la Marquife ,
» que celui que nous lui avons propofé , &
» je ne doute pas que la vertueufe Comteffe
» ne foit demain de notre avis , quand elle
» en aura confulté avec fon oreiller.

» Et moi je fuis bien fûre , repartit la Com-
» teffe , qu'il n'eft aucun danger qui puiffe
» me porter à chercher un azile dans le Cloî-
» tre. Il fe faifoit tard , le Marquis fentit
» que la Comteffe n'en démordroit pas , il
» aima mieux rompre la converfation , il
» apella fes gens pour éclairer ; on fe fouhaita
» le bon foir , & on fe fepare avec beau-
» coup de politeffe , cømme font des per-
» fonnes bien nées , quoique dans le fond
» très-peu fatisfaites les unes des autres. Une
» femme de chambre , reçue de ce jour mê-
» me , prit les bougies , & conduifit la Com-
» teffe , dans fa chambre. Elle y fut reçue par
» une vieille femme , dont le vifage lui étoit
» auffi neuf que celui de la fervante , à qui la
» vieille ordonna de fe retirer , en lui difant
» qu'elle ferviroit elle-même la Comteffe à

» fæ

» fa toilette, & qu'elle lui aideroit à fe des-
» habiller & à fe coucher.

„ La Comteffe fut un peu furprife de ce
» changement; mais dans le fond elle ne fut
» pas fâchée de fe voir défaite de fon an-
» cienne grogneufe de Gouvernante. Elle al-
» loit pourtant demander où elle étoit,
» lorfque la nouvelle Douègne, faifant une
» profonde révérence, lui dit : Madame, je
» fuis ici par ordre de Monfieur le Marquis,
» pour avoir l'honneur de vous rendre mes
» petits fervices, à la place de celle qui a
» été foupçonnée d'avoir gliffé un billet
» dans votre toilette. Mais je vous fuplie de
» ne prendre aucun ombrage d'un change-
» ment fi fubit parmi vos domeftiques. Sou-
» vent les chofes tournent à une toute au-
» tre fin que celle où on les avoit deftinées.
» De quelques bontés que vous puiffiez
» avoir honoré celle dont je viens occuper
» la place, j'ofe vous affurer qu'elle n'a
» jamais mérité un tel bonheur par plus de
» zèle & plus d'attentions, que vous n'en
» trouverez de ma part : & fi vous voulez
» bien que je vous faffe une première con-
» fidence, c'eft que, quoique j'aye été
» mife auprès de vous pour épier pour
» ainfi dire vos actions, vous pouvez comp-
» ter que je fuis incapable d'une telle
» baffeffe, & je vous protefte que dès ce mo-
» ment je me dévoue entièrement à vos vo-
» lontés. En difant ces mots, elle fit une autre
» révérence des plus profondes, & fit une pe-
» tite paufe pour attendre quelque réponfe.

„ La Comteffe n'eut garde de donner dans
» le paneau. Elle fe douta à merveille du but

de

„ de la nouvelle Suivante. Elle répondit
„ avec beaucoup d'indifférence , qu'il lui
„ importoit peu qu'on lui eût ôté ou laiſſé
„ celle qu'elle avoit auparavant ; que n'ayant
„ aucun ſecret , elle n'avoit aucun beſoin
„ de confidente ; & qu'en tout cas , ſi celle
„ qui avoit été congédiée avoit réellement
„ commis la faute dont on l'accuſoit , elle
„ n'avoit rien que ce qu'elle avoit bien mé-
„ rité. Madame, reprit le nouvel Argus ,
„ eh ! quand elle auroit été réellement cou-
„ pable , ſi vous connoiſſiez Don Pédro ,
„ vous ne ſçauriez lui refuſer ſon pardon ;
„ car vous pouvez compter qu'il n'y a pas
„ dans tout le Patrimoine de Saint Pierre ,
„ un Cavalier auſſi accompli , ni qui ait au-
„ tant de mérite que lui. C'eſt bien le Sei-
„ gneur le mieux fait ; le plus poli , & du
„ caractére le plus doux & le plus aimable
„ qui ſe puiſſe. Il eſt d'ailleurs recomman-
„ dable par ſa bonne conduite , par ſon eſ-
„ prit , & par tous les plus beaux talens.
„ Enfin Madame , depuis que cet Etranger
„ eſt dans Rome , il s'y eſt acquis une ré-
„ putation & une eſtime univerſelle.

„ Je le veux croire , dit froidement la
„ Comteſſe ; mais Monſieur le Marquis m'en
„ a fait un portrait bien différent. Après
„ tout il ne m'importe guéres qui de vous
„ deux a raiſon , je ne me ſoucie pas d'en
„ être éclaircie. En diſant ceci , elle ſe mit à
„ ſa toilette , & ſe diſpoſa à ſe mettre au
„ lit. La bonne Suivante alloit entrepren-
„ dre de juſtifier le Seigneur Don Pédro ;
„ mais la Comteſſe ne lui en donna pas le
„ tems , elle lui impoſa ſilence , ſe coucha ,
„ & la renvoya.

CHAPITRE

CHAPITRE III.

Suite de l'Histoire de la Comtesse d'Albano
& de Don Pédro de Patillos.

LE lendemain la Comtesse se leva dès-
qu'elle vit la pointe du jour, & se hâta
de jetter sur le papier un détail circonstancié, quoiqu'abregé de l'état où elle se trouvoit. Après cela elle écrivit une lettre à Don
Pédro ; elle plia le tout dans une envelope,
& le cacha soigneusement. La lettre étoit
en ces termes.

A DON PEDRO DE PATILLOS.

La cruauté avec laquelle on veut me forcer de
me faire Religieuse, pour usurper sans obstacle des
biens qui n'apartiennent qu'à moi, ne me permet
pas de déguiser mes véritables sentimens. La con-
jonĉture me force à fouler aux pieds les bien-
séances qui défendent à une femme de se détermi-
ner si promptement. Je n'ai que le tems de réflé-
chir sur votre naissance & sur votre caraĉtére ; &
mon cœur forcé de vous rendre justice à tous égards,
n'hésite pas à vous déclarer que je me croirai la
plus heureuse personne du monde d'être l'épouse de
Don Pedro, dès qu'il aura tiré de prison

La Comtesse d'ALBANO.

Après avoir caché le billet, elle se remit
au lit, pour ôter tout soupçon. Elle y étoit

à

à peine rentrée, que ses nouvelles servantes vinrent dans sa chambre. Elle fit bien l'endormie, & toutes les mines d'une personne qui s'éveille d'un profond sommeil. Elle s'habilla, & descendit pour prendre le chocolat. On étoit trop peu satisfait de part & d'autre de la conversation du soir précédent pour la renouveller si-tôt. Tout se passa d'un grand sérieux. On vint avertir que le carosse étoit prêt. La Marquise alla à l'Eglise avec la jeune Comtesse, qui étoit bien moins attentive à la dévotion dont elle faisoit pourtant toutes les grimaces, qu'à chercher des yeux le domestique qui lui avoit remis le billet de Don Pédro. Elle ne fut pas long-tems à le chercher. Celui-ci de son côté eut bien-tôt découvert qu'on avoit quelque réponse à lui remettre. Pareils messagers entendent parfaitement le langage des yeux. Il sçut si bien s'aprocher dans la foule, à la sortie de l'Eglise, que la jeune Comtesse trouva aisément le moyen, en faisant semblant de relever sa robe, de glisser derriére elle la main dont elle tenoit le papier. Le domestique adroit le prit sans être aperçu de personne, & se retira presque aussi content d'en être le porteur, que la Comtesse l'étoit d'avoir si bien joué son jeu.

Vous n'attendez pas sans doute que je vous exprime l'excès de joye que cause à Don Pédro la lecture du billet. Il n'y a pas de caresses qu'il ne fit à son fidéle Mercure; la plus solide fut une bourse de sequins qu'il lui mit dans la main, où le bon matois trouva bien pour le moins autant de solidité, que dans les caresses d'un Grand-Seigneur.

gneur ; le prefent étoit plus que fuffifant,
pour le convaincre de l'importance du fervice qu'il avoit rendu à Don Pédro. Ce Seigneur n'eut pas plûtôt parcouru le mémoire qui étoit avec la lettre , & vu l'état où
étoit fon aimable Comtefle , qu'il fe fentit
pénétré de tous les mouvemens que pouvoient lui infpirer fon amour, & l'indignation contre laquelle toute ame bien placée
ne fauroit tenir en pareil cas. Outré à l'extrême contre l'ingratitude & la noirceur du
Marquis , il fongea d'abord à confulter les
plus habiles Avocats de Rome. Il fe livra
cependant à des foins plus preffans , qui
étoient de détourner le danger où étoit la
belle Comtefle d'être mife de force dans
un Couvent , d'où il lui auroit été fans doute plus difficile de la tirer , fupofé même
qu'il eût pu le découvrir.

Le Duc fon Oncle n'étoit pas au logis ,
il étoit allé pour des affaires de fa Cour à
l'audience du Cardinal Neveu , il l'attendit
avec impatience. A peine fut-il rentré , que
l'amoureux Don Pédro fe rendit auprès de
lui : il lui rendit compte de fa paffion pour
la Comtefle : il n'eut pas de peine à la lui
faire aprouver , parce que l'Ambaffadeur
fçavoit qui elle étoit ; il connoiffoit fa famille , & fes grands biens. Dès que Don
Pédro vit que fon Oncle l'aprouvoit , il le
fuplia de le diriger , & de lui dire comment
il devroit s'y prendre pour rompre au plûtôt les mefures de l'indigne Tuteur , dont
Son Excellence voyoit les noirs deffeins par
le mémoire de la Comtefle , que Don Pédro
lui montra avec la lettre.

Je

Je vous félicite, mon cher neveu, dit le
Duc à Don Pédro, je suis charmé de votre
bonne fortune : mais je dois vous avertir
d'une chose, c'est qu'il vous importe infiniment de garder plus de mesures qu'un autre, & d'agir avec beaucoup plus de circonf-
pection : vous devez bien vous garder de
faire la moindre démarche qui pût commettre mon caractére, & mettre en com-
promis la gloire du Roi mon Seigneur, que
Dieu garde, en vous flâtant mal à propos
de trouver de ma part une protection que je
ne sçaurois vous accorder, quelles que puffent être les suites de mon refus ; car vous
sçavez que l'honneur de Sa Majesté m'est
infiniment plus cher que la vie. Mais faites
une chose, envoyez sur le champ un de
mes gens dire au Signor Léontino que je
souhaite de lui parler. C'est un des plus fameux Avocats de la ville, nous lui deman-
derons son avis, & nous concerterons avec
lui sur les moyens les plus promts & les
plus sûrs de mettre la Comtesse à couvert
de la violence & de l'injustice de son ingrat
Tuteur, & en même-tems de couronner
votre flâme.

Don Pédro ne perdit point de tems, il
donna de si bons ordres que le Signor Léontino ne tarda pas de venir. La promptitude
avec laquelle cet Avocat se rendit au palais
de l'Ambassadeur, fut même pour l'amoureux Don Pédro d'un très bon augure.

L'Ambassadeur dit en peu de mots à l'A-
vocat de quoi il étoit question ; il fit lire le
mémoire écrit de la propre main de la Comtesse, avec la lettre qu'elle avoit écrite à

Don

Don Pédro. Le Seigneur Léontino donna
son sentiment, qui fut que le Duc allât sans
perdre de tems faire une visite au Gouverneur de Rome ; offrant d'y accompagner
Son Excellence, ajoutant même qu'il ne
doutoit pas que quand on auroit informé
le Gouverneur de la situation affreuse où se
trouvoit la jeune Comtesse, il ne manqueroit pas de mander le Marquis & sa pupille, & de donner jour pour entendre les raisons de part & d'autre, & qu'en attendant
on pouvoit compter qu'il prendroit la Comtesse sous sa protection. Ce sentiment eut
l'aprobation du grave Ambassadeur, & de
l'impatient Don Pédro ; ils montérent tous
trois en carosse, & se rendirent au palais
du Gouverneur qui étoit encore chez lui,
& même en conversation avec le Marquis
qui étoit fort de ses amis, lorsqu'on annon-
ça l'Ambasseur d'Espagne, son neveu, &
l'Avocat Léontino. Le Marquis, qui se sen-
toit la conscience verreuse, & qui n'avoit
que son affaire en tête, s'imagina d'abord
que cette visite pourroit bien avoir pour
objet les affaires de la Comtesse, quoiqu'il
n'eût pas le moindre soupçon qu'elle eût
fait, ni pu faire aucune réponse à la lettre
de Don Pédro.

Comme le Marquis étoit assez familier
avec le Gouverneur, il lui dit qu'il alloit
passer dans une autre chambre jusqu'à ce
que le Duc fût sorti. Il y alla effectivement,
& le Gouverneur s'en s'en fut au-devant
de l'Ambassadeur. Dès qu'ils furent entrés
& assis, & qu'on eut fait les premiers complimens de politesse, le Duc dit en peu de
mots.

mots le sujet de sa visite, & pria le Gouverneur de vouloir bien permettre que le Signor Léontino le mît mieux au fait, & lui
expliquât le cas plus au long. Celui-ci parla avec son éloquence ordinaire ; il remon-
ta d'abord à la première situation où étoit
le Marquis, lorsqu'il ne joüissoit que de son
mince patrimoine ; delà il en vint aux éloges de l'incomparable amitié du Comte,
de la confiance extraordinaire qu'il avoit eu
en la probité du Marquis ; il démontra combien le Marquis étoit obligé par honneur
& par reconnoissance à soutenir cette confiance, & à y répondre à tous égards ; delà
il fit voir, comment par une noirceur inoüie
le Marquis agissoit directement contre tout
ce qu'il devoit à son ami défunt ; combien
son procédé étoit dénué de toute ombre de
gratitude, d'honneur, & de justice. Enfin,
il conclut par prier le Gouverneur de prendre la Comtesse sous sa protection, d'ordonner par provision qu'elle fût tirée de la maison du Marquis, & de faire citer celui-ci à
comparoître, & à répondre à tout ce que
lui Avocat avançoit à sa charge ; & même
il demanda au Gouverneur, de fixer le jour
auquel il lui plairoit d'entendre les raisons
des deux parties par leurs Avocats.

Le Gouverneur ne fut pas peu surpris de
tout ce qu'il venoit d'entendre. Il répondit
avec beaucoup de gravité, qu'il avoit toujours regardé le Marquis Castruccio comme
un homme qu'on auroit pu proposer pour un
d'honneur, de justice, & de reconnoissance. Il est vrai, dit-il, que son bien de patrimoine ne répondoit ni à sa naissance ni à

fon mérite; auſſi crois-je que tous les gens de bien ont été charmés de voir ſa vertù récompenſée par un effet du juſte diſcerne-ment du Comte d'Albano; & ſi ce Seigneur n'avoit pas connu à fond le bon caractére du Marquis, ſon amitié pour lui n'auroit pas été ſi ſolide, ni de ſi longue durée pen-dant ſa vie, & il ſe feroit bien gardé de lui léguer en mourant une portion de ſon bien égale à celle de ſa fille, & même de lui laiſ-fer un pouvoir auſſi ample, & une autori-té auſſi abſolue ſur elle, juſqu'à ce qu'elle entrât dans un Couvent ſi elle étoit apellée à la Vie Religieuſe, ou qu'elle ſe mariât avec l'aprobation & par le choix de ce gé-néreux ami. Quelque grande que puiſſent être mon autorité, elle ne va point juſqu'à enfreindre la volonté du défunt, ni à caſ-fer ſon teſtament. Les derniéres diſpoſitions d'un mourant ſont des loix qui doivent s'exécuter au pied de la lettre, ainſi il ne m'eſt pas permis de tirer la Comteſſe des mains de celui à qui ſon Pere l'a confiée. Cependant ſi vous voulez bien me déſigner la perſonne qui intente l'accuſation contre le Marquis, j'aurai ſoin d'en écrire un mot à ce Seigneur, je fixerai même un jour pour écouter l'un & l'autre, & je me perſuade qu'il ſe juſtifiera ſi bien qu'il couvrira ſon accuſateur de honte & de confuſion. Don Pédro, qu'un tel diſcours n'accommodoit pas, prit la parole, & dit au Gouverneur: C'eſt moi, Monſieur, qui forme l'accuſa-tion, & je m'engage ſur ma tête à prouver tout ce que le Signor Léontino vient d'a-vancer. Il ſe pourroit bien, reprit le Gou-

verneur,

verneur , que le Seigneur Don Pédro fût
mal informé , je suis même perfuadé & j'ef-
père qu'il l'eft ; enfin je ferai citer le Marquis pour après demain matin , le Signor
Léontino aura la bonté de s'y trouver. Là-
deffus le Duc prit congé , & fe retira avec
fon neveu & l'Avocat.

Le Gouverneur , qui étoit allé conduire
l'Ambaffadeur, trouva en rentrant le Marquis
qui l'attendoit dans fa chambre. Vous allez
être bien furpris , mon ami , lui dit-il , quand
vous fçaurez que le motif de cette vifite étoit
de me..... Vous pouvez vous épargner la
peine de me le dire , interrompit le
Marquis ; j'ai tout entendu , & j'aurai foin
de me rendre ici au tems marqué , pour
avoir le plaifir de confondre une malice &
une calomnie , qui malgré toute leur fauf-
feté ne laifferoient pas de me donner quelque inquiétude , fi je n'efpérois que le témoignage de la Comteffe elle-même me juf-
tifiera pleinement auprès de vous , & que
cependant cette fable ne fera fur vous aucune impreffion qui me foit defavantageufe.

Le Gouverneur répondit au Marquis , que
ce feroit une affaire bien difficile , que d'altérer le moins du monde la bonne opinion
qu'il avoit depuis fi long-tems de fon honneur & de fa probité.

Le Marquis prit enfuite congé , & fe
retira chez lui dans une agitation qu'on peut
aifément imaginer. Il paffa le refte de la journée fans voir perfonne, on fervit le foupé:
ii étoit feul à table avec la Comteffe , la
Marquife étoit demeurée à fouper dehors:
il fe contraignit beaucoup pour cacher fes

inquiétudes ,

inquiétudes , mais un morne silence ne marquoit que trop le trouble où il étoit. Après qu'on eut deffervi , & que les domestiques furent retirés , il rompit le silence , & demanda à la Comtesse avec une indifférence affectée , si elle n'avoit plus oui parler de Don Pédro. Elle répondit que non , & qu'elle supofoit que la fage précaution qu'on avoit prife de congédier les femmes qui la fervoient , avoit aparemment fermé à ce téméraire les voyes dont il avoit pu fe fervir pour lui faire parvenir fon billet romanefque. Non , non , reprit le Marquis, ce billet n'est pas encore fi romanefque que que fes actions. Il s'est établi lui-même votre Gouverneur & votre Tuteur. Il a été anjourd'hui chez le Gouverneur de la Ville , & par le ministére de l'Avocat Léontino il s'est emporté en invectives contre moi. Le pourriez-vous croire ? il a voulu me faire paffer pour l'ami du monde le plus infidéle & le plus ingrat , & pour un Tuteur injuste autant que cruel. Il a fait plus ; il a eu la hardieffe de demander qu'on vous tirât de chez moi , & qu'on m'affignât pour comparoître juridiquement , & pour répondre à tous les chefs d'accufation qu'il prétend intenter contre moi à votre égard. Eh ! de quelle autorité ? reprit la Comtesse. C'est ce que nous verrons après demain , dit le Marquis. Le téméraire ! Peut-on pouffer l'infolence jufqu'à ce point ! s'écria la Comteffe. J'efpére Seigneur que je ferai prefente , d'autant plus que perfonne ne peut mieux que moi couvrir de confufion Monfieur mon Tuteur , dont Monfieur Don

Pédro

Pédro veut bien s'arroger la qualité à ce
que vous dites, & lui faire voir que je ne
suis plus un enfant qui se laisse mener par
le nez. J'espére aussi que le Gouverneur
m'en fera bonne justice, & qu'il aura
quelque égard à mon témoignage. Ils en
étoient-là de la conversation lorsque la
Marquise rentra.

Le Marquis étoit si agité, qu'il avoit
pris le contrepied de ce que la Comtesse
venoit de dire, & qu'il étoit bien éloigné
d'en prendre le véritable sens. Au contraire, il lui répondit qu'il ne doutoit nullement de sa prudence & de son affection
pour lui. Pour de la prudence, reprit-elle, je
ne répons de rien; mais pour mon affection,
vous pouvez compter que rien ne la pourroit altérer. Après cela, comme il se faisoit tard, elle prit congé de la Marquise,
& se retira dans son apartement, très-
satisfaite des procédés du Seigneur Don
Pédro.

Dès-que le Marquis se vit seul avec la
Marquise, il lui rendit compte de tout,
& voulut tourner l'affaire en plaisanterie:
mais elle le prit sur tout un autre ton, & dit
que pour elle, elle la regardoit comme
une affaire de la derniére conséquence, &
qu'elle ne sçauroit s'imaginer que Don
Pédro se fût hazardé à une telle démarche, s'il n'y avoit été poussé par quelques-
uns des parens de la Comtesse, qui sans
doute avoient bien leurs vués en cherchant à la soustraire à son autorité, &
à la tirer de ses mains; que peut-être
avoient-ils déja quelque projet formé de

D   la

la marier avec Don Pédro , fçachant combien le Duc fon Oncle avoit de crédit auprès du Saint Pere ; & que même , fi elle n'étoit pas convaincuë comme elle l'étoit qu'il avoit été abfolument impoffible à la Comteffe de s'entendre ou de pouvoir communiquer avec qui que ce fût à fon infçu , elle feroit portée à la croire du complot , & regarderoit cet air naturel avec lequel elle leur avoit montré le billet de Don Pédro , comme une démarche faite pour leur jetter de la poudre aux yeux , & les éblouïr fur toute cette intrigue. Ah bon ! dit le Marquis , ne venez - vous pas d'entendre vous - même les proteftations qu'elle m'a faites d'une affection que rien ne fçauroit altérer. C'eft - là précifément ce qui me donne le plus à penfer , reprit la Marquife. Vous fçavez entre voûs & moi , comment nous l'avons traitée. Sçavez-vous bien que vous jouez gros jeu , & qu'il y va pour vous du tout au tout ? Il n'y a point à balancer , le feul parti eft de fe défaire de Don Pédro. Par-là vous coupez l'arbre, par la racine. Par-là ceux qui peuvent être du complot , fe verront dénués de la protection du Duc. Celui qui vous accufe étant une fois éloigné, il n'y aura plus perfonne qui fe mêle d'examiner votre conduite , ni rechercher comment vous avez adminiftré la tutelle & les biens de la Comteffe ; & fi par hazard elle avoit quelque part dans toute cette intrigue , ce que je regarde cependant comme moralement impoffible , elle fe verra parlà déchue de toutes fes efpérances.

Le

Le Marquis fentit d'abord quelque répugnance à prendre le parti que lui confeil-
loit la Marquife ; il dit même qu'il ne
fçauroit fe réfoudre à une action fi lâche,
quand même il n'y auroit pas d'autre
moyen de fe tirer d'affaire. Que vous êtes
peu d'accord avec vous-même , reprit la
rufée Dame ! Vous héfitez fur une mort
néceffaire d'un ennemi déclaré , tandis que
de gayeté de cœur vous la donnez à la
fille de votre ami & de votre bienfaiteur.
Comment ! reprit le Marquis ; à Dieu ne
plaife que j'en aye jamais eu la penfée !
Eh ! qu'apellez-vous donc , reprit-elle , le
le deffein de la mettre par force dans un
Couvent ? N'eft-ce pas la plus cruelle de
toutes les morts ? Ne feroit-ce pas l'en-
terrer toute vivante ? Non , il n'y a point
à balancer , il n'y a pas deux chemins à
prendre ! il faut ou que Don Pédro pé-
riffe , ou bien vous réfoudre à vous voir
couvert de honte le refte de vos jours ,
& qui plus eft réduit à la derniére mifére , vous & vos enfans. Si vous n'avez
pas plus de cœur que cela dans une affaire
qui vous touche de fi près , je vous ferai
voir que je fuis plus courageufe , moi qui
ne fuis qu'une femme. Je connois un certain Brave , qui moyennant une petite
fomme vous expédiera un paffeport à Don
Pédro pour l'autre monde , & affurera
votre tranquilité pour celui-ci , avant qu'il
foit deux fois vingt-quatre heures.

Le Marquis commença à ouvrir les
yeux , il comprit le rifque qu'il couroit fi
l'on venoit à faire des recherches fur fa

D 2   conduite,

conduite, & vit toutes les fâcheuses conséquences qui en pourroient résulter. Il se
rendit au sentiment de sa femme, & se fit
mettre au fait touchant le Brave qui se
trouvoit être marié à une femme qui avoit
anciennement servi la Marquise.

Le lendemain matin, le Marquis se rendit de bonne heure chez l'honnête don-
neur de passeports que la Marquise lui
avoit indiqué, qu'elle trouva encore au
lit, parce qu'il étoit sans doute rentré
tard au logis. Sa femme ouvrit la porte,
& introduisit le Marquis, qui étoit envelopé d'un manteau. Elle le pria d'attendre
un moment, & apella son mari qui ne
tarda pas. Le Marquis lui dit en peu de
mots, qu'il avoit besoin de son ministére, & qu'il falloit que Don Pédro fût ex-
pédié en moins de vingt-quatre heures. Le
Brave demanda d'abord au Marquis quel
affront il en avoit reçu, & en quoi Don
Pédro lui avoit fait tort. Je m'imagine,
dit le Marquis, que c'est-là le moindre de
vos soucis, pourvu que je vous paye bien.
Comment Monsieur, reprit l'honnête-
homme, le moindre de mes soucis ! Pour
qui me prenez-vous ? Sçachez que je suis
un homme d'honneur, & que j'ai de la
conscience. Non, Monsieur, à moins que
je ne sois bien sûr que ce Don Pédro mérite la mort, & que je n'aye aucun reproche à me faire d'avoir ainsi prononcé
sa sentence, toutes les richesses que vous
pourriez m'offrir ne seroient pas capables
de me corrompre. J'ai l'ame délicate, &
j'aime que tout aille selon la plus exacte
justice.

juſtice. Juge intégre de tout ce qui peut
être de mon reſſort, j'en ſuis en même-
tems l'exécuteur. Ainſi je ne voudrois pas
pour tout au monde, que le ſang d'un
innocent pût crier vengeance contre moi.
Il y a un autre Monde, Monſieur, après
celui-ci, & j'ai une ame à ſauver. Le Marquis n'avoit guéres envie de rire, & à
peine pouvoit-il s'en abſtenir : Tenez,
mon ami, dit-il, vous pouvez ſur ma parole..... Parole tant qu'il vous plaira,
interrompit le Brave, je ne m'en fie à la
parole de qui que ce ſoit au monde : il
y va de la vie d'un homme, & il faut
que je ſois pleinement convaincu, & en
conſcience, que le crime mérite la mort.
Eh bien, dit le Marquis, puiſque cela eſt
ainſi, je vai vous dire de quoi il s'agit.
Là-deſſus il lui conta le tout, & lui dit:
Que vous en ſemble à préſent ? êtes-vous
convaincu ? Ah ! Monſieur, dit le Brave,
je n'ai pas perdu une ſyllabe de votre diſcours, & je trouve que ce Don Pédro s'a-
viſe, ſans que vous lui en ayez donné le
moindre motif, de flétrir votre réputation, qui eſt infiniment plus chére que la
vie à un honnête-homme, & par conſéquent
qu'il tend à vous porter un coup mortel, un
coup plus funeſte que ne pourroit l'être un
meurtre même, car enfin, celui qui nous ôte
l'honneur, nous tue encore pour ainſi dire après la mort. Un tel attentat eſt cent
fois plus affreux, que celui auquel il vous
force. Notre propre conſervation eſt la
première loi de Nature. D'ailleurs, Monſieur, il me paroît que cet homme eſt un

D 3   intrigant

intrigant, qui s'ingére de choses dont il n'a que faire, & qui se mêle mal-à-propos d'affaires qui ne le regardent point; & tout en iroit bien mieux dans ce Monde, s'il étoit une fois purgé de ces sortes de gens. Enfin, Monsieur, tout compté, tout rabattu, mon sentiment est que vous ne devez pas lui laisser le tems de venir à bout de son infâme dessein. Tenez, Monsieur, touchez-là, dit-il en lui tendant la main, je vous le garantis absolument hors d'état de vous faire la moindre peine avant qu'il soit demain matin. Quelles sont ses allures, quels domestiques a-t-il, où peut-on le trouver la nuit? Il a ordinairement, dit le Marquis, trois laquais derriére son carosse. il court le Bal, il va à toutes les Assemblées, il ne manque ni Opéra ni Concert, & il ne se fait pas de partie dans Rome qu'il n'y soit des premiers. Eh bien, Monsieur, vous pouvez compter votre affaire faite, nous ne sçaurions le manquer ce soir; la plûpart de la principale Noblesse doit se trouver chez la Comtesse Fénicie, où il y a répétition particuliére d'un nouvel Opéra; nous le guetterons si bien à la sortie de-là, & nous prendrons des mesures si justes; qu'avant qu'il soit demain matin nous vous en rendrons bon compte. Il faut que je prenne avec moi trois camarades qui sont d'honnêtes-gens, & ils se contenteront bien de deux cens écus chacun. Vous sçavez, Monsieur, que dans ces sortes d'affaires l'argent doit être payé d'avance. Fort bien, dit le Marquis; mais si vous

manquez

manquez votre coup , & que l'affaire ne
se fasse pas ? Ah ! Monsieur, reprit l'autre,
en ce cas vous avez affaire à des gens pleins
d'honneur ; vous auriez du vous en convaincre, en voyant que je ne vous ai point
demandé qui vous êtes , & que j'ai bien
voulu écouter votre histoire sous des noms
empruntés , à ce que vous avez dit vous
même. Laissez-moi seulement neuf cens
écus , & je vous donne ma parole que si
votre homme n'est pas dépêché cette nuit,
vous pouvez venir demain à pareille heure , & votre argent vous sera fidélement
rendu , à moins qu'il n'y en ait quelqu'un
de nous de tué ou de blessé : car en ce
cas , la part du mort doit être pour la
veuve ; ou s'il y en a de blessé , ou re-
tient seulement le double du compte du
Chirurgien , par maniére de gratification :
mais ceux qui s'en tirent bague sauve , s'en
raportent ordinairement à la générosité du
Patron pour la perte de leur tems.

Cela suffit , dit le Marquis , avant que
vous soyez habillé je serai ici avec votre
argent , je compte sur parole. Là-dessus
il s'en retourna chez lui , & raconta le
tout à la Marquise , dont il calma beaucoup les craintes.

La femme du Brave , qui avoit ouvert
la porte au Marquis qu'elle connoissoit,
avoit eu la curiosité de sçavoir ce qui pouvoit amener ce Seigneur de si bonne heure chez son mari ; elle avoit écouté à la
porte , & n'avoit pas perdu un mot de la
conversation.

Le hazard voulut que cette femme avoit

un parent, valet de chambre de Don Pédro : elle avoit été élevée dans sa jeunesse, après la mort de son Pere & de sa Mere, par la Mere de ce parent ; & elle avoit toujours conservé pour lui une véritable amitié. Elle craignit que par la mort de Don Pédro ce cousin ne perdît sa fortune, parce qu'outre qu'il étoit domestique de ce Seigneur, il en étoit encore le favori, & recevoit souvent des marques de sa générosité. Elle se souvenoit d'ailleurs des obligations qu'elle avoit à sa Tante, qui étoit la Mere du valet de chambre. Elle attendit le retour du Marquis, qui ne tarda pas de revenir avec l'argent. Dès qu'il fut retiré, le Brave sortit pour aller prendre ses arrangemens avec ses camarades. Il ne fut pas plutôt dehors, que sa femme courut chez son cousin, & lui raconta tout ce qu'elle avoit vu & entendu. Le cousin la pria d'attendre un moment, pour la faire parler à son Maître, qui étoit encore endormi. Il entra dans sa chambre, & l'eut bien-tôt éveillé. Vos jours sont en danger, dit-il à son Maître en ouvrant le rideau du lit, levez-vous vîte. Il sortit sur le champ & rentra l'instant après avec sa cousine, à qui il fit répéter mot pour mot tout ce qu'elle lui avoit dit. La pauvre femme débuta par faire son marché, & prier Don Pédro de prendre si bien ses mesures, que son mari ne courût aucun risque, & qu'outre cela il ne pût jamais découvrir que ce fût elle qui avoit révélé l'affaire à Don Pédro. Ensuite elle lui ré-

répéta tout ce qu'elle avoit dit à son cousin, elle compta sur l'amitié de ce parent
& se retira vite chez elle sans attendre de réponse. Elle eut le bonheur de rentrer avant lui, & se remit en son deshabillé; ce qui fit que quand le mari fut de retour, il ne se douta de rien, la voyant occupée selon, sa coutume, aux soins du ménage. Il lui donna quelques paules, & lui ordonna de préparer un bon dîner, parce qu'il avoit invité trois amis. Il lui dit de plus, qu'il avoit à parler d'affaires avec eux, & qu'ainsi, quand elle auroit servi le dîner, & mis les flacons sur la table, elle pouvoit sortir, & aller faire visite à quelque amie, & qu'on n'auroit plus besoin d'elle. Elle obéit ponctuellement. Les compagnons se trouvérent tous trois au rendez-vous, le dîner fut prêt, elle servit & se retira après leur avoir donné du vin. Dès qu'elle fut sortie, le mari ferma la porte au verrouil; & elle, au lieu d'aller faire une visite, s'en fut en droiture chez son cousin, pour l'informer de tout ce qui se passoit.

Don Pédro avoit déja pris soin de raconter au Duc d'Ossune tout ce que la femme lui avoit dit. L'Ambassadeur ne douta point que le Gouverneur ne fût ami du Marquis, & que ce ne fût lui qui avoit averti ce Seigneur. Il ne jugea pas à propos de s'adresser à lui pour cette nouvelle affaire. Il étoit déjà convenu avec son neveu d'aller droit au Vatican, demander d'être admis à l'audience du S. Pere.

Comme le Duc deſcendoit l'eſcalier, Don Pédro qui l'accompagnoit, aperçut la femme dans le veſtibule, il le dit à ſon Oncle, qui rentra ſur le champ dans ſon apartement, & ordonna qu'on lui amenât cette femme. Elle répéta à l'Ambaſſadeur tout ce qu'elle avoit dit à ſon neveu, & ajouta de plus que les trois Braves étoient actuellement chez elle avec ſon mari. Son Excellence lui donna une bourſe de ſequins, & lui dit de ne rien craindre, qu'on auroit ſoin d'elle. Elle le remercia, & s'en alla effectivement en droiture faire viſite à une amie, pour ne ſe point rendre ſuſpecte à ſon mari. Dès qu'elle fut retirée, le Duc envoya d'abord quelques-uns de ſes gens autour de la maiſon où étoient les drôles, avec ordre de les bien conſidérer lorſqu'ils ſortiroient, & d'en laiſſer quelques-uns pour les ſuivre, tandis que les autres reviendroient au palais lui rendre compte de leurs découvertes. Après avoir donné de ſi bons ordres, l'Ambaſſadeur alla droit au Vatican. Il fut d'abord admis à l'audience, & dit au Pape de quoi il s'agiſſoit. Le S. Pere ne fut pas moins ſcandaliſé que ſurpris au récit d'un ſi noir attentat. Il dit au Duc qu'il vouloit lui-même ordonner de cette affaire. En conſéquence il manda le Capitaine des Gardes, & lui déclara ſes intentions.

Après que les ordres furent donnés, & qu'on eut pris les arrangemens, Don Pédro fit pendant le jour ſes viſites à l'ordinaire. Quand il vint ſur le tard, il alla
chez

chez la Comtesse Fénicie. Il y avoit déja près de la porte cochere de l'hôtel de la Comtesse deux Braves, qui faisoient semblant de s'entretenir de choses sérieuses. Les gens envoyées pour les suivre ne les avoient pas perdu de vue, dès qu'ils étoient sortis du lieu où ils avoient dîné. Dès que Don Pédro fut entré, un d'eux s'aprocha du cocher, & lui dit, comme par maniére d'acquit, voilà un bel équipage, peut-on sçavoir à qui il est? Un des valets de pié de l'Ambassadeur se trouva-là fort à propos, & savoit fort bien pourquoi l'autre faisoit cette question. Il lui dit, il est à Don Pédro de Patillos, neveu de l'Ambassadeur d'Espagne. Ce Seigneur qui vient d'entrer chez la Comtesse Fénicie? dit le Brave. Le même, répondit le domestique. Là-dessus les deux Braves firent semblant de se séparer, & de prendre congé l'un de l'autre. Ils étoient tous les deux suivis par des domestiques de l'Ambassadeur, qui à la vérité ne leur faisoient pas l'honneur de les suivre en habits de livrée. Ils entrérent l'un après l'autre dans un cabaret voisin. Peu après ils furent joints par leurs deux autres camarades, qui étoient aussi suivis chacun de son laquais. Dès qu'on les sçut tous quatre dans le cabaret, on en donna part au Capitaine des Gardes, & on lui rendit compte de tout ce qu'on avoit vu. Comme il étoit nuit, & qu'il n'étoit pas fort éloigné, il s'envelopa d'un manteau, & alla avec deux Officiers demander à l'hôte de lui donner une chambre d'où il pût voir & entendre les quatre

D 6

per-

personnes qui étoient entrées depuis peu
dans l'hôtellerie, & qu'il lui dépeignit ;
& afin que le Maître du logis n'ignorât
pas à qui il parloit, le Capitaine ouvrit
son manteau, & en même-tems ordonna
à cet hôte de garder un profond secret ;
& ajouta que si ces gens venoient à lui
manquer par sa faute, ou par sa conniven-
ce, il lui en répondroit sur sa tête.

L'hôte vit bien-tôt de quoi il pouvoit être
question, & qu'il ne falloit pas badiner.
Il les plaça dans une chambre qui n'étoit
séparée de l'autre que d'une simple cloison
de planches. Ils voulurent être quelque-
tems sans lumière, & ils se placèrent si bien
qu'ils pouvoient voir les conspirateurs par
une fente de la cloison, & entendre tout
ce qu'ils disoient. Ceux-ci consultèrent
long-tems avant de se déterminer sur le
lieu qui leur seroit le plus commode pour
faire leur coup. Enfin ils se décidèrent,
& convinrent unanimement d'un endroit
qui leur parut à tous le plus propre. Ce
point une fois décidé, l'un deux se détacha pour aller prendre langue, sçavoir à
peu près l'heure à laquelle la compagnie se
retireroit de chez la Comtesse, & même
s'assurer si le carosse de Don Pédro
étoit encore devant la maison. Il ne tarda pas à revenir ; il rendit compte de
sa mission ; il dit à ses camarades, que le
carosse attendoit encore, qu'au reste ils
avoient bien encore le tems de boire une
autre bouteille de vin ; que la répétition ne
faisoit que commencer, & qu'ainsi il s'é-
couleroit bien une couple d'heures avant

que

que la compagnie se séparât. Les Officiers
qui avoient tout entendu, descendirent,
& demandérent une chambre avec du vin
& des lumiéres. Deux d'entr'eux resté-
rent dans le cabaret, le troisiéme alla donner les ordres à la Garde; on en disposa
si bien les hommes depuis le cabaret jusqu'à l'endroit marqué pour faire le coup,
qu'on étoit bien assuré que ces coquins ne
sçauroient échaper à la Justice, & qu'on
les empêcheroit de venir à bout de leur
dessein. En attendant, les Officiers rapel-
lérent l'hôte, & lui répétérent ce qu'ils lui
avoient déja dit, qu'il prit bien garde qu'aucun de ces quatre hommes n'eut le moindre vent de ce qui se passoit, & que si
par sa faute un seul d'eux venoit à échaper, il pouvoit compter qu'il en répondroit
sur sa tête. L'hôte répondit, qu'il n'en connoissoit aucun ni en blanc ni en noir (peut-
être disoit-il, vrai) & que si même ils
étoient de sa connoissance, il avoit encore
plus d'amitié pour soi-même & pour sa
famille, que pour le plus proche parent
ou le meilleur ami qu'il eût.

Insensiblement le tems aprochoit. Les
Braves demandérent le compte, ils payérent
leur écot, & se retirérent. Les Officiers
les suivoient à certaine distance. Les quatre compagnons arrivérent comme la répétition venoit de finir. Plusieurs carosses
étoient déja partis, lorsqu'on apella le cocher de Don Pédro. Alors les assassins
firent ce qu'ils purent pour percer la foule
& aprocher, afin de le voir entrer dans
son carosse; mais ses domestiques & ceux

du

du Duc d'Offune les empêchérent de venir affez près. Dès que nos Braves virent Don Pédro prêt à monter en caroffe,
ils fe crurent affurés de leur proie, ils fe
hâtérent d'aller à leur porte, les Officiers
ne manquérent pas de les fuivre. Don Pédro n'eut pas plutôt apris que les affaffins
étoient allés fe pofter, qu'il entra dans le
caroffe du Comte de Tripalda, qui le conduifit au Palais d'Efpagne. Son caroffe alla
à vuide avec les rideaux fermés, & deux
de fes laquais derriere, comme s'il eût été
dedans. A peine le caroffe fut-il au lieu
où les affaffins étoient poftés, qu'un d'eux
ordonna au cocher d'arrêter. En même-
tems ils s'aprochérent tous quatre du caroffe, deux à une portiére, & deux à l'autre: mais à peine y furent-ils, que les foldats les faifirent tous quatre, & les menérent fans bruit à la Garde. La plûpart des
foldats qui attendoient le coup étoient cachés dans le voifinage, chez quelques bourgeois à qui ils avoient dit qu'ils étoient-
là pour arrêter quelques perfonnes fufpec-
tes à la Cour, & qu'ils avoient eu foin
d'avertir de ne rien dire, au péril de leur
vie, afin qu'on en put encore arrêter d'autres. Ces bourgeois qui foupçonnoient que
ce pourroit être quelque affaire qui regar-
dât le S. Office, n'eurent garde de parler; de maniére que la chofe ne fut point
rendue publique dans Rome, & qu'elle
ne fut fçue que de ceux qui étoient du complot.

Le lendemain matin le bruit fe répandit que Don Pédro avoit été affaffiné la
nuit

nüit précédente, fans qu'on fçût par qui.
On eut foin que la nouvelle en fut portée de bonne heure chez le Marquis. On
ne fauroit exprimer la joie qu'il en cut.
La Marquife fur-tout ne fe poffédoit pas.
Elle confeilla à fon mari de faire femblant
de n'en rien favoir, & d'aller comme fi
de rien n'étoit chez le Gouverneur ; &
pour elle, elle dit qu'elle l'y fuivroit,
ce qu'elle fit effectivement tôt après. Elle
prit avec elle la Comteffe d'Albano dans
fon caroffe fans lui rien dire de la préten-
due mort de Don Pédro, enforte que ces
ces deux femmes alloient fort contentes ;
mais leur joie avoit une caufe bien différente. A peine le Marquis eut-il été quelque tems chez le Gouverneur avec la Marquife & la Comteffe, que l'Avocat Léontino arriva. Il dit en leur préfence au Gouverneur, que Don Pédro avoit été affaffiné la veille, qu'ainfi le principal accufa-
teur manquant, le Marquis & la Marquife n'avoient plus que faire de comparoître,
& qu'on pouvoit les décharger de l'action
intentée contr'eux. Ils parurent extrêmement furpris d'aprendre cette nouvelle,
ils fe contrefirent à merveille ; mais la
pauvre Comteffe eut toutes les peines du
monde à fe contraindre, & à ne pas mourir de douleur. L'Avocat s'aprocha d'elle,
& trouva moyen de lui dire à l'oreille, que
c'étoit un faux bruit répandu à deffein.
Malgré cela il fe fit en elle une révolu-
tion dont elle ne fut pas la maîtreffe,
l'agitation étoit trop grande ; elle demanda un verre d'eau ; elle ne l'eut pas plutôt

tôt buc qu'elle se remit un peu. La Marquise qui jouïssoit avec plaisir de la peine
où elle voyoit la Comtesse, lui dit : Je ne
sçaurois assez m'étonner, Madame, de
vous voir si touchée à la nouvelle de la
mort d'un homme qui vous est entiérement inconnu : croyez-moi, nous ferons
mieux de nous en retourner au logis, pour
ne pas incommoder plus long-tems Monsieur le Gouverneur : il seroit d'ailleurs à
craindre qu'il ne vous prît quelque nouvel accident, vous ne ferez pas mal de
vous faire tirer un peu de sang. L'Avocat, l'interrompant, lui dit : Madame, voici un ordre de Sa Sainteté, par où la
Comtesse doit rester auprès de M. le Gouverneur ; effectivement il remit cet ordre
au Gouverneur. Pour vous, Madame, continua-t-il, vous pouvez vous en retourner
quand il vous plaira. Cet ordre fut pour
la Marquise & pour son malheureux époux,
comme un coup de foudre, qui les jetta
dans la derniére consternation. Le Gouverneur dit qu'il devoit obéir à la lettre
aux Decrets du Saint Pere, & s'adressant
à la jeune Comtesse, il dit : Que quoique
selon la relation qu'il tenoit en main on lui
imputât l'assassinat de Don Pédro, la Gouvernante son épouse auroit soin de lui
adoucir les peines de son arrêt. Le Marquis & la Marquise, qui ne comprenoient
rien à tout cela, prirent congé du Gouverneur, & lui dirent qu'ils attendroient
avec soumission les ordres de Sa Sainteté
par raport à la Comtesse.

Ils montérent en carosse & retournérent
en

en droiture chez eux , pour parler plus
commodément de leurs affaires. Mais leur
étonnement fut bien plus grand , lorsqu'en
arrivant au logis , ils trouvérent tous leurs
domestiques dans le vestibule avec une
troupe de soldats , & le scellé mis aux portes de toutes les chambres. L'Officier qui
commandoit l'escouade , ne leur donna pas
même le tems de revenir de leur surprise ;
il dit au Marquis , qu'il avoit ordre de
s'assurer de sa personne , de mettre le scellé à la porte de l'hôtel , & d'y laisser une
Garde ; & qu'il espéroit que Madame voudroit bien l'excuser , si en vertu des ordres
dont il étoit porteur , il ne la laissoit pas
aller plus avant ; qu'elle pouvoit se retirer
où bon lui sembleroit , & se servir du carosse dans lequel elle étoit venue ; mais
qu'il devoit envoyer des soldats , pour faire
revenir le carosse & les chevaux après
qu'elle s'en seroit servie. Qu'est-ce que
c'est donc que cela , s'écria la Marquise ,
& que signifie un procédé si étrange & si
hors des régles ? J'ai bien peur , Madame ,
reprit l'Officier , que vous ne le trouviez
que trop dans les regles pour votre malheur. Mais je n'ai pas le tems de m'amuser ; si M. le Marquis veut bien se donner la peine d'entrer dans mon carosse ,
j'aurai soin de lui faire bonne compagnie ;
pour vous , Madame , vous pouvez aller
où il vous plaira. Elle répondit qu'elle
ne quitteroit point son mari , & qu'elle
vouloit l'accompagner. On lui refusa encore cette grace. Le Marquis à demi-mort
fut mis dans le carosse avec trois Officiers ,

&

& reconduit au palais du Gouverneur. Dans
cet intervale les quatre affaſſins avoient
été amenés au Gouverneur, avec les fers
aux piés & aux mains, & ſous une bonne eſcorte ; ils étoient dans l'antichambre,
au paſſage du Marquis. Dès qu'il eut jetté les yeux ſur le chef des affaſſins à qui
il avoit donné l'argent, on eut toutes les
peines du monde à l'empêcher de s'éva-
nouir, on eut dit qu'il alloit expirer. A
peine fut-il en préſence du Gouverneur,
qu'il s'écria : Ne me demandez rien, Monſeigneur, ne me faites aucune queſtion,
je ſuis un malheureux, je ne ſaurois éviter la juſtice la plus rigoureuſe. Je bénis
le Ciel de ce que cet homme m'a accuſé, je n'ai plus rien à ſouhaiter que la
mort la plus prompte. Là-deſſus le Gouverneur lui fit faire une ample confeſſion,
qu'il ſigna.

Dès qu'il fut retiré, on conduiſit les
quatre affaſſins devant le Gouverneur. Ils
ne voulurent rien avouer, leur chef même proteſta qu'il ne connoiſſoit point le
Marquis. Enfin, pour abréger, ils furent
tous quatre condamnés aux Galéres pour
le reſte de leurs jours. On fit cependant
grace à leur chef en conſidération de ſa
femme, mais on exigea de lui des ſure-
tés pour ſa conduite à l'avenir. Tous les
biens & tous les effets du Marquis furent
confiſqués au profit de la Comteſſe d'Albano, & il fut condamné lui-même à perdre la tête. Mais la généreuſe Comteſſe
ſe donna tant de mouvemens, & ſuplia
tant, que par le canal même du Duc d'Oſſune,

fime, elle obtint que le S. Pere lui feroit
grace de la vie, & la peine de mort fut
commuée en une prifon perpétuelle. A la
vérité fa prifon ne fut pas longue, car il
mourut au bout de trois ou quatre mois.
Pour la Marquife, elle fe tint cachée,
durant la vie de fon mari, dans une maifon de fon fils. Après fa mort, elle fe retira dans un Couvent des Pauvres Clarif-
tes. Leurs enfans auroient été réduits à
une extrême mifére ; mais la vertueufe
Comteffe eut la bonté d'y pourvoir, en
leur faifant une penfion honorable, ayant
été d'abord mife en poffeffion, non-feulement de tout ce que le Marquis avoit
hérité des bienfaits du Comte d'Albano,
mais encore de tout ce qu'il avoit amaffé
dans l'adminiftration de la tutelle de la
fille de ce généreux ami. La Comteffe ne
tarda pas d'être mariée avec Don Pédro
fon libérateur, & Sa Sainteté voulut
même faire l'honneur de leur donner la
Bénédiction Nuptiale. Elle vécut avec fon
mari à Rome, jufqu'à ce que le Duc ayant
demandé fon rapel, elle le fuivit en Efpagne. Depuis ce tems-là, elle a été quelque tems à la Cour, & eft enfuite venue
demeurer ici, où elle eft eftimée, chérie,
& admirée de tous ceux qui ont l'honneur
de la connoître.

Mon frere ayant fini fon récit, on ne
manqua pas de l'en remercier, & de lui
donner quelques aplaudiffemens. Nous
nous entretînmes enfuite de diverfes matiéres indifférentes, en attendant le retour
du refte de la compagnie ; mais voyant
qu'ils

qu'ils ne revenoient point, nous allâmes
les chercher dans le jardin.

Avant que nous les eussions joints ; nous
aperçûmes de la terrasse un carosse à six
mules , suivi de quantité de domestiques
à cheval & bien armés dans le fond de
la grande avenue. A peine en avions-nous
fait la découverte, qu'il s'en détacha un
homme à cheval, & qui piquoit des deux
pour venir avertir au château. Nous dî-
mes d'abord à Don Alphonse , qu'il lui
venoit quelque visite de distinction. Là-
dessus nous reprîmes tous la route de la
maison , où à peine fûmes-nous rentrés ;
qu'un laquais vint dire à mon bon Patron
que la Comtesse de Ximenès arrivoit pour
lui faire visite. Nous nous hâtâmes de lui
aller au devant. Nous fûmes encore af-
fez-tôt à la porte , pour que Don Alphonse pût lui aider à descendre de carosse.
Mon frere offrit la main à la fille de la
Comtesse : c'étoit une Beauté d'environ
treize ou quatorze ans, il la conduisit juf-
ques dans la maison.

On fit d'abord avertir la Comtesse de
Leyva , qui étoit en haut avec ma Tante
& ma Mere : elles descendirent , & vinrent
faire leurs complimens à leurs nouvelles
hôtesses. Cette Dame étoit veuve depuis
quelques années , quoiqu'elle n'eut encore
que vingt-huit ans. Elle étoit proche parente de ma Mere , ainsi que le Comte
son défunt mari , à qui elle n'avoit été
mariée qu'avec dispense , à cause de la
parenté qui étoit entr'elle & lui. Elle venoit de Madrid, où elle avoit été pour
fol-

folliciter quelques prétentions. Elle s'en
retournoit à Xativa, où elle devoit paſſer
quelque tems. Elle & ſa fille avoient des
biens conſidérables dansle voiſinage de cette ville. Elle s'étoit détournée du grand
chemin pour venir voir Don Alphonſe ;
& elle comptoit de paſſer enſuite à Xativa pour voir mon Oncle & ma Mere, ſi
elle n'avoit pas eu , comme il lui plut de
le dire , le bonheur de les rencontrer à
Leyva.

Cette jeune Veuve étoit certainement
aimable à tous égards, quoiqu'on ne pût
pas dire que ce fût une Beauté. Elle
avoit le jugement ſolide, l'eſprit vif, la
converſation des plus amuſantes. Elle avoit
paſſé quelque tems en France avec feu
ſon époux qui y avoit été en Ambaſſade,
& par-là la vivacité Françoiſe ſervoit en
elle de correctif à la gravité Eſpagnole.

Ses ancêtres avoient été en poſſeſſion
de la Seigneurie & du Château de Ximenés , qui fut détruit avant l'irruption que
firent les Maures en Eſpagne, à la perſua-
ſion du Comte Julien en 713. ſous le régne
de Rodéric XIII. dernier Roi des Goths.
Les Maures aïant remporté une victoire
ſignalée dans une bataille générale entre
Xérés & Médina Sidonia en Andalouſie où
les Goths & les Caſtillans furent totalement
défaits, ils ne trouvérent plus rien qui s'o-
poſât à leurs conquêtes. La Nobleſſe à la
tête de ce qui échapa de la bataille , ſe retira vers les Aſturies & la Biſcaye, & chercha un azile dans les Pyrénées & autres
lieux circonvoiſins. Suinza , de qui la Comteſſe

teſſe & ſon mari deſcendoient en ligne
directe, étoit pour lors Seigneur de Ximenés. Il ramaſſa comme il put une poi-
gnée des débris de l'armée, & ſe retira
dans les montagnes voiſines de Segura.
Il s'y joignit à quelques autres, qui avoient
cherché un azile dans ces quattiers. Ils s'y
défendirent avec tant de bravoure, que
leur exemple a été depuis toujours ſuivi
par leurs deſcendans, de telle façon que
les Maures n'ont jamais pu venir à bout
de les ſubjuguer. Quand les affaires des
Eſpagnols ont commencé à prendre une
meilleure face, & que celles des Maures
alloient en déclinant, les deſcendans de
Suinza ſe ſont remis en poſſeſſion de leur
ancien patrimoine, & s'y ſont fait jour à la
pointe de l'épée; ils s'y ſont enſuite main-
tenus ſans difficulté. La ligne maſculine
étant à préſent éteinte par la mort du Pere
de la jeune Comteſſe, elle réünit en ſa perſonne les droits de ſon Pere & de ſa Mere; & ſe voit ſeule héritiére des biens &
des titres de cette illuſtre famille.

Elle pouvoit avoir alors près de treize
ans; elle étoit aſſez gentille, mais extrêmement enfant, & de la derniére ſimplicité pour ſon âge. Il eſt vrai qu'elle ſor-
toit du Couvent, ce qui la rendoit de
beaucoup moins aimable à mes yeux. Cette même ſimplicité fit tout un autre effet
ſur l'eſprit de mon frére. Il trouva qu'au
contraire elle ajoutoit aux charmes de la
beauté dont il avoit d'abord été frapé. Il
en fut charmé dès le premier inſtant qu'il
la vit. Enfin il en devint ſi éperdument
amou-

amoureux, que pendant le peu de séjour que la Comtesse fit avec nous, tout le monde s'aperçut qu'il changeoit à vue d'œil fans qu'on pût en pénétrer la caufe.

Un foir avant mon départ de Leyva, la Comteffe Séraphina dit au Seigneur Scipion, qu'elle attendoit toujours avec beaucoup d'impatience qu'il voulut bien tenir la promeffe qu'il lui avoit faite de lui raconter les avantures qu'il avoit eues en Amérique, & qu'elle ne doutoit pas que la Comteffe de Ximenés ne fe fît auffi un vrai plaifir de les entendre.

Le Seigneur Scipion répondit qu'il étoit tout difpofé à lui obéir, & à lui donner cette fatisfaction; mais qu'il craignoit fort qu'elle ne trouvât que l'attention dont elle l'auroit honoré, ne fût en pure perte.

Bien au contraire, reprit la Dame, & je fuis perfuadée que ce fera du tems très utilement employé. C'eft bien affez pour moi, repliqua le Seigneur Scipion, de l'honneur d'obéir à vos ordres, fans chercher d'autre excufe; ainfi Madame je vai tâcher de fatisfaire votre curiofité.

Toute la compagnie qui étoit alors à Leyva, fe difpofa à écouter avec attention, & Don Scipion commença ainfi fon hiftoire.

CHAPITRE IV.

Avantures du Seigneur Scipion. Son voya-
ge à la Véra-Cruz, & de-là au Mexi-
que. Histoire du Comte Xérés & de
Don Alphonse. Comment Don Scipion
fit connoissance avec eux sur la route.

D Ans le premier voyage que je fis en
Amérique, j'avois apris quelles étoient
les marchandises dont on pouvoit s'y défaire le plûtôt & avec le plus d'avantage.
Résolu que j'étois d'y retourner, je me
fournis d'une cargaison considérable. J'a-
vois quelque argent à moi, j'y joignis
quelque chose que Don Gil Blas me fit
le plaisir de me prêter; j'en trouvai aussi
à emprunter à Cadix sur le crédit de mon
voyage; tout cela réuni me fit une somme d'environ quarante mille pezos. J'embarquai tous mes effets à bord du S. Joseph, vaisseau de la flotte qui étoit prête
à faire voile, & je le choisis pour mon
passage. Notre voyage fut heureux, nous
arrivâmes en onze semaines à S. Jean de
Ulba, ou la Véra-cruz.

A notre arrivée, nous fûmes reçus avec
de grandes démonstrations de joie; & nous
nous rendîmes tous en procession à l'Eglise Cathédrale, pour y témoigner à Dieu
notre reconnoissance de la grace qu'il nous
avoit faite de nous amener à bon port.

Je

Je me hâtai d'abord de faire débarquer
toutes mes marchandises , & je louai des
mules , afin de pouvoir quitter la Véra-
Cruz le plûtôt possible , parce que la
situation en rend l'air extrêmement mal
sain. Cette ville a du côté de l'Ouest Sud-
Ouest de grands marais profonds d'eaux
croupissantes , & des autres côtés ce sont
tout sables qui l'environnent : le Soleil qui
est très-ardent dans ces exhalaisons qui
qui sont tout-à-fait pernicieuses : & du côté
des sables , il est impossible de soutenir la
chaleur que cause la reverbération des
raïons du Soleil.

Après avoir chargé toutes mes mules ,
je pris la route du Mexique , quoiqu'à dire
vrai j'eusse pu me défaire assez avantageusement à la Véra-Cruz de mes effets à cent
pour cent de profit.

Il y avoit encore avec moi d'autres voyageurs ; nous étions en tout au delà de trente personnes , sans compter les muletiers.
Il y avoit entr'autres , parmi mes compagnons de voyage , neuf jeunes Jacobins
qui alloient en million. Je crois , Dieu me
le pardonne , que les Indiens des lieux où
nous passâmes , n'auroient pas pu faire
plus d'honneur au Pere Eternel , qu'ils en
faisoient à ces Révérends Gaillards. Nous
arrivâmes la troisiéme nuit à Xalapa de la
Véra-Cruz : c'est une grande ville qui peut
bien contenir quelques deux mille habitans
tant Espagnols qu'Indiens. Ce fut-là que
je commençai à m'apercevoir du luxe &
du faste du Clergé régulier de ces heureu-
ses contrées. Les Religieux y étudient plus

leur habillement, que ne pourroit faire un
Noble Petit-Maître François; & ils y mé-
nent une vie plus voluptueuse que celle
de ce Sibarite qui ne pouvoit dormir, parce
qu'il avoit sous lui une feuille de rose pliée
en deux. On diroit qu'ils ont laissé tous
leurs vœux en Europe, ou du moins qu'ils
ont oublié d'avoir jamais fait ceux de Pauvreté & de Chasteté, tant on leur voit la
bourse garnie d'argent, & le cœur rempli d'amourettes, à tel point qu'ils n'ont
pas même la politique modestie de tâcher
d'en ôter la connoissance au public.

Avant que d'arriver en cette ville, j'a-
vois fait connoissance pendant la route,
avec deux Messieurs qui étoient de notre
caravane, si je puis nommer ainsi notre
troupe de voyageurs; ils étoient déja un
peu avancés en âge, & avoient entr'eux
deux quatre domestiques. A leur bonne
mine, je les pris plûtôt pour des Personnes de qualité que pour des Négocians,
sur-tout voyant qu'ils n'avoient aucune
sorte de marchandises. Ils avoient l'air
extrêmement réservé; je ne voyois pas
qu'ils s'ouvrissent avec personne; & ils me
parurent même avoir dans l'ame quelque
chose qui leur donnoit de l'inquiétude. Je
tâchai de leur donner quelque amusement
sur la route, & même de m'insinuer dans
leur esprit, & de gagner leur estime, en
leur rendant quelques légers services. Je
brûlois de gagner leur confiance, parce
que j'avois une extrême demangeaison de
sçavoir qui ils étoient, & ce qui pouvoit
les avoir amenés dans un coin du Mon-

de où je ne croyois pas que jamais personne
eût pu voyager simplement pour son plaisir.

Comme j'avois déja fait autrefois cette
route, j'en connoissois les inconvéniens,
& je m'étois muni cette fois, de façon
à n'en avoir rien à souffrir. Je leur offrois de tems en tems certains rafraîchis-
semens, dont ils n'avoient pas eu même
l'idée de se pourvoir : ils les trouvèrent
d'autant meilleurs, qu'ils leur venoient plus
à propos, & parurent très sensibles à mes
attentions. L'un recevoit avec assez de
franchise & de bon cœur ce que je leur
offrois, mais on auroit dit que l'autre se
faisoit comme une peine d'avoir quelque
obligation à un homme qu'il regardoit
comme infiniment au-dessous de lui.

Dès que nous aprochâmes de Xalapa,
je fis prendre les devans à un de mes domestiques, & je l'envoyai chez Don Rodrigo de Calles, qui est un Marchand des
plus aisés de la ville, & avec qui j'avois
eu à faire dans mon autre voyage. Il eut
tant de plaisir d'aprendre ma venue, qu'il
me vint au devant jusques hors de la ville,
afin de m'engager à aller loger chez lui.
Après les premiéres civilités, je lui mon-
trai les deux Messieurs, je lui fis part de
ma curiosité à leur égard, & je le priai
de vouloir bien permettre que je les invi-
tasse aussi à loger chez lui. Je me portai
d'autant plus aisément à lui faire cette
proposition, que je connoissois sa maison, & que je comptois lui faire plaisir.
Aussi me répondit-il avec beaucoup de
politesse, que leur compagnie lui feroit

plaifir & honneur. Là-deffus je les priai
d'aprocher ; je leur dis que la ville où nous
allions entrer étoit à la vérité affez grande , mais qu'on avoit de la peine à y trouver des auberges où des étrangers euffent
les commodités qu'on en pourroit attendre ; qu'à peine même y pouvoit-on avoir
le néceffaire ; mais que mon ami qui étoit
préfent avoit une maifon fort belle & fpacieufe ; qu'ils trouveroient abondamment
de quoi fe rétablir chez lui de la fatigue
du voyage que nous venions de faire ; &
prendre de nouvelles forces pour ce qui
nous reftoit de la route ; & qu'il venoit
de me l'offrir pour eux , s'ils vouloient
bien lui faire cet honneur. Don Rodrigo prit la parole , & les en pria auffi avec
beaucoup d'inftances. Ils s'en excuférent
d'abord fur la crainte de l'incommoder ,
& fur ce qu'ils lui étoient inconnus : cependant ils fe rendirent à la fin à nos fol-
licitations , & dirent qu'ils acceptoient fes
offres comme une faveur.

La maifon de Don Rodrigo eft fi fpacieufe
& fi bien bâtie, qu'on la prendroit plûtôt pour
le palais d'un Viceroi, que pour la maifon
d'un fimple Négociant. Dès que nous y fûmes entrés, nous trouvâmes que l'intérieur ne
démentoit pas la beauté du dehors : l'ameu-
blement étoit auffi riche que le bâtiment étoit
magnifique ; une foule de domeftiques offi-
cieux répondoit parfaitement au refte : fur-
tout la table y étoit fervie avec autant de
délicateffe & même de profufion ; qu'on
voyoit de nobleffe & de grandeur dans
tout le refte. Nos Etrangers eurent beau
affec-

affecter un certain air réservé, on ne laiffoit pas d'entrevoir à leur mine la furprife où ils étoient de tout ce qu'ils voyoient.

Après que la connoiſſance fut un peu
mieux faite, je propofai aux deux Etrangers de nous arrêter quelques jours dans
cette ville. Celui qui paroiſſoit le plus âgé,
répondit qu'il le feroit avec plaifir, mais
qu'il ne fçauroit fe réfoudre à être ſi long-
tems à charge à Don Rodrigo, fe trouvant déja embarraſſé de fçavoir comment
lui marquer fa gratitude pour les obligations qu'il lui avoit déja & pour les poli-
teſſes qu'il en avoit reçûes. Vous n'êtes
point ici en Europe, Monfieur, reprit le
généreux Marchand. Dès que l'hofpitalité
a été bannie de chez les Européens, elle
s'eſt réfugiée parmi nous, & elle eſt comme née entre les Américains. Trouvez bon
que pour vous tranquilifer là-deſſus, j'aye
l'honneur de vous dire tout franchement,
que votre féjour chez moi ne me met pas
en frais d'un Réal de Plate d'extraordinaire ; & que je n'en mets pas, comme
on dit, plus grand pot au feu. Ma table
eſt toujours fervie comme vous la voyez,
& pour le logement, loin de m'être à
charge, vous me faites au contraire un
fenfible plaifir de vouloir bien en profiter.
Le Seigneur m'a fait la grace de bénir
mon négoce, je me vois à mon aife &
au large, je me trouve abondamment pourvu de tout ce que je pourrois fouhaiter,
& la feule chofe qui me manque, eſt l'a-
vantage d'une bonne compagnie ; ainfi
vous pouvez compter que loin que vous

me

me soyéz redevable, l'obligation est toute
entiere de mon côté, c'est à moi à vous
remercier, & plus vous resterez chez moi,
plus je vous aurai d'obligation. Une réponse si obligeante, Monsieur, me ferme
entiérement la bouche, reprit l'autre, &
me force pour ainsi dire à ne pas refuser
les offres que vous nous faites avec tant
de générosité ; je craindrois que vous ne
me soupçonnassiez de douter de la sincérité de ce que vous me faites l'honneur de
me dire.

Le reste de notre compagnie devoit continuer sa route le lendemain, ainsi j'ordonnai à ceux qui conduisoient mes mules, de se mettre aussi en chemin, pour
ne pas se séparer du reste. J'envoyai en
même tems un exprès à un Marchand de
ma connoissance au Mexique, pour le prévenir & le prier de recevoir mes effets,
& de me louer une maison commode,
propre, & toute meublée, pour mon arrivée.

Nous nous reposâmes encore le jour
suivant, & nous ne sortîmes point de
la maison. Le surlendemain nous prîmes
plaisir à faire un tour, & à parcourir la
ville. Dès que nous fûmes rentrés sur le
soir, le plus âgé de nos deux Etrangers
se sentit un frisson & quelques autres symp-
tômes qui dénotoient la fièvre ; il se retira dans sa chambre, on manda un Chirurgien, qui se contenta de lui ouvrir la
veine. Il se trouva fort soulagé, & passa
la nuit assez tranquilement. Le lendemain
notre premier soin à Rodrigo & à moi,
fut

fut de nous informer de l'état de sa santé. On nous dit qu'il étoit beaucoup mieux mais qu'il souhaitoit garder la chambre tout le jour , & que son ami resteroit auprès de lui pour lui faire compagnie. Nous allâmes lui rendre visite, il nous reçut fort civilement , & nous marqua combien il étoit fâché que son indisposition augmentât encore les embarras qu'il causoit à des personnes avec qui il étoit si étranger. Mon ami ne manqua pas de lui répondre de la maniére la plus obligeante, en le priant de n'avoir aucune inquiétude sur cet article. Pour moi je me hazardai à lui dire , qu'il me paroissoit que sa maladie attaquoit plûtôt l'esprit que le corps, que je lui avois déja remarqué un certain air de mélancolie , qui désignoit quelque violent chagrin , qui pourroit beaucoup contribuer à augmenter son mal, s'il ne faisoit usage de toute sa raison pour vaincre sa tristesse.

Vous avez bien de la bonté , Messieurs ; nous dit-il , & l'on ne peut rien ajouter à la maniére généreuse dont vous en usez avec moi : soyez persuadés que j'y suis aussi sensible que je le dois; mais pour ce qui est de mon chagrin , comptez qu'il n'est rien de si aisé à ceux qui sont en santé, que de prêcher la patience aux malades : quand l'ame se trouve dans une assiette tranquile , on a beau jeu pour donner des leçons de Stoïcisme à ceux qui sont dans l'affliction. Vous n'avez que trop bien deviné , Seigneur Scipion, dit-il en m'adressant la parole : le malheur qui m'accable,

& un affront des plus fenfibles, font bien
plus d'impréffion fur mon efprit, que la
fiévre n'en fait fur mon corps. A la vérité, l'efpérance de réparer le premier & de
laver l'autre tôt ou tard, aide beaucoup
à me tranquilifer, & je crois qu'il n'y a que
cette efpérance qui m'empêche à fuccomber entiérement. Voilà le feul motif de
mon voyage au Mexique. Ce n'eft ni par
curiofité, ni par l'avidité du gain, que je
fuis venu fi loin du pays que m'a vu
naître. Non, ce n'eft que par juftice, &
par l'efpoir de venger notre honneur in-
fulté de la maniére la plus fanglante, que
nous avons entrepris de nous tranfporter
en Amérique. Dès que je me trouverai un
peu moins accablé que je ne le fuis pré-
fentement, j'aurai l'honneur de vous faire un détail de mon hiftoire, & vous
verrez alors par vous-mêmes, s'il ne faut
pas des forces plus qu'humaines pour ne
pas fuccomber aux malheurs qui m'accablent.

Don Rodrigo, continua-t-il en s'adreffant à mon ami, nous avons des lettres
de crédit fur Don Pédro Mendofa au Mexique. Si mon indifpofition m'obligeoit à
vous être encore à charge quelques jours,
j'efpére que vous voudriez bien ajouter
aux obligations que je vous ai déja, celle
d'y envoyer un homme fidèle que vous
connoiffiez, pour me faire aporter de l'argent; car ce que nous avons fur nous fera bien-tôt épuifé en frais de Médecin &
d'Apoticaire; il faut payer ces Meffieurs
comptant. Rodrigo lui répondit, qu'il
                                    avoit

avoit de l'argent à fon fervice , qu'il lui
en fourniroit tant qu'il en auroit befoin ,
& qu'ainfi il n'avoit que faire d'avoir la
moindre inquiétude fur cet article. L'E-
tranger remercia Don Rodrigo , & le pria
de vouloir bien faire apeller un Médecin.
On ne tarda pas d'en avoir un. Dès qu'il
eut vu le malade , il déclara qu'il n'avoit
befoin que d'un peu de repos ; qu'au refte
fa maladie ne feroit qu'une bagatelle , &
qu'il feroit bien-tôt rétabli , pourvu qu'il
fe tînt l'efprit tranquile. En effet , l'événement juftifia fa conjecture , & en moins
de huit jours le malade fut entiérement
rétabli.

Nous reftâmes chez Rodrigo une vingtaine de jours , & ce ne fut que malgré
lui que nous le quittâmes. Il fit tout au
monde pour nous retenir , & il parut fen-
fiblement touché de notre part.

La veille du jour que nous avions fixé
pour continuer notre voyage , comme
nous étions enfemble le foir à nous entretenir avec Don Rodrigo & les deux Etrangers , celui qui avoit été malade nous dit
qu'il fe rapelloit qu'il nous avoit promis
de nous raconter fon hiftoire. Je fuis trop
fenfible aux civilités que j'ai reçu ici ,
continua-t-il , je veux du moins payer quelqu'une de mes dettes , je dois tenir ce que
j'ai promis , & je vai tâcher de le faire
en auffi peu de mots que je le pourrai.

Mon nom eft Jérôme , celui de famille Varon , tout auffi connu pour le moins
dans la Caftille qui eft la Province où je
fuis né , que quelques autres qui peur-

être paſſent pour plus illuſtres. Le titre
de Comte de Xérez , & de la terre de ce
nom , vient de mon ayeul maternel ; au
défaut d'héritiers mâles de cette maiſon ,
il a paſſé dans la mienne.

Je ne vous ennuyerai point de tous les
différens détails de ma vie , je ne m'arrêterai que ſur ceux qui ont quelque raport avec la malheureuſe affaire dont je
ſuis encore ſi accablé. Il y avoit dans mon
voiſinage un Gentilhomme très-riche nommé Don Hénarez de Rialto. Cet homme
avoit deux fils , dont l'aîné ſe nommoit
Don Diégo , & le cadet Don Lopez. Ils
étoient déja dans un âge mûr lorſqu'ils
perdirent leur Pere , qui laiſſa en mourant
tous ſes titres & ſes biens à Don Diégo.
Il légua au cadet quelques terres , & beaucoup d'argeut comptant.

Nous vivions en bons voiſins & meilleurs amis avec le Pere tant qu'il vécut ,
& avec les fils après la mort de leur Pere.
Ils avoient du mérite , & étoient fort bien
élevés. Avec tout cela , c'eſt préciſément
eux qui ſont la ſource de la ruïne de ma
famille , & la cauſe de ce long & dangereux voyage où vous nous voyez à preſent
expoſés.

Le Ciel avoit beni mon mariage , en
me donnant un fils & une fille. Ces deux
enfans faiſoient toute ma..... Mais non ;
ſi je vous faiſois le portrait de l'un & de
l'autre , tant pour les qualités du corps
que pour celles de l'eſprit , & leur caractére , vous ne pourriez vous empêcher
de croire que j'en parle comme un Pere
dont

dont la tendreſſe auroit aveuglé le diſcer-
nement.

Mon fils s'apelloit Don Hénarez , il
avoit eu pour parrain ce Gentilhomme
dont je viens de vous parler. Nos fils
étoient à peu près du même âge ; ils avoient
apris tous leurs exercices enſemble & ſous
les mêmes Maîtres ; l'habitude , le voiſinage , l'uniformité d'âge , d'humeur , de
rang , tout avoit concouru à former la
plus étroite amitié entre Don Lopez &
mon fils. Avec le tems cette amitié s'accrût au point qu'on ne les connoiſſoit
plus que ſous le nom des deux amis.

Don Diégo me faiſoit ſouvent le plaiſir de venir chez moi , je vivois avec lui
en bon voiſin : il devint amoureux de ma
fille Jutella , & me demanda la permiſſion
de la voir ſur ce pied-là , & de tâcher
d'obtenir ſon aveu pour l'épouſer. C'étoit
tout ce que j'aurois pû ſouhaiter de plus
avantageux pour établir ma fille. J'avois
même déja jetté les yeux ſur lui pour en
faire mon gendre , avant qu'il ſouhaitât
de l'être ; du moins avant qu'il me décla-
rât ſes ſentimens , j'avois remarqué en lui
un bon fond & un excellent naturel ; il
raiſonnoit fort juſte , & avec beaucoup
de bon ſens ; il étoit d'une aimable converſation ; avec les maniéres les prévenantes , il avoit tout-à-fait l'art de s'inſinuer ;
d'ailleurs bien fait de ſa perſonne , les
traits du viſage réguliers & beaux pour un
homme , l'air grand , & rien de gêné ; en un
mot , il étoit tel qu'une Demoiſelle n'avoit
pas la moindre choſe à craindre de la critique

en lui donnant son. Il joüissoit outre cela
d'un bien très considérable, en sorte que
j'avois toutes les raisons du monde d'espérer que ma fille ne pourroit être que
très heureuse avec un tel époux. Vous
sentez bien qu'il ne lui fut pas difficile
d'obtenir mon consentement, & il ne fut
pas long-tems à gagner l'affection de ma
fille. Enfin, on ne tarda pas à parler de mariage : nous convînmes bien-tôt de nos
faits, & l'on avoit déja donné aux No-
taires les instructions pour dresser le contrat. Après que tout fut ainsi disposé, &
que le contrat fut signé, il ne restoit qu'à
fixer le jour pour la cérémonie : non fîmes
Don Diégo & moi des préparatifs extraordinaires, pour que tout se passât le mieux
qu'il seroit possible.

J'aurois dû vous dire d'abord, que nos
terres étoient situées dans le voisinage de
Siguença. Sur ces entrefaites, deux Gentilshommes de ces quartiers prirent querelle par raport à des limites de leurs terres qui étoient contestées. L'un d'eux,
nommé Don Antonio, faisoit sa résiden-
ce dans cette ville ; l'autre, qui s'apelloit
Don Ramiro, étoit voisin de Don Diégo.
Ils s'avisérent pour éviter les formalités
de la Justice, de terminer leur querelle
par une voye plus prompte, & de la décider à la pointe de l'épée, en prenant
chacun un Second.

Don Ramiro prit avec lui Don Lopez
sur le champ de bataille, & Don Antonio fit à mon fils le fatal honneur de le
choisir pour son Second. Vous n'attendez

pas

pas sans doute que je vous fasse le détails
de ce malheureux duel, on n'a pu en sçavoir les circonstances que par ce qu'en a
dit Don Lopez dans ses interrogatoires ,
& il y a bien aparence qu'il n'aura eu garde d'en rien dire qu'à son avantage ; enforte qu'on ne sçauroit faire grand fond
sur la véracité de ces dépositions, d'autant
plus qu'il est le seul qui ne soit pas resté
sur le champ de bataille.

Il est bien vrai qu'un Paysan qui travailloit à la terre assez près du lieu où se
passa cette tragique scène, a confirmé par
sa déposition sous serment, la vérité de ce
qu'avoit déclaré Don Lopez ; sçavoir qu'il
fit tout son possible pour éviter de se battre contre mon fils , qui l'avoit forcé à
tirer l'épée ; que lorsque Don Hénarez
l'attaqua , il se tint toujours sur la défensive , & ne faisoit que parer ses coups en
se retirant ; que même il parloit assez haut
pour que le Paysan pût entendre distinc-
tement , qu'il rapelloit à mon fils l'étroite amitié qui étoit entr'eux , & qu'il l'exhor-
toit à ne point pourfuivre les jours d'un
homme qui seroit prêt de sacrifier les siens
pour lui sauver la vie ; que mon infortuné fils répondit que l'honneur étouffoit
en lui toute autre considération , qu'en
même-tems il s'élança sur Don Lopez , &
le blessa au bras droit ; que du même coup
il s'enfonça dans la cuisse l'épée de son
adversaire blessé, & que le coup ayant
été mortel , parce que la veine-cave en
avoit été coupée, comme on l'a vu ensuite lorsque les Chirurgiens visitérent le

corps ,

corps, il ne tarda pas d'expirer, ayant perdu tout son sang; que cependant Don Lopez voyant tomber son ami, se jetta d'abord sur lui en l'embrassant, qu'il le releva, & le tint entre ses bras jusqu'à ce qu'il eût rendu le dernier soupir. Que de l'autre côté, Don Antonio avoit serré de près Don Ramiro, & qu'il étoit tombé sur ce pauvre malheureux qui nageoit dans son sang; que Don Lopez venant à eux, Don Antonio ne fit qu'un saut, & se remit en pié pour attendre Don Lopez, qui se jetta sur lui avec un courage de lion, lui criant qu'il lui avoit ôté plus que la vie en tuant son ami; que quoique Don Antonio eût déja reçu plusieurs blessures en se battant contre Don Ramiro, il ne laissa pas de se battre encore avec beaucoup de vigueur; mais qu'enfin il reçut dans l'estomac un coup qui le jetta sur le carreau à côté de celui qu'il venoit de tuer. Mais avec tout cela, seroit il impossible qu'on eût fait le bec au Paysan, & que par argent on l'eût engagé à toute cette déclaration, quoique soutenue par serment?

Les Officiers de la Sainte Hermandad, qui ont par-tout des espions, eurent bientôt vent de ce duel; ils accoururent sur le champ de bataille, assez tôt pour se saisir de Don Lopez, quoique trop tard pour empêcher cette sanglante tragédie. Ils le conduisirent à Siguença, où il fut mis dans les prisons du château. C'étoit justement le tems que le Tribunal qu'on nomme las Cortes étoit assemblé. Ils vou-

lurent

lurent prendre connoiſſance de cette affaire , & ordonnèrent que Don Lopez fût
amené à Madrid ſous une bonne eſcorte.
Vous n'ignorez pas que de Siguença à la capitale il n'y a que vingt-deux lieuës. Il y
avoit déja long-tems qu'on cherchoit à
abolir le déteſtable uſage des duels, & qu'on
avoit fait dans ce but des loix de la derniére ſévérité contre cette barbare fureur ,
enſorte qu'on ne doutoit nullement que
Don Lopez perdît la tête ſur l'échafaut ,
& l'on ne ſe flâtoit pas qu'il pût échaper
par aucune faveur ni recommandation.

Cette triſte affaire rompit totalement
les meſures que nous avions priſes pour
le mariage de ma fille. Je n'aurois pû me
réſoudre à prendre pour gendre le frere
du meurtrier de mon fils , & il n'étoit pas
naturel d'imaginer que Don Lopez voulût s'allier dans la famille d'un homme
qui ne reſpiroit que vengeance contre la
ſienne , & qui ne cherchoit que la mort
de ſon frere.

On n'eut pas plûtôt reçu à Seguença
les ordres de transférer Don Lopez à Madrid , qu'on le fit partir ſous l'eſcorte de
dix Cavaliers de la *Sainte Hermandad* ,
commandés par un Officier de ce redoutable Tribunal.

Don Diégo , qui avoit pour ſon frere
une amitié vrayement fraternelle , ayant
été informé de tout , prit ſi bien ſes meſures , qu'il ſe trouva le deuxiéme jour
ſur la route avec une douzaine d'amis
tous gens de courage , bien montés ,
& mieux armés. A la vérité, ils étoient
maſ-

masqués, crainte d'être découverts. Ils attendirent la troupe dans un passage avantageux, se jettérent sur les cavaliers, &
leur eurent bien-tôt enlevé le prisonnier,
avec lequel ils se retirérent, & sçurent si
bien se cacher qu'on n'en a jamais pu découvrir aucun. Au reste, on a toujours
soupçonné que les gens de l'escorte avoient
été gagnés, parce qu'il n'a pas paru qu'ils
ayent fait la moindre défense avant de
s'enfuir.

Il faut être Pere pour imaginer l'excès
de ma douleur; ma fille ne fut pas moins
sensible que moi à un accident qui lui en-
levoit d'un seul coup un frere qu'elle aimoit tendrement, & un fiancé qu'elle regardoit comme devant être son époux
cependant le tems qui vient à bout de
tout, mitigea un peu notre chagrin. Dès
que la bienséance le permit, Don Alphon-
son d'Alarcas, ce même cavalier qui m'a
engagé à reprendre ce voyage, & qui a
bien voulu m'y accompagner, me demanda Jutella en mariage. Comme il est
de fort bonne maison, & que d'ailleurs
par son mérite personnel & par son
bien je trouvois que c'étoit un parti avantageux pour ma fille, je n'hésitai pas à la
lui accorder. J'ordonnai en même-tems à
Jutella de recevoir ses visites, & de le
regarder comme un homme que je lui
destinois pour époux ; mais je trouvai en
elle une répugnance invincible, & ce fut
la premiére fois que je la vis résister à mes
volontés. Elle eut pour Don Alphonse
des maniéres si dures & si bisarres, qu'il

desespéra

deſeſpéra de pouvoir jamais obtenir ſon conſentement. J'en fûs ſi outré , que je réſolus de me ſervir de mon autorité paternelle. Je lui dis que puiſqu'elle prétendoit s'aveugler ainſi ſur ſes propres intérêts , je ne voulois plus perdre de tems ; qu'ainſi elle n'avoit qu'à ſe préparer à donner ſa main à Don Alphonſe dans la huitaine , avant la fin de laquelle je prétendois que le mariage ſe conſommât. Elle me répondit fort froidement & ſans s'émouvoir , que j'étois fort le maître de diſpoſer de ſa perſonne , comme d'une choſe qui étoit en mon pouvoir ; mais que je ſçaurois donner à Don Alphonſe un cœur que j'avois moi-même donné à Don-Diégo , & qu'il avoit emporté avec lui.

Le lendemain , ne la voyant point paroître pour dîner , j'envoyai ſçavoir pourquoi elle ne venoit pas. La femme de chambre répondit que ſa maîtreſſe étoit indiſpoſée , & qu'elle gardoit le lit. Je regardai cette défaite comme un pur effet de ſon obſtination , & je réſolus de feindre de ne m'en pas apercevoir , & de lui laiſſer tout le tems de faire ſes réfléxions , & de rentrer dans ſon devoir.

Je reſtai ainſi quatre jours ſans vouloir m'informer d'elle. A la fin la patience m'échapa. Vers le ſoir du quatriéme jour , je montai à ſon apartement , & je fûs étrangement ſurpris de n'y trouver ni elle ni ſa femme de chambre. Je fis d'abord grand bruit , j'interrogeai tous mes domeſtiques , & il ſe trouva que les uns pour les autres, ils n'avoient pas osé s'informer de ce que faisoit ma fille, qu'ils croyoient legerement indisposée, & je découvris enfin qu'on n'avoit point vu la femme de chambre depuis le premier jour de la prétenduë indisposition de sa maîtresse.

Sa chambre étoit tout en desordre. Après avoir bien fouillé par-tout, je vis qu'elle n'avoit emporté aucun de ses habits. Je conjecturai de-là, qu'il falloit qu'elle se fût évadée en habit d'homme, & qu'elle pourroit bien avoir pris pour se déguisement ceux de défunt son frere. Dans cette idée, j'allai visiter la garde-robe, & effectivement je trouvai qu'il y manquoit deux habits, & une partie de son linge. Cette découverte ne me laissa aucun lieu de douter qu'elle ne fût partie avec sa suivante, mais je ne sçavois imaginer qu'elle route elles pouvoient avoir prise.

Mon premier soin fut de faire apeller Don Alphonse, & de lui donner part de mon infortune. Après que je lui eus tout conté, il fut d'avis qu'il falloit visiter aussi le bureau de ma fille ; peut-être, dit-il, y trouvera-t-on quelques lettres ou quelques billets, dont on pourroit tirer des conjectures pour sçavoir de quel côté la chercher ; & que pour lui il ne doutoit pas qu'elle n'eût eu quelque connoissance du lieu où étoit Don Diego, & qu'elle ne fût allée le joindre en habit d'homme.

Nous fouillâmes dans tous les tiroirs du bureau ; mais toutes nos perquisitions furent inutiles, nous ne trouvâmes rien

qui

qui pût nous donner le moindre indice
fur la route qu'elle avoit prife , pas le
moindre billet de Don Diégo , comme
nous l'avions efpéré. Nous ne trouvâmes
pas non plus fes pierreries , enforte que
nous ne doutâmes pas qu'elle ne les eût
envoyées auparavant , ou emportées avec
elle.

Enfin , après avoir vainement fouillé
par-tout dans le cabinet , nous paffâmes
dans fa chambre. Don Alphonfe , qui dans
cette affaire avoit des yeux de Linx , aperçut dans un coin un papier , qu'elle avoit
fans doute laiffé tomber dans la précipi-
tation , jointe peut-être à la peur d'être
découverte. Il fe trouva juftement que
c'étoit une lettre de Don Diégo , par laquelle il donnoit avis à ma fille , que lui
& fon frere fe tenoient cachés à Cadix
fous les noms de Don Fernando & de Don
Gomez , dans la maifon d'un Négociant
Anglois nommé Bennet.

En voilà plus qu'il n'en faut , s'écria
Don Alphonfe ; il n'y a pas deux partis
à prendre ; c'eft-là que nous trouverons
ces amans ; nous n'avons qu'à faire venir
à l'inftant des chevaux , & fi nous faifons
diligence nous arriverons encore à tems
pour tirer fatisfaction & du meurtrier de
votre fils, & du raviffeur de mon époufe.

Ce feul mot de *meurtrier de mon fils* ré-
veilla en moi toute mon animofité , qui
commençoit avec le tems à fe rallentir ;
l'évafion de ma fille qui étoit une affaire
toute fraîche venant auffi à la charge ,
fur-tout ne doutant point que Don Diégo
n'y

n'y eût bonne part, mon ame ne fut plus
occupée que de l'idée de la plus prompte
vengeance ; déja je brûlois de tirer satisfaction de tous les trois.

J'ordonnai sur le champ qu'on amenât
des chevaux ; & quoiqu'on nous avertît
qu'on alloit servir le dîné, nous étions si
pénétrés, comme nous le sommes encore,
de l'affront que nous avions reçu, que sans
nous asseoir nous bûmes chacun un coup,
& montâmes ensuite à cheval pour nous
rendre à Cadix le plûtôt possible. Nous
poussâmes nos chevaux à toute outrance :
aussi quand nous arrivâmes à la fin du jour,
ils étoient sur les dents, & hors d'état
d'aller plus loin. Nous en louâmes de tout
frais, & continuâmes d'aller pendant la
nuit tant que nos chevaux purent marcher.
A deux heures du matin nous arrivâmes à
une petite ville dont j'ai oublié le nom,
nous nous rafraîchîmes, changeâmes de
chevaux.

A peine avions-nous fait deux lieues,
que le cheval de Don Alphonse fit un faux
pas, & en voulant se relever s'abattit de
façon que ma chute en fut plus violente,
& que le cavalier n'ayant pu se débarrasser
des étriers, tomba aussi & se trouva mal-
heureusement sous le cheval, qui, par les
efforts qu'il faisoit pour se relever, augmentoit le mal que souffroit déja Don
Alphonse. Je l'attendis crier en tombant,
je revins à lui, & mis pied à terre pour
aider les domestiques à lui donner du secours. On le débarrassa à la vérité, mais
il étoit déja tout meurtri, & plein de
con-

contufions. Nous avions une bonne demi-lieuë à faire avant d'arriver à quelque village : quoique la Lune fût déja affez haute, elle ne donnoit qu'une foible lueur, parce que les nuées étoient très épaiffes. On le remit à cheval du mieux qu'on put, il ne pouvoit pas s'y foutenir ; je laiffai les domeftiques pour prendre garde à lui, & venir tout doucement. Je pris les devans, pour chercher du monde dans la première hôtellerie que je trouverois. Effectivement, au bout de la demi lieuë, j'entrai dans un cabaret, je pris avec moi quelques perfonnes avec une chaife qui fe trouva-là par hazard, qui apartenoit à des voyageurs qui avoient paffé la nuit, & qui étoient encore couchés. On ramena ainfi le bleffé, & on le mit dans un bon lit. J'envoyai en même-tems chercher un Chirurgien à Alcala, qui n'eft pas loin delà. Dès qu'il fut venu il faigna le malade & baffina les contufions : mais quelque foin qu'on prît de lui, il fut plus de huit jours à fe remettre un peu, & à pouvoir fe remuer.

Dans cet intervalle, crainte que l'accident arrivé à Don Alphonfe ne nuifît à nos deffeins, & que nos fugitifs ne vinffent à s'échaper, j'écrivis à Don Gullermo de Suarez, Gouverneur de Cadiz. Je lui envoyai ma lettre par un valet affidé : c'étoit un ancien domeftique, & le feul qui fût dans le fecret du motif de notre voyage. Après avoir rendu compte au Gouverneur de la mort de mon fils & de l'évafion de ma fille, je le priois de vou-

loir

loir bien l'arrêter avec son ravisseur & le
frere de celui-ci : je lui marquois sous quels
noms ces Messieurs passoient , le déguisement de ma fille , & le nom du Marchand
étranger chez qui je ne doutois point qu'ils
ne fussent encore.

Nous fûmes obligés de rester auprés
d'Alcala environ trois semaines , avant
que Don Alphonse fût bien rétabli , & en
état de poursuivre notre route. Ils ne falloit pas tout ce tems-là pour avoir réponse de Cadiz , nous avions attendu de jour
à autre le retour du domestique que j'a-
vois envoyé , & nous comptions surement
d'aprendre par lui que nos fugitifs étoient
arrêtés ; mais le coquin nous trahit , &
nous ne l'avons jamais revu. Don Alphonse ne fut pas plûtôt en état de soutenir la
fatigue du voyage , que nous nous remî-
mes en chemin ; nous ne laissâmes pas
de trouver la route longue & pénible ; car
il y a près de cent lieues d'Espagne, de
Séguença à Cadiz. A notre arrivée je me
rendis en droiture chez le Gouverneur. Il
me dit qu'il n'avoit vu ni valet ni lettre.
Là-dessus je lui contai toute mon affaire ,
& conclus par le prier d'envoyer sur le
champ une Garde de soldats pour chercher dans la maison de M. Bennet. Il me
répondit que ce Marchand étoit un galant
homme , d'ailleurs très considéré dans la
ville , & qu'outre cela la Cour ne devoit
pas en bonne politique, donner le moindre sujet de mécontentement aux Négocians d'une Nation qu'on étoit bien aise
de ménager ; mais qu'il suffisoit qu'il
en-

envoyat prier M. Bennet de vénir lui parler, qu'il ne manqueroit pas de lui faire
ce plaifir.

En effet, ce Marchand ne tarda pas. Don
Gullermo lui dit en ma préfence de quoi
il s'agiffoit. L'honnête Négociant répondit
avec un certain aïr de franchife qui montroit qu'il difoit vrai, qu'il avoit eu à la
vérité chez lui deux cavaliers tels qu'on les
lui dépeignoit ; qu'ils lui avoient été adref-
fés & recommandés par un Gentilhom-
me Anglois qui étoit parti pour Londres ;
qu'ils avoient paffé quelque tems dans la
maifon avec leurs domeftiques ; qu'il y
avoit juftement fept femaines que deux
jeunes cavaliers étoient venus les joindre,
& avoient auffi logé avec eux, ayant cependant un apartement féparé ; qu'il y
avoit un peu plus d'un mois qu'un laquais
portant telle livrée (c'étoit précifément
mon coquin) avoit aporté une lettre au
plus jeune des derniers venus ; qu'ayant
tous parcouru cette lettre l'un après l'autre avec beaucoup d'attention, il lui avoit
paru qu'elle les avoit mis dans un grand
embarras; qu'après qu'ils eurent tenu confeil entr'eux, un de fes hôtes vint lui demander s'il n'y avoit point de vaiffeau qui
fût prêt à fortir d'Efpagne, n'importe
pour quel Pays que ce fût ; qu'il lui avoit
répondu que le vaiffeau d'avis pour la Véra-Cruz n'attendoit qu'un vent favorable,
& que s'il en venoit dès le foir, il mettroit à la voile le lendemain ; que fur cette réponfe il l'avoit prié de vouloir bien
fans perdre de tems aller contracter avec

le Capitaine de ce vaiſſeau pour le paſſage d'eux quatre & de leurs domeſtiques, de faire inceſſamment tranſporter leurs bagages à bord, & de charger le Capitaine d'augmenter ſes proviſions à proportion de ce qu'ils étoient de perſonnes, & qu'à cet effet il lui mit entre les mains une bourſe de cent piſtoles. Qu'il s'acquita d'abord de la commiſſion ; que ces cavaliers prirent congé de lui, s'embarquérent le lendemain, & firent voile le ſur lendemain avec un vent favorable. Qu'à leur départ un de ces cavaliers l'avoit forcé d'accepter la bague qu'il avoit alors au doigt, qu'il nous montra, & qui étoit d'un fort grand prix. Qu'au réſte, il n'avoit pas la moindre connoiſſance d'aucun d'eux ; que cependant il ne doutoit pas, autant qu'il avoit pu le conjecturer par leurs maniéres, par les bijoux qu'ils avoient, & par pluſieurs autres particularités, qu'ils ne fuſſent des perſonnes de la première diſtinction.

Nous remerciâmes le Marchand de tout ce qu'il nous avoit dit avec autant d'exactitude que d'ingénuité, nous le laiſſâmes chez le Gouverneur, & prîmes congé d'eux. Dès que nous fûmes à notre auberge, nous donnâmes les ordres pour qu'on nous fît ſouper de bonne heure, nous avions beſoin de repos. En attendant Don Alphonſe me dit, que ſon parti étoit pris, qu'il vouloit pourſuivre le raviſſeur, & l'aller chercher dans quelque coin du monde qu'il eût pu chercher un azile. Pour vous, Monſieur, continua-t-il ; ſi vous voulez

être

être de la partie , la justice de votre cause ne supléera que trop à ce que vous
avez d'âge de plus que moi ; & comptez
qu'il y en a allez de nous deux pour tirer une ample satisfaction des injures que
nous avons reçues (vous sur-tout à qui ils
ont enlevé deux enfans) de ces deux freres , qui le sont moins encore par le sang,
que par la ballesse des sentimens. Si vous
refusez de m'accompagner , quoique vous
soyez bien plus offensé que moi , je suis
résolu de partir seul , & d'aller me battre contre tous les deux , quelque part que
je les rencontre. En un mot , nous con-
clûmes que nous irions les chercher ensemble. Dès le lendemain nous prîmes des
lettres de crédit pour tous les ports , &
pour les principales villes d'Amérique ,
afin de nous précautionner contre toutes
sortes d'accidens, & que le manque d'argent ne pût nous retarder nulle part. Nous
attendîmes le départ de la Flotte , qui ne
tarda guéres à mettre à la voile. Nous sommes arrivés heureusement à la Véra-Cruz ,
où nous avons apris que les personnes telles que nous les avons dépeintes, y ont
abordé dans le vaisseau d'avis , & qu'ils
ont pris la route du Méxique , où nous
espérons assouvir notre trop juste vengeance , & les châtier suivant l'énormité de
leurs crimes.

Nous plaigmîmes beaucoup le vieux
Gentilhomme , quoique dans le fond
nous ne trouvassions point les deux freres,
ni la Demoiselle si coupables; mais nous
ne jugeâmes pas à propos , en présence de

Don Alphonse, de ne rien dire qui parut
tendre le moins du monde à diminuer la
grandeur de ce qu'ils regardoient comme
le plus noir des attentats.

CHA-

CHAPITRE V.

Que le Lecteur peut lire ou passer à son choix.

APrès que nous eûmes donné les ordres afin que tout fût prêt pour continuer notre voyage le lendemain, les deux
cavaliers se retirérent dans leur apartement.
Je restai seul avec Don Rodrigo : vous
avez oui, me dit-il, l'histoire de ce cavalier ; mais avant que nous nous sépa-
rions, je veux vous en dire le reste, qu'il
ignore encore.

Je me trouvai par hazard à la Véra-Cruz
à l'arrivée du vaisseau d'avis, & comme
j'allai à bord, j'y vis les personnes que
nos deux hôtes poursuivent avec tant d'a-
charnement. A la vérité, je fus pris d'abord
par la bonne mine, & par les maniéres
des deux cavaliers, & par la beauté d'un
des deux plus jeunes. Je demandai au Capitaine, si ces passagers avoient aporté de
riches marchandises ; & sur ce qu'il me dit
qu'ils n'avoient à bord que leurs hardes,
je me sentis une certaine curiosité de sçavoir ce qu'ils étoient, d'autant plus que
personne n'aborde dans ce Pays, à moins
qu'il n'y vienne occuper quelque emploi
de la part de la Cour, ou qu'il n'y soit
attiré par le Commerce. Pour me mettre
plus à portée de satisfaire ma curiosité,

 je

je les abordai, & après quelques questions indifférentes pour entamer la connoissance, je leur offris la maison de mon
ami, dont je pouvois disposer, en leur
disant qu'ils seroient très mal logés dans
une auberge; ce qu'ils auroient certainement éprouvé, s'ils avoient refusé les offres que je leur faisois.

Pour abréger, ils les acceptérent avec
plaisir & remercimens. De-là je leur fis
avoir des mules, & vins avec eux jusqu'en
cette ville; où je les engageai à force de
priéres à passer quelques jours chez moi,
charmé d'avoir une si agréable compagnie.
Je les retins près d'un mois; je trouvai
insensiblement le moyen de gagner leur
confiance; & comme un jour entr'autres,
je leur marquai un certain empressement
de sçavoir ce qui pouvoit avoir amené des
personnes que je voyois bien être de distinction, & qui, selon toutes les aparences, n'avoient aucunes affaires dans un Pays
où personne n'aborde que par l'apas du
gain. Don Lopez me conta leur histoire,
qui quadre parfaitement à ce que nous a
dit le Comte Xérez de l'amitié de son fils
avec Don Lopez : ainsi je n'en parlerai point
non plus que des autres circonstances dont
la répétition seroit inutile. Je vous ferai
en peu de mots le portrait de Don Hénarez, tel que je le tiens de Don Lopez.

Il étoit fort bien fait & d'une taille assez haute ; il avoit de la force & de la
vivacité, un esprit querelleux, prompt à
s'emporter, & beaucoup moins de prudence que de courage. Il affectoit une certaine

taine naïveté qui lui étoit particuliére. Selon lui, c'étoit quelque chose au-dessous
d'un homme d'honneur de trahir ses sentimens, & d'un homme de bon sens de
vouloir se gêner, & s'abstreindre par l'im-
pertinence ou la sottise des autres, à ce que
le monde veut bien apeller belle éducation.

Une façon de penser aussi Cynique que
celle-là, faisoit qu'il disoit tout ce qui lui
venoit à la bouche, il ne gardoit des mesures avec personne, il censuroit tout, &
n'auroit pas même épargné ses proches ni
ses meilleurs amis.

Comme il n'y a personne qui prenne
plaisir à s'entendre dire ses vérités, ou reprocher ses défauts, sur-tout devant le
monde; & que chacun a droit d'attendre
des autres les mêmes politesses & les mêmes attentions qu'il a pour eux, il s'attira plusieurs querelles, & se fit un grand
nombre d'ennemis. Je l'ai vu une fois,
continua Don Lopez, dire à un homme
qui lui montroit des vers de sa façon, &
dont sans doute il n'avoit pas mauvaise
opinion, (& où est l'Auteur qui n'a pas
pour ses productions une tendresse plus
que paternelle ?) je l'ai vu, dis-je, lui
dire qu'il auroit bien plus de prudence à
lui d'avoir étouffé cette production dès sa
naissance, qu'il n'y avoit eu d'esprit à les
écrire ; bien plus, que ç'auroit été lui
rendre service & à ses autres connoissances, que de les suprimer, & leur en épargner la lecture, qui ne servoit qu'à les faire rire, ou à les ennuyer.

Pour moi, continuoit toujours Don Lo-

pez, je dois avouer que ses manieres fran-
ches & ingénues m'ont été d'une grande utilité. Comme nous étions intimes, & que je
l'aimois en frere, je ne laissois pas de craindre sa censure : lorsque j'étois avec lui,
je me tenois toujours fort sur mes gardes,
crainte qu'il ne m'échapât de dire ou de
faire quelque chose à quoi il pût trouver
à redire : & comme nous étions rarement
l'un sans l'autre, je me fis insensiblement
une habitude de réfléchir avant que de parler ou d'entreprendre quelque chose ; car
surement il m'auroit peut-être moins épargné qu'un autre. Je le croyois parfaitement en ce qu'il avoit coutume de dire
lorsqu'il vouloit quelquefois s'excuser de
ce qu'il poussoit la censure un peu trop
loin ; qu'il ne faisoit que me dire en ami,
ce que d'autres qui n'avoient pas pour moi
les mêmes sentimens ne laissoient pas de
penser ; & qu'il me disoit en face pour mon
bien, ce que les autres ne manqueroient
pas de dire en mon absence à leurs amis
& à leurs connoissances, pour me tourner en ridicule & se divertir à mes dépens.

Il me dit encore d'autres choses pour me
faire mieux connoître son caractère ; quelques-unes seroient inutiles à notre sujet ;
& d'autres, vous les sçavez déja. Quand
il vint à l'article du duel, il poursuivit
ainsi. Lorsque je vis que Don Antonio
amenoit Don Hénarez pour Second, ma
surprise fut égale à celle de cet ami. Je
vous avois accompagné, dit Don Hénarez à l'autre, dans le dessein de me battre
pour votre querelle ; mais je crois que je
pour-

pourrai bien m'en retourner sans avoir tiré l'épée. Quoi ! dit Don Antonio, est-
ce-là cet ami si ardent qui se pique avec
moi d'une si grande sincérité ? C'est bien
plûtôt un de ces amis du tems, qui mol-
lissent & se trouvent tout de glace dans
l'occasion. Est-ce-là soutenir ce caractere
de galant - homme dont vous faisiez tant
de parade ? Apellez-vous cela être homme
d'honneur, que de n'avoir pas plus de cœur
qu'une poule ? Est-ce-là ce qu'on apelle
un Gentilhomme ? un Cavalier ? un Hi-
dalgo?

Et tout cela, reprit Don Hénarez, peut-
il & doit-il me porter à me battre contre
un ami intime ? à attenter à une vie pour
laquelle je sacrifierois mille fois la mienne ?

Il n'est pas question ici de disputer de
la langue, dit Don Ramiro, c'est à la
pointe de l'épée que nos différends se doivent décider ; en même-tems il ôta son
habit & sa veste, & continua ainsi : J'ai
amené un homme d'honneur & de courage, qui n'est point venu ici dans le dessein d'être un spectateur oisif; je suis sûr
que comme il a épousé ma querelle, il
sçaura la défendre. Don Lopez a les sentimens trop élevés pour couvrir une indigne lâcheté du prétexte d'une frivole
amitié. Pou vous Don Hénarez, si je ne
perds pas la vie dans cette affaire, j'aurai
soin d'instruire tout le monde de votre lâcheté, si vous refusez de soutenir en galant-
homme la haute opinion que j'ai eu de
vous jusqu'à présent. Dans des occasions
comme celle-ci, un homme de cœur a

 mau-

mauvaise grace de s'excuser sur un léger
prétexte d'amitié.

Don Hénarez piqué au vif de reproches
aussi mortifians me regarda , & me dit :
Mon frere (car c'est ainsi que nous nous
apellions pour l'ordinaire) joignez-vous à
moi , & faisons voir à ces deux cavaliers
si déraisonnables , combien il est dangereux d'oser douter du courage d'un honnête-homme. Soyez seulement mon Second , & je les aurai bien-tôt convaincu,
que Don Hénarez n'est pas un lâche. Je
repliquai que je n'étois venu que dans le
dessein d'offrir mon bras à Don Ramiro ,
& que je ne sçaurois avec honneur tourner contre lui l'épée que je lui avois of-
ferte ; que cela m'étoit tout aussi impossible que de la tirer contre lui , que je ne
m'étois guéres attendu de trouver à ce rendez-vous. J'espere , continua Don Hénarez , qu'on ne voudra pas exiger de moi
l'impossible , car rien au monde ne le seroit plus pour moi que de vous attaquer
en ennemi ; puis s'adressant à Don Ramiro , vous m'avez insulté , lui dit-il , de la
maniere la plus outrageante ; ce n'est plus
avec Don Antonio , c'est avec moi que
vous allez avoir à faire ; préparez-vous à
mesurer votre épée avec la mienne ; en même-tems il se dépouilla , & tira l'épée.
Don Ramiro repliqua sur le champ , en
se mettant cependant en garde , qu'il n'é-
toit-là que pour se battre avec Don Antonio qui lui avoit fait apel. Pour vous ,
Messieurs qui vous amusez à causer , dit-
il en regardant les deux autres , conten-
tez-

tez-vous d'être des spectateurs inutiles. Fort
bien, dit Don Antonio ; & pour qu'ils
n'ayent pas pris inutilement la peine de
venir jusqu'ici, celui de nous deux qui
survivra aura soin de leur faire présent à
chacun d'une quenouille : ce meuble sied
mieux qu'une épée dans la main d'une femme ; car ils ont beau avoir un extérieur
mâle, on ne voit que trop qu'ils ont moins
de cœur même qu'une femme.

C'en est trop, Don Ramiro, s'écria Don
Hénarez. Cruelle situation ! faut-il que les
loix d'un vain point-d'honneur prescrive
des choses si contraires à la Nature & à la
Justice? Pardonnez, mon cher Lopez. Quelle violence ! je suis forcé de vous traiter en
ennemi ; mais Ramiro songez-y bien, si
mon ami vient à tomber sous mes coups,
vous ne lui survivrez pas long-tems.

Don Antonio & Don Ramiro en vinrent aux prises, & Don Hénarez avança
sur moi. Je me tins sur la défensive, &
ne pouvois gagner sur moi de lui pousser une
botte. Comment, me dit-il, vous croyez
badiner avec moi ? Est-ce que vous me
prenez pour un enfant ? Non, non, il nous
faut écarter toute idée d'amitié, cessez de
me traiter avec ce dédain qui m'insulte. Je
repartis qu'il étoit étonnant que les discours de ces deux ingrats pussent faire quelque impression sur son esprit, & le toucher au point d'étouffer en lui les sentimens de l'amitié. C'en étoit fait, il n'étoit
plus susceptible de raison. Allons, allons,
me dit-il, mon honneur m'est plus cher,
je ne dirai pas que ma vie, mais même

pieds de longueur. Le fruit qu'on apelle
Noix de Coco est fort gros, la coque en
est dure & épaisse ; quand on la casse, on
trouve dans le corps de cette coquille un
noyau blanc, dur & un peu fade ; il nage
dans une liqueur blanchâtre qu'on apelle
le lait. Il y a des noix qui contiennent
près de deux pintes de cette liqueur, selon la grosseur de la coquille. Ce suc est
nourrissant, agréable au goût, & fort ra-
fraîchissant. La quantité d'arbres qu'il y
avoit, donnoit de l'ombre & rendoit le-
le lieu très-frais. Toutes ces grandes feuilles des sommets formoient sur nos têtes,
une espéce de dais ou de pavillon du plus
beau vert du monde ; l'air agité par le
mouvement de ces feuillages augmentoit
agréablement la fraîcheur ; le silence qui
y régnoit n'étoit interrompu que par le
bruit sourd des zéphirs, & par le murmure
d'un ruisseau dont l'eau claire arrosoit ce séjour délicieux : tout concouroit à nous faire
goûter un certain plaisir champêtre, qui
m'auroit fait prendre ce lieu pour un de
ces bocages enchantés dont j'avois lu de
si belles descriptions.

Nous admirions en silence les beautés
de ce lieu charmant, lorsque tout d'un
coup nous fûmes agréablement surpris
d'entendre un concert de musique, où de
très-belles voix, qui joignant leurs accords à d'excellens instrumens, formoient
une harmonie si parfaite, que nous ne sça-
vions comment exprimer notre étonnement. Quoique nous ne vissions encore
personne, nous ne crûmes pas cependant
être

être redevables à des Etres Aëriens, d'une
fête aussi charmante ; nous nous arrêtâ-
mes, crainte que le bruit de nos mules
ne nous empêchât d'écouter à notre aise.
Dès que la musique eut cessé, nous or-
donnâmes à nos Muletiers de marcher.

Ils se détournérent un peu sur la gauche, & nous conduisirent à environ cent
pas loin du lieu où nous étions. Nous en-
trâmes dans un Bosquet fort épais ; comme nous n'en avions pas vu d'autre en entrant dans le Bocage, nous comprîmes
que c'étoit-là où s'étoit fait le concert
que nous avions entendu. Un de nos Muletiers nous dit que nous allions trouver
dans ce Bosquet une venta *, dont le
Maître se féroit un plaisir de nous régaler
magnifiquement. Mais je dois vous prévenir sur une chose, nous dit-il ; c'est que
l'hôte de cette venta est tout-à-fait différent des autres qu'on trouve dans les
voyages & sur les grandes routes, qui
sont tous des écorcheurs. Celui-ci vous
fournira tout ce que vous pourrez desirer,
tant pour vous que pour les mules ; il
vous régalera d'excellente musique, de
vins délicieux, de toutes sortes de liqueurs
rafraîchissantes ; & si vous faisiez tant que
d'offrir à le payer, ne fût-ce qu'un réal †,
il prendroit cela pour un très-grand
affront.

Comment fait-il donc pour soutenir la
dépense

* Logis ou Cabaret.
† Petite mohnoie d'Espagne.

dépenſe de ſa maiſon ? interpit le Comte.
Vraiment Monſieur , répondit le Muletier, c'eſt à lui à le ſçavoir ; pour moi
j'ai une excellente avaloire , je fais mon
devoir à table , je bois & mange ce
qu'on me donne ſans m'embarraſſer d'où
il vient.

Comme le Boſquet étoit fort épais , on
ne poûvoit y paſſer à cheval , nous mîmes
pied à terre , & un Muletier prit nos
mules par la bride. Don Alphonſe , qui
ne voyoit pas la moindre aparence de
maiſon , demanda où étoit le logis. Vous
allez le voir tout à l'heure , dit celui qui
conduiſoit nos mules. En effet , en ſortant
du bois nous vîmes trois grandes tentes.
On nous introduiſit dans celle du milieu ;
& la premiére perſonne qui s'y trouva
pour nous recevoir , fut Don Rodrigo.
Je n'ai que faire de vous dire combien
cette vuë nous ſurprit agréablement. Il
avoit ſi bien donné ſes ordres & pris ſes
meſures , qu'en montant à cheval l'inſtant
après que nous l'eûmes quitté , il lui avoit
été aiſé de prendre une route différente
de la notre , & d'arriver plûtôt que nous.
Tout avoit été diſpoſé dès le jour précédent pour notre réception , & nous fûr-
mes reçus avec une magnificence qui étoit
plûtôt d'un Prince que d'un Marchand.

C'eſt-là Meſſieurs, dit le Muletier, mon-
trant Don Rodrigo , l'hôte du logis. Je
me flâte , dit ce généreux hôte , que vous
voudrez bien me pardonner de vous avoir
fait détourner trois quarts de lieuë de votre chemin , lorſque je vous en aurai dit

la

la raifon ; mais vous verrez en même-tems
que j'ai un peu cherché ma propre fatisfaction , en me procurant plus long-
tems l'honneur & le plaifir de votre
compagnie.

Don Alponfe lui répondit qu'il ne faifoit qu'accroître une dette qui étoit déja
fi grande, qu'il ne fçauroit comment s'y
prendre pour être jamais en état de l'acquiter. Qu'il faudroit à la fin que Don Rodrigo fit avec lui, comme on fait avec les
Banqueroutiers ; de qui on fe contente
de tirer ce qu'on peut, & qu'il fe conten-
tât de fes remerciemens.

On ne doit point apeller Banquerou-
tier, reprit Don Rodrigo, celui qui paye
même au-delà de ce qu'on lui demande.
Tout ce qu'il vous plaît d'apeller dette ,
eft bien acquité & au-delà, pour peu que
vous daigniez l'avoir pour agréable. En
même-tems il nous introduifit dans une
autre tente , qui étoit toute tendue de damas cramoifi de Gennes. A peine fûmes-
nous affis, qu'un laquais aporta un grand
carrafon d'une eau claire comme le criftal ,
& froide comme la glace, avec une boutcil-
le d'excellent vin de Saint Martin. Nous
bûmes avec plaifir chacun un verre de vin
trempé de cette eau pour nous rafraîchir ,
après quoi Don Rodrigo s'adreffa à fes
hôtes à peu près en ces termes.

Vous n'auriez eu Meffieurs, dans toute la route jufqu'à Rinconada , aucun endroit à pouvoir faire halte commodément ,
pour prendre quelque rafraîchiffement.
A la vérité Rinconada où vous auriez

dû

du passer la nuit, abonde assez en toutes
sortes de provisions; il y a même la meilleure eau du monde, c'est un grand article dans ce pays-ci pour la saison. Les
auberges n'y sont pas mauvaises; mais on
y est attaqué la nuit d'une telle quantité
de moucherons & de cousins, qu'on ne
sçauroit prendre un moment de repos. Le
seul bourdonnement suffiroit pour inquiéter un voyageur qui cherche à reposer;
mais leurs piquûres sont quelque chose
d'insuportable, il y a eu des gens qui ont
quelquefois attrapé la fiévre.

Si vous voulez que je vous dise la vérité, j'ai voulu vous épargner ces inconvéniens. J'ai eu la précaution de gagner
vos Muletiers, & c'est à mon instigation
qu'ils vous ont joué la piéce, de vous
écarter du grand-chemin, & de vous amener dans ce piége que je vous ai tendu,
pour jouir encore cette nuit du plaisir de
votre bonne compagnie. Je ferai mon
possible pour que vous ne trouviez pas
le tems long jusqu'au souper. J'ai préparé pour cela une petite fête, qui sera,
je pense nouvelle, au Comte & à Don Alphonse. Si vous partez demain à la pointe du
jour, vous aurez passé Rinconada avant
le fort de la chaleur; & en vous rafraî-
chissant à Guataluca, vous aurez du tems
de reste pour arriver à la ville où vous
devez coucher.

Le Comte remercia Don Rodrigo, dans
les termes les plus obligeans, des attentions qu'il avoit pour eux. Peu après on
servit un dîner magnifique, & où rien
n'étoit

n'étoit épargné tant pour la profufion
que pour la délicateffe des mets. Nous
eûmes pendant le dîner une mufique choi-
fie, qui ne ceffa que lorfqu'on fe leva de
table. Delà Don Rodrigo, pour donner
au laquais la commodité de deffervir,
nous conduifit dans une autre tente ; celle-ci étoit tenduë d'un gros damas jon-
quille brodé en argent.

A peine fûmes-nous affis, qu'un Trompette fe mit à fonner. Je vous ai promis,
dit Don Rodrigo, une fête qui feroit
nouvelle à ces Meffieurs qui n'ont jamais
été en Amérique. Ce Trompette donne
le fignal pour avertir que mes acteurs
font prêts, & n'attendent que votre pre-
fence. Nous nous levâmes, & allâmes à
quelques pas nous affeoir dans un endroit
frais & à l'ombre où fes Efclaves avoient
préparé un banc de gazon & de mouffe
couvert d'un riche tapis de Perfe. Il y
avoit devant nous une table couverte de
toutes fortes de vins les plus exquis, de
grands flacons de criftal pleins d'eau fraîche, & toutes fortes de confitures féches
& liquides dans des taffes & des baffins
d'argent & de vermeil. Dès que nous eûmes pris nos places, nous vîmes paroître une Troupe de Danfeurs Indiens,
qui nous régalérent de danfes à la mode
de leur pays : nous fûmes auffi charmés
de la propreté, de la grace & de l'exactitude dans la cadence, que nous fûmes
étonnés de la legereté avec laquelle ils
exécutoient les danfes les plus difficiles.
Les danfes étant finies, il vint une Troupe

pe de Sauteurs à l'Indienne , qui nous divertirent beaucoup par cent tours nouveaux & variés : ils firent des sauts & des
tours d'une force & d'une agilité , tels
qu'on n'en a jamais vu de semblables en
Europe. Ceux-ci firent place à une autre
Troupe , qui représentoit des Combat-
tans , aussi à la mode des Indiens : ils se
rangérent en deux lignes , & débutérent
par une espéce de danse à la Pyrrhique ,
en frapant de leurs javelots contre des
espéces de boucliers en cadence & avec
un art admirable. Ce n'étoit qu'un prélu-
de : ils se divisérent encore , & ensuite
engagérent un combat dans les formes ,
toujours au son des instrumens & des
voix , d'une musique mâle & guerrière ,
dont les accords varioient selon les différens genres de combats. Il y eut des prisonniers de part & d'autre , bien de blessés & de morts en aparence qui contre-
faisoient à merveilles. Enfin le parti vic-
torieux , ayant mis l'autre en déroute ,
resta maître de ce chimérique champ de
bataille. On mit les fers aux prisonniers,
qui selon l'usage furent remis entre les
mains des Prêtres & femmes pour être
sacrifiés. La fête finit par des danses , au
bruit d'une musique de joye , de triom-
phe & de victoire.

Nos deux Etrangers ne pouvoient
assez marquer leur admiration & leur
satisfaction ; on s'entretint beaucoup
sur ce spectacle , qui avoit eu pour
eux tous les agrémens de la nou-
veauté. On servit ensuite le chocolat ,

après

après quoi nous reſtâmes encore à l'air pour jouir de la fraîcheur, juſqu'à ce que la roſée venant à tomber, on ſe retira dans la tente où nous avions dîné. On aporta des cartes, nous nous mîmes à jouer, & nous ne quittâmes le jeu que pour le ſouper. Un laquais avertit Don Rodrigo qu'on avoit ſervi; on ne fit que lever une portiére au derriére de la tente, & il s'y trouva un paſſage couvert qui communiquoit à l'autre tente qu'on avoit aprochée, afin qu'on pût y paſſer ſans être expoſé au ſerein, qui eſt dangereux dans ce pays-là.

Le ſouper étoit magnifique, & ne cédoit en rien au dîner. Nous paſſâmes la ſoirée le plus agréablement du monde, juſqu'à ce qu'il fût tems d'aller nous coucher. Nous paſſâmes dans la troiſiéme tente, où nous trouvâmes des hamacks ou lits ſuſpendus, très-propres & très-commodes, avec des rideaux de fine toile de cotton, où nous repoſâmes fort bien juſqu'à la petite pointe du jour que nous nous levâmes. Après avoir pris le chocolat, & par deſſus un léger déjeûner, nous prîmes congé de notre généreux hôte, qui bien loin de vouloir recevoir nos remercimens, prétendoit encore nous avoir obligation. Nous continuâmes notre route, dans laquelle il ne nous arriva plus rien qui ſoit digne de remarque. La La ſeconde nuit nous couchâmes à Segura de la Frontéra, où il peut bien y avoir mille habitans tant Eſpagnols qu'Indiens.

Cette ville a été bâtie pour garantir la fron-

frontiére, comme son nom le dénote.
Les Espagnols qui voyagent de Saint Jean
de Ulhua au Mexique, s'y trouvent à
l'abri des insultes des Peuples apellés
Cushuacan & Tepeacac, Indiens amis
des Méxicains ; mais ennemis jurés des
Espagnols, à qui ils font tout le mal
qu'ils peuvent. Ils descendent de ces mêmes Indiens qui lors de la conquête du
Mexique surprirent dix hommes des gens
de Fernand Cortez, qu'ils sacrifiérent à
leurs Idoles, & dont ils mangérent ensuite la chair. Ce fut après les avoir soumis à l'obéissance de Charles V. Empereur & Roi d'Espagne, que Cortez bâtit
cette ville.

Comme je vis que mes deux compagnons étoient un peu fatigués, & qu'ils
ne pouvoient pas soutenir la grande chaleur de ce pays, je leur proposai de nous
arrêter & de prendre un jour de repos.
Je le fis d'autant plus volontiers, que
j'étois bien aise de donner aux deux freres du Mexique, tout le tems de prendre leurs mesures sur la nouvelle qu'ils
devoient avoir reçue par l'Exprès de Don
Rodrigo. Ce fut encore dans cette vue
que j'ordonnai à nos Muletiers de nous
détourner un peu de la grande route, &
de prendre celle de Tlaxcallan, qui est
plus au Nord-Ouest que celle que nous
aurions dû suivre. Le vaste Pays du
Mexique n'auroit jamais subi le joug
de Cortez, ou plûtôt des Espagnols,
sans l'amitié & le secours des Peuples de
cette province, qui sont tous d'un naturel martial & courageux.

Nous

Nous eûmes occafion, fur le chemin
de cette ville, de voir des efpéces de
Monumens, ou de groffes Pierres avec
plufieurs Croix, qui avoient été plantées
fur les ruïnes d'une ancienne Tour des
Indiens. C'étoit le lieu, à ce que nous
dit notre Muletier, où Fernand Cortez
étoit entré en ligue avec les Peuples de
Tlaxcallans, ou Tlaxcalétes, après les
avoir combattu à la tête d'une Troupe
qui n'étoit que de quatre cens Efpagnols
& de fix cens hommes de Troupes au-
xiliaires d'Indiens de Zempoallan & de
Zaclotan; après, dis-je, les avoir combattu, eux dont l'Armée étoit de cent
cinquante mille hommes effectifs, & cela à différentes reprifes pendant plufieurs
jours, il remporta fur eux de fi grands
avantages à chaque combat, qu'enfin
après les avoir prefque tous détruits, il
vint à bout de les fubjuguer; & c'eft
pour conferver la mémoire de ces victoi-
res, qu'il avoit fait élever ces Croix.

La ville de Tlaxcallan eft grande, affez
bien bâtie, les maifons y font de pierre,
elle eft extrêmement peuplée. De-là nous
vînmes à une ville apellée la Puebla de
los Angélez, à près de vingt lieues du
Mexique. Le Comte fe trouva à la fin fi
accablé de fatigue, que nous fûmes obligés d'y féjourner une huitaine de jours
pour lui donner le tems de fe remettre;
ce qui m'en donna auffi de refte pour parcourir la ville. Elle eft fituée dans une
vallée des plus agréables, à environ dix
lieues d'une montagne extrêmement hau-

te ; le nombre des habitans peut bien aller à dix mille ; il y a une belle Cathédrale, un Couvent de Jacobins, un de
Cordeliers, un d'Auguſtins, un de Peres
de la Merci, & un de Carmes déchauſſés ;
il y en a auſſi de Jéſuites, & quatre Mo-
naſtéres de Filles.

Après Tlaxcallan, la premiére ville que
nous ayons vu qui en valût la peine,
fut Guacocingo. Elle eſt preſque toute habitée par des Indiens. Ce fut notre
derniére couchée. Avant que d'arriver au
Mexique, nous côtoyâmes cette haute
montagne dont je viens de parler. Elle
paſſe tout ce qu'on dit des plus hautes
des Alpes, ſoit par ſa hauteur étonnante,
ſoit pour le froid qu'il y fait. Elle eſt toujours couverte de neige au ſommet. En
la côtoyant, nous ne laiſſâmes pas de
monter aſſez haut. Nous étions encore
bien éloignés du milieu, que nous étions
cependant plus haut que n'eſt celle de la
Peſſemabet ou de Saléve, d'où l'on voit
d'un côté dans le fond les plaines de Ma-
gny, & de l'autre tout le lac Léman.
De même nous découvrions de la hauteur
où nous étions, la ville & le lac de Mexique, qui nous paroiſſoient tout proche,
quoiqu'il y eût encore plus de trois lieues
depuis le pied de la montagne juſqu'à la
ville, qui eſt dans une belle plaine. En y
arrivant nous allâmes mettre pied à terre
chez mon correſpondant, qui nous reçut
très-bien. Comme il étoit déja tard, il
nous engagea à paſſer la nuit chez lui,
Le lendemain il eut la bonté de nous conduire

duite à la maison qu'il avoit louée pour
moi, mes deux compagnons me firent
l'honneur d'y loger comme ils me l'a-
voient promis.

On a tant de Relations publiées par
des Miffionnaires & autres Voyageurs fur
tout ce qui regarde la Ville & le Royaume
de Mexique, qu'il feroit affez inutile de
vous répéter ici ce que vous pouvez avoir
oui ou lu fur cette matiére, qui ne feroit d'ailleurs qu'interrompre le fil de
mon hiftoire, dont je ne veux pas m'é-
carter par des digreffions qui ne ferviroient
qu'à vous ennuyer.

Nous paffâmes le refte de la matinée à
vifiter & à examiner la maifon, je retins
mon correfpondant à dîner. Mon ami fe
retira après le repas. Je profitai du tems
que nos deux cavaliers allérent faire la
fiefte dans leur apartement, pour fortir ;
je pris l'adreffe que Don Rodrigo m'avoit
donnée, & m'en fus en droiture chez
Don Diégo & Don Lopez, que je trouvai heureufement au logis.

Ils me reçurent avec beaucoup de politeffe, & me témoignérent beaucoup de
reconnoiffance de l'attention qu'avoit eu
Don Rodrigo de les avertir par un Exprès,
du voyage de deux cavaliers que j'avois
invité chez moi ; mais ils m'affurérent
qu'au refte ils étoient réfolus de fe tenir
prêts à tout événement. Don Lopez fur-
tout me dit entre autres chofes : Je ne
puis m'empêcher de plaindre extrêmement le Comte Xérez, de fe voir privé
d'un fils qu'il chériffoit tendrement, &

qui dans le fond étoit un cavalier de mérite,
quoiqu'à la vérité l'acharnement avec lequel il cherchoit absolument à me tuer,
ne soit pas la plus belle action de sa vie.
Cependant, comme nous étions amis intimes, je sçavois lui passer certains petits
défauts ; & lors même qu'il me força à
me battre contre lui, je sentois que ce
n'étoit qu'un point d'honneur mal-enten-
du, & je fis humainement tout ce que
je pus pour épargner ses jours en défen-
dant les miens. Cela est si vrai, que ce
fut plûtôt lui qui se tua de mon épée,
que je ne le tuai ; aussi fus-je extrêmement touché de sa mort. Je devine aisément le motif qui a engagé ces Messieurs
à entreprendre un voyage si long & si
hazardeux. Le vieux Comte est brave
comme l'épée qu'il porte. Je ne doute
nullement, que malgré la grande inéga-
lité de son âge au mien, il n'ait le courage de me faire un apel. Je ne sçaurois
le refuser, à tout événement. Je m'y
rendrai, mais avec une ferme résolution
d'épargner sa vie autant que j'ai tâché d'é-
pargner celle de son fils, en un mot, de
ménager ses jours autant que les miens
propres. Mon frere n'en attend pas moins
de son rival, mais il n'a pas les mêmes
raisons pour le ménager ; ainsi j'ai bien
peur que ce jeune fanfaron n'ait pris la
peine de faire bien des milliers de lieues,
pour venir chercher au Mexique une mort
qu'il auroit pu attendre paisiblement en
Espagne.

Je leur fis offre de tous les services qui
pour-

pourroient dépendre de moi, en cas que je fuffe affez heureux pour pouvoir leur être bon à quelque chofe. Ils me remerciérent beaucoup, & me dirent qu'il ne feroit pas impoffible que dans la fuite ils ne fe trouvaffent dans le cas de devoir m'importuner.

Cette premiére vifite ne fut pas longue, je reftai près d'une demie heure avec eux. En les quittant, je vins en droiture chez moi. Je vis peu mes hôtes, qui reftérent enfemble dans leur chambre. On parla peu pendant le fouper, & chacun fe retira. Le lendemain ils fortirent de grand matin pour aller, à ce qu'ils dirent, faire un tour par la ville; ils priérent même que s'ils n'étoient pas de retour pour dîner, on ne les attendît point; parce qu'il fe pourroit, dirent-ils, que la curiofité les retînt dehors plus long-tems qu'ils ne croyoient.

En effet ils ne revinrent pas pour dîner, & je n'entendis point parler d'eux de tout le jour. Je commençois déja à en être en peine, quoique je n'imaginaffe pas que dès le premier jour ils vouluffent aller chercher leurs ennemis, ni même qu'ils les puffent trouver fi aifément. Mais ils ne les trouvérent que trop, je ne fçai fi je dois dire pour leur malheur, ou par bonheur. Je fus tout étonné à l'entrée de la nuit d'entendre un caroffe qui s'arrêta à ma porte. C'étoit le Comte qui ramenoit fon ami, que je pris pour mort. Le Comte demanda d'abord qu'on fît apeller un Chirurgien. Par bonheur il y en avoit un

qui logeoit tout proche de chez moi : il
visita le malade, & lui trouva deux grandes blessures, mais il dit qu'elles n'étoient
ni mortelles ni dangereuses. Il apliqua
d'abord des stiptiques pour étancher le
sang, & mit le premier apareil. On mit
le patient dans un lit bien chaud, & peu
à peu il revint de l'évanoüissement où l'a-
voit jetté la quantité de sang qu'il avoit
perdu ; mais il ne put reprendre si-tôt ses
sens.

On envoya ensuite chercher un Médecin, on lui donna deux gardes pour le
servir, & je fis prendre de lui tous les
soins imaginables. Ensuite, comme je sçavois leurs allures, je ne fus pas long-tems
à deviner d'où pouvoit provenir le coup:
Je le laissai reposer, le Comte ne le quit-
toit pas. Je me rendis sur le champ à la
maison de Don Diégo & de Don Lopez.

Le laquais qui vint m'ouvrir la porte,
me dit qu'ils étoient tous deux au Couvent des Dominicains, où ils s'étoient
retirés. J'allai les y trouver, & leur dis
que le Chirurgien avoit déclaré qu'il n'y
avoit rien à craindre pour la vie de Don
Alphonse, qu'ils avoient cru mort. Ils
me parurent peu touchés de cette nouvelle, ils la reçurent sans beaucoup s'é-
mouvoir. Cet homme est si obstiné, s'é-
cria Don Diégo, que quand même il en
réchaperoit, j'ai bien peur que cette premiére leçon ne le rende pas plus sage.
Dès que j'apris qu'ils étoient à Xalappa
le Comte & lui, je comptois bien qu'il
avoit

avoit envie de mourir en Amérique. En effet il en est arrivé comme je l'avois prévu. Ils nous ont envoyé un défi à mon frere & à moi. Nous nous sommes rendus au lieu marqué. D'abord qu'ils nous ont vu, Don Alphonse m'a attaqué en furieux; le Comte en même-tems a attaqué mon frere si brusquement, qu'il ne lui a pas même voulu donner le tems, ni de se justifier, ni de lui dire une seule parole. Mon frere s'est mis en défense, & l'on auroit dit à sa maniére de se battre, qu'il avoit plus de peur de blesser son adversaire, que d'en être blessé lui-même.

Pour moi je n'ai pas gardé tant de ménagement avec mon homme, je lui ai risposté si vigoureusement, qu'à la troisiéme botte je lui ai fait mordre la poussiére; après cela je suis accouru pour séparer mon frere, qui avoit déja eu plus d'une fois toute la facilité de percer le Comte & de mettre fin tout d'un coup à son animosité & à sa vie.

D'abord que ce courageux Vieillard m'a apperçu, c'en est trop, a-t-il dit, de deux contre moi seul; mais la justice de ma cause me donnera assez de force pour rendre la partie égale. Hélas, Seigneur! lui ai-je dit, vous voyez en nous deux adversaires qui ont toujours admiré vos vertus, qui vous estiment, qui vous respectent, qui sont pleins de vénération pour vous; en un mot, qui bien loin d'en vouloir à vos jours, seroient prêts au contraire à sacrifier mille vies pour défendre

la

la vôtre. Ne croyez pas que nous attendions de vous aucune soumiffion, ni la moindre démarche qui ne convienne à un homme de votre naiffance & de votre courage. Nous fçavons qu'un homme de cœur comme vous peut mourir, qu'il peut être oprimé, mais qu'il ne fçauroit être vaincu. Permettez, Seigneur, que je me jette à vos pieds, & que je vous conjure de pardonner à mon frere un malheur, qu'il auroit voulu éviter au prix même de fon fang, & dont il a été certainemeut auffi touché que vous avez pu l'être vous-même.

Pour moi, Seigneur, j'ai toujours eu pour vous le refpect d'un fils envers fon Pere, & tant que je vivrai, j'aurai les mêmes fentimens. Il eft vrai que votre fille, pour garder la foi qu'elle m'avoit jurée, & pour éviter un engagement pour lequel elle fe fentoit une répugnance invincible, a cherché un azile auprès de moi à qui vous l'aviez promife. J'ai été moi-même un fidèle gardien de fa vertu; elle eft fi jaloufe encore de fon devoir & de la foumiffion qu'elle vous doit, que jufqu'à prefent je n'ai pu la faire condefcendre à me donner fa main fans votre aprobation. Le Comte m'écouta alors avec beaucoup d'attention. Généreux cavaliers, nous dit-il, c'eft parce que vous dites que je ne fçaurois être vaincu, que j'avoue que je le fuis. Oui, je reconnois que je vous dois la vie, puifque vous n'avez pas voulu que je la demandaffe, ni exiger de moi une démarche fi baffe

&

& si indigne de tout homme d'honneur.

En même-tems il a jetté son épée par terre, & s'adressant à mon frere : Oui Don Lopez, lui a-t-il dit, dès à present je veux vous croire innocent de la mort de mon fils, & je n'en attribue la perte qu'à la fatalité de son étoile. Là-dessus il nous embrassa tous deux, & nous conjura de nous mettre en lieu de sûreté, & de chercher un azile en quelque Eglise : il ajouta même que nous aurions incessamment de ses nouvelles. Il a ensuite apellé ses gens, qui étoient restés près du carosse ; ils ont emporté le corps de Don Alphonse que nous croyions mort, & nous sommes d'abord venus mon frere & moi nous réfugier vers les bons Peres de ce Couvent.

Le lendemain, dès que le premier apareil fut levé, le Medecin & le Chirurgien assurérent que les playes de Don Alphonse n'étoient pas dangereuses, & que sûrement il en réchaperoit : mais ils dirent qu'il ne falloit absolument ni lui parler, ni le faire parler ; ainsi nous fûmes quelques jours le Comte & moi sans entrer dans sa chambre, nous contentant d'aprendre de ses nouvelles par ceux qui le servoient : ses gardes nous dirent qu'il n'ouvroit presque pas la bouche, soit pour se plaindre, soit pour rien demander.

En attendant que Don Alphonse fût visible, le Comte alloit tous les jours faire visite aux deux freres, & à sa fille à

qui il pardonna son évasion de chez lui.
Il se trouvoit cependant très - embarrassé
entre Don Diégo & Don Alphonse ; il avoit
réellement promis sa fille à tous les deux,
& le dernier s'étoit exposé à un dangereux voyage pour l'obtenir, ou pour venger l'affront qui auroit été fait au Comte
ou à lui, s'il s'étoit trouvé qu'il n'eût pu
l'épouser avec honneur, ou si elle eût été
effectivement mariée.

Je le connoissois extrêmement délicat
sur l'article du point - d'honneur, c'étoit
précisément ce qui augmentoit son inquiétude. Il m'en parloit même souvent,
& cherchoit avec moi les moyens de se
mettre à couvert de tout reproche. Pour
moi, mon sentiment étoit qu'il donnât
sa fille à Don Diégo, & qu'il lui tînt parole comme ayant été le premier en date,
d'autant que celle qu'il avoit donnée à
Don Alphonse n'étoit selon moi que con-
ditionnelle, & supposoit Don Diégo &
son frere coupables dans une chose, où
il voyoit qu'ils ne l'étoient dans le fond ni
l'un ni l'autre.

Don Alphonse mit lui même fin à cette perplexité. Le sixiéme jour après sa malheureuse affaire, il nous fit prier le Comte & moi de passer dans sa chambre.
D'abord nous lui fîmes nos excuses de
n'avoir pas été le voir assiduement dans
les premiers jours de sa maladie, en lui
disant que le Médecin & le Chirurgien
l'avoient absolument défendu. Le Médecin qui étoit present, déclara que le
Patient

Patient étoit abſolument hors de danger, mais qu'il étoit encore d'avis qu'il
ne devoit parler que le moins qu'il ſeroit poſſible. Là-deſſus le Malade lui demanda quand il croyoit qu'il pourroit
parler & nous ouvrir ſon cœur. Le Docteur répondit qu'il ne le pourroit encore
de quatre ou cinq jours.

A la bonne heure, dit le Malade ;
mais en attendant, s'adreſſant au Comte, faites-moi je vous prie, la grace de
dire de ma part à Don Diégo, que je
lui réſigne toutes mes prétentions ſur Jutella ; que je ceſſe d'être ſon ennemi ;
que je le prie en grace de venir me voir
auſſi-tôt que le Docteur me permettra
de parler. Dites-lui qu'en cherchant à lui
ôter la vie, j'ai trouvé que la grace du
Tout-puiſſant peut, quand il lui plaît,
faire tourner en bien les projets formés
pour le plus grand mal. J'eſpére avoir
trouvé le chemin du bonheur éternel,
dont l'eſpérance me porte à ménager
ma ſanté & à accélérer mon rétabliſſement ; & crainte de retarder ma guériſon
en parlant trop, je ne vous en dirai pas
davantage à preſent.

Le Comte, que ce peu de mots com-
blérent de joye, ſe rendit à l'inſtant vers
Don Diégo ; il lui rendit compte de tout
ce que Don Alphonſe lui avoit dit ; &
dans la même viſite il lui donna ſon conſentement au mariage de Jutella ; il alla
enſuite la prendre lui - même dans ſon
caroſſe, & l'amena en même-tems chez

      moi.

moi. Il eut d'abord la précaution de défendre à tout le monde de dire à Don
Alphonfe qu'elle étoit dans ma maifon,
dans la crainte qu'une telle nouvelle ne
lui caufât quelque émotion qui pût nuire
à fa fanté, & retarder fa guérifon.

CHA-

CHAPITRE VII.

Un Bien d'un Mal, ou, le Diable fait un Saint.

DOn Diégo & son frere vinrent exactement, au jour marqué, pour voir Don Alphonse ; nous les conduisîmes le Comte & moi auprès du Malade qui se rétablissoit à vue d'œil, & nous le trouvâmes en robe de chambre assis sur son lit. Dès qu'il nous vit entrer, & qu'il aperçut celui qui avoit été si long-tems l'objet de sa haine & de sa vengeance, il s'adressa à lui à peu près en ces termes.

Pardonnez, Seigneur Don Diégo, à un homme qui se sent le plus sensible repentir de vous avoir voulu tant de mal, & d'avoir cherché à se venger avec tant d'animosité. Je vous céde à présent de tout mon cœur la Sennora Jutella, que j'avois voulu vous ravir avec tant d'injustice. Je ne suis plus le même, mes yeux se sont décillés, & ie suis très-convaincu que toutes ces folles idées que les hommes se forment de ce qu'il leur plaît d'apeller le point-d'honneur, ne sont que des illusions diaboliques ; qu'il n'est pas possible d'être véritablement homme d'honneur, tant qu'on s'écarte des saints devoirs que la Religion nous enseigne être tout-à-fait opposés à ces chimériques idées qui sont si

fort

fort à la mode, & qui caufent la ruïne de
tant de gens , qui pour un grain de fumée , pour une réputation vaine & mal
entenduë , fe jettent dans un labyrinthe
de maux réels , tant pour ce monde ici
que pour l'autre. Nous nous glorifions du
nom de Chrétiens , & nous cherchons une
fauffe gloire dans la vengeance , quelle
contradiction ! quelle abfurdité ! Nous ef-
pérons de la bonté & de la juftice Divine
des récompenfes éternelles , & nous vi-
vons comme fi nous n'avions que faire de
l'une , & que nous ne craigniffions point
l'autre.

Enfin , s'adreffant à Don Diégo , il lui
dit que fes bleffures lui avoient fait ouvrir les yeux fur le monde & fur lui-même;
il s'étendit encore , dans des difcours de
la Morale la plus fublime & la plus épu-
rée , fur la fragilité des chofes d'ici-bas ;
après cela il fit fes derniéres difpofitions.

Je laiffe , dit-il , à mes plus proches
héritiers les biens que j'ai en Efpagne ;
ma réfolution eft prife de me faire Religieux ; d'abord que ma fanté le permettra , je prendrai l'habit dans un Couvent.
Je vous fouhaite un heureux voyage & bien
des profpérités en Europe , où je ne re-
tournerai de mes jours.

Puiffiez-vous , Don Diégo , jouir en
la compagnie de Dona Jutella de toute
la félicité que vous pouvez defirer. Je vous
fouhaite à tous en général , & en particulier à cette Dame , à mon cher Comte , à votre frere une vie douce , heureufe & tranquile.... Mais je fens que l'ef-

fort

fort que je viens de faire à force de parler, m'a un peu affoibli, j'ai befoin de repos, trouvez bon que je vous prie de me laiffer un peu feul pour me tranquilifer.

De-là à trois femaines Don Alphonfe fut parfaitement rétabli, quoiqu'à la vérité il n'eut pas encore repris toutes fes forces, tant il avoit été épuifé par la quantité de fang qu'il avoit perdu. Le Comte ne rencontrant plus d'opofition au mariage de Dona Jutella, on en fixa le jour, & il fe fit avec toute la magnificence poffible. Le lendemain des nôces, Don Alphonfe envoya prier le Pere Prieur des Dominicains de venir le voir chez moi. Il avoit tiré de moi dès le matin douze mille piaftres fur de bonnes lettres de change pour l'Efpagne ; il avoit de fi fortes lettres de crédit, qu'il auroit pu recevoir ailleurs de beaucoup plus grandes fommes; mais comme j'avois vendu toutes mes marchandifes, j'attendois que mon argent me rentrât pour en acheter de nouvelles, ce qui fit que je pris fon billet lorfqu'il me demanda cette fomme.

Il fit préfent de huit mille piaftres au Couvent des Dominicains, il me força d'en accepter mille, il en diftribua autant en divers œuvres de charité : & après avoir mis ordre à toutes fes affaires, il entra dans le Couvent de ces Peres, où il a mené une vie extrêmement retirée dans la pratique la plus exemplaire des Vertus Chrétiennes, & dans des mortifications fi auftéres, qu'au bout de fept ans il eft mort en odeur de Sainteté.

Peu

Peu de tems après le mariage de Don Diégo, le Comte partit avec lui, sa fille & Don Lopez pour l'Espagne. Leur voyage fut heureux ; & ce généreux Seigneur m'envoya par le retour de la Flotte un présent considérable en huile, & autant à Don Rodrigo. Je vendis la mienne pour deux mille piéces de huit, la portion de mon ami ne valoit pas moins.

Je n'avois pas entrepris le voyage du Mexique simplement pour prendre l'air & me promener ; je m'informai exactement de tout ce qui regardoit le commerce de l'intérieur du Pays, pour me mettre au fait & n'être pas les bras croisés en attendant les marchandises qui devoient me venir d'Europe, dans le dessein de tirer de mon capital le plus de profit que je pourrois, & en moins de tems, pour être plûtôt en état de retourner dans ma patrie.

J'avois remarqué que plusieurs riches Indiens faisoient un bon commerce en apportant à la ville, de la Cire, du Coton, des Soies, du Miel, du Sucre & de la Cochenille. J'avois déja une connoissance particuliére avec un de leurs Colporteurs, à qui j'avois vendu en plusieurs fois, pour plus de huit mille pieces de huit. Je tâchai de lier amitié avec lui, & j'en vins fort aisément à bout.

Un jour que je m'entretenois avec lui, & que je lui faisois des questions sur le commerce qui se fait dans l'intérieur du Royaume, il me dit que si je voulois faire la dépense d'acheter des mules, & faire porter mes effets plus avant dans le Pays,

j'y pourrois gagner près de cinquante pour
cent de plus que dans la ville , & qu'en
les troquant contre des .Cuirs , des Peaux
& autres effets du produit du Pays , j'y
trouverois un gain confidérable fi je voulois m'en défaire dans la ville de Mexique ,
à moins que je n'aimaffe mieux les envoyer
moi-même en Efpagne , plûtôt que de les
revendre aux Marchands de là , qui également les achetoient pour les envoyer en
Europe. Au refte , continua-t-il , cette
manière de négocier paroit fi peu de chofe
de foi , qu'aucun Marchand Efpagnol ne
voudroit s'abaiffer à trafiquer de cette façon , que ces Cavalléros regardoient comme au deffous d'eux , & qu'il auroit même de la peine à croire qu'un gros Négociant comme moi daignât s'abaiffer juf-
ques-là.

Je fis pourtant mes réflexions. Je compris fort bien que mon unique affaire dans
ce Pays n'étoit que de gagner de l'argent ,
& qu'à cet effet toute fierté à part , je ne
devois point regarder comme au-deffous
de moi, tout ce qui pouvoit me conduire
à mon but principal : ainfi j'eus bien-tôt
pris mon parti., & je lui demandai s'il voudroit bien faire ce voyage avec moi , ou
du moins me recommander à quelque honnête Indien en qui je puffe avoir une entiére confiance.

Il me répondit qu'il alloit avec les marchandifes que je lui avois vendues en compagnie de quelques autres Marchands à
Guaxaca , qui eft à foixante lieues de Mexique ; que fi je voulois me pourvoir de
Mules,

mules, il feroit ravi de me faire compagnie, qu'il ne me faifoit même en cela aucun facrifice, d'autant que ce qu'il avoit acheté de moi, ne feroit pas feulement la dixiéme partie de ce dont on avoit alors befoin tant dans cette ville qu'aux environs.

Je me fiai fur ce qu'il me difoit, j'achetai une vingtaine de mules & je me mis en voyage avec cet honnête Indien. Je vis effectivement qu'il m'avoit accufé jufte. Je me défis de toutes mes marchandifes par voie de troc, parce que j'y trouvois mieux mon compte. Je fis l'acquifition de quelques beaux chevaux. On trouve dans la vallée de Guaxaca de très-beaux haras, & ce font les plus fameux de tout le Pays. Je me trouvai outre cela en Cuirs, & autres effets, de quoi charger une chaîne d'une trentaine de mules, ayant augmenté mon train de dix & d'autant de chevaux lefquels je ne gardai pas même long-tems, ayant d'abord trouvé à m'en défaire à trente pour cent de profit.

Comme mon Indien alloit encore plus avant dans le Pays, & que je voulois m'en retourner, il me recommanda quelques Muletiers dont il connoiffoit la fidélité; & ils fe trouvèrent d'ailleurs bons domeftiques & fort entendus. Je me trouvois fi bien de cette manière de trafiquer, que je ne fis prefque plus autre chofe que troquer ainfi & changer les marchandifes que je faifois venir d'Efpagne à chaque Flotte, contre d'autres que j'y envoyois en échange. A la vérité Meffieurs nos Négocians

fe

fe moquoient un peu de moi, & m'apelloient entr'eux Colporteur ou Muletier ;
mais leurs railleries ne me faifoient pas
grand mal,&le gain que je faifois me produi-
foit de grands avantages. Et d'ailleurs, mes
affaires fe faifant plus vîte, mon voyage
en fut beaucoup racourci ; car enfin, dès
que j'avois tant fait que d'entreprendre un
fi long voyage, je prétendois ne pas laiffer mon ouvrage imparfait, c'eft-à-dire
en bon Caftillan, que je voulois faire une
groffe fortune.

Au quatriéme voyage que je fis à Guaxaca, je n'avois pas moins de quatre-vingt
mules toutes chargées de marchandifes
d'Europe. Je trouvois fi bien mon compte à être devenu Colporteur, ainfi que
nos Meffieurs m'apelloient, que je ne voulus plus rien vendre dans la ville de Mexique.

L'Evêque de Guaxaca ayant apris que j'é-
tois arrivé, & que j'avois quantité de marchandifes d'Europe qui m'étoient venues
par la Flotte de la Véra-Cruz, me fit dire
d'aller lui parler. Je ne tardai pas de me
rendre à l'Evêché. Sa Grandeur me dit
qu'elle avoit befoin d'une bonne partie
de galons de France en or & en argent,
& me demanda fi j'en avois que je puffe
lui garantir tel. J'en avois juftement une
partie confidérable, j'allai les chercher, &
ce bon Prélat en prit pour huit cens piaftres, pour des Habits & des Ornemens
d'Eglife.

Pendant que le marché fe faifoit, je
remarquai que l'Evêque m'examinoit avec
une

une attention si particuliere , qu'on auroit dit qu'il croyoit m'avoir connu autrefois ; & qu'il cherchoit à s'en rapeller les
idées. Après qu'il eut choisi les galons
qu'il vouloit , il ordonna à son Mayor-
domo de me payer ; il lui enjoignit en
même - tems de me prier à dîner , &
de me retenir jufqu'à ce que la compa-
gie qui dînoit avec Sa Grandeur fût retirée.

Lorfque cet Intendant me dit l'ordre
qu'il avoit de Monfeigneur , je commençai auffi à rêver que fon vifage ne m'étoit
pas tout-à-fait inconnu, quoique je ne puffe pas bonnement me rapeller où je pouvois l'avoir vu , & je penfois déja que peut-
être il me remettoit mieux.

Dès que la compagnie fut retirée, on
me conduifit dans l'apartement du Prélat ;
qui me fit donner un fiége. Il fit figne en
même-tems à l'Intendant de nous laiffer
feuls , & me dit de m'affeoir , puis il me
parla à peu près en ces termes. A préfent ,
Seigneur Scipion, j'efpére que vous êtes
un peu plus honnête - homme que vous
n'étiez lorfque vous volâtes l'Archevêque ,
& que vous fîtes main-baffe fur le coffre-
fort du bon-homme Balthazar Vélazquez,
Marchand de drap à Cordoue. Monfieur ,
répondis-je , puifque Votre Grandeur eft
fi bien informée des fottifes de ma jeuneffe ,
je ne doute pas qu'elle ne fache auffi comment j'y avois été pouffé , & qu'elle ne
paffe quelque chofe en faveur de l'âge où
j'étois alors. Ce n'eft pas que je prétende,
ce qu'à Dieu ne plaife , diminuer en rien
l'é—

l'énormité de mes fautes, dont j'ai eu un repentir ferme & sincére, & dont j'ai même fait restitution autant qu'il a été en mon pouvoir par des charités aux Pauvres, ne pouvant la faire autrement à ceux à qui j'avois fait le mal.

Je fai, reprit l'Evêque, que vous fûtes porté, & même comme forcé à voler le bon homme Balthazar, par ce libertin de Gaspard son fils. Mais lorsque vous emportâtes les bijoux & les perles de l'Archevêque, ce ne fut que par votre penchant naturel à piller. Cependant, si vous en avez eu, comme vous dites, un sincére repentir, & que vous ayez fait restitution, je ne doute pas que vous n'en soyez pardonné au Ciel; & en ce cas quel mortel oseroit faire des réflexions odieuses, sur celui que Dieu a reçu dans sa miséricorde.

Mais dites-moi, je vous prie, continua l'Evêque en changeant de discours, sçavez-vous ce qu'est devenu ce parricide & archicoquin de Gaspard ?

Le bruit a couru, repliquai-je, qu'il s'étoit converti ; que Dieu lui ayant touché le cœur, il avoit pris l'Habit dans le Couvent des Chartreux à Séville. S'il est encore vivant, j'espére que la pénitence & les mortifications lui auront obtenu de la bonté sans bornes du Tout-puissant, le pardon de ses crimes qui étoient bien moins l'effet d'un mauvais cœur, ou d'un naturel corrompu, qu'une suite des mauvaises compagnies où il avoit eu le malheur de se trouver. Mais si par hazard il est mort, j'espére encore plus que celui qui tendit

les

les bras au bon Larron , l'aura reçu au
nombre des Saints.

Le langage que vous tenez est trop chrétien , reprit le Prélat , pour que j'ose douter que vous ne vous soyez repenti , comme vous dites , des égaremens de votre
jeunesse. Et pour ce qui est de Gaspard ,
je vous dirai qu'étant réellement pénétré
de la plus vive horreur de l'énormité de
ses égaremens , il se fit effectivement Chartreux comme on vous l'a dit , & qu'il n'eut
d'autre objet de ses pensées sur la Terre ,
que d'effacer ses péchés , de laver par les
larmes de la pénitence la noirceur de ses
iniquités passées ; car les eaux qu'un cœur
contrit envoye comme de leur source au
travers des yeux qui méprisent tous les
objets de cette vie passagére & terrestre ,
sont d'une vertu bien efficace pour laver
nos ames de toute souillure.

Au bout de trois ans de Profession dans
l'Ordre , son Prieur , qui étoit assez content de sa conduite , lui ordonna d'étudier la Théologie , & enjoignit en même-
tems à un docte Prédicateur du Couvent
de l'aider & de le diriger dans ses études.
Il s'apliqua dix ans de suite à cette sublime
Science , & y donna reguliérement toutes
les heures qui n'étoient pas destinées aux
Offices , & aux autres pieux devoirs de la
Communauté. A la fin de ses études , il
fut fait Prédicateur pour soulager les anciens des fatigues de la Chaire , qui ne
laisse pas d'être pénible , sur tout pour un
homme vraiment touché d'un saint zèle
pour le salut & la conversion de ses auditeurs

teurs, lorſque par la caducité de l'âge ſes forces ſont ſur leur déclin.

Frey Gaſpard eut le bonheur de faire quelques ſermons, qui avec la grace de Dieu furent goûtés, & eurent aſſez d'onction pour toucher les cœurs de la plûpart de ſes auditeurs.

Il y avoit près de ſept ans qu'il exerçoit ce miniſtére, lorſque pour quelques affaires particuliéres du Couvent le Prieur eut beſoin d'envoyer un Pere à Rome au Général de l'Ordre. Il fut chargé de cette commiſſion, & on lui donna un Frere Lay pour l'accompagner dans ce voyage.

Dans les lettres dont il fut chargé pour le Général, le Prieur avoit eu la bonté de faire de lui un portrait des plus avantageux, en le lui repreſentant comme un bon Religieux, & comme un homme dont les ſermons étoient accompagnés de l'onction perſuaſive, & des autres talens de la chaire.

Le Général en ayant parlé au Pape, Sa Sainteté voulut l'entendre; il eut le bonheur d'être goûté du S. Pere, qui lui donna non ſeulement ſon aprobation, mais encore des aplaudiſſemens & des éloges ſur ſa maniére de débiter la parole de Dieu. Il ne lui fut pas difficile après de ſi bons ſuccès, de ſe concilier l'eſtime du Général; il eut même après cela des entrées plus faciles au Vatican, & le S. Pere lui donna pluſieurs audiences particuliéres, & donna des ordres pour la plus prompte expédition des affaires pour leſquelles le Prieur l'avoit envoyé à Rome, Elles ne

furent

furent pas plûtôt terminées à sa satisfaction, que Sa Sainteté le tira de son Ordre, & le destina aux Missions du Mexique, en le nommant à l'Evêché de Guaxaca, où il a maintenant le plaisir de voir & d'embrasser le Seigneur Scipion, & de le prier d'oublier les mauvaises actions auxquelles il l'a engagé ; & au surplus de le remercier, comme l'unique instrument du salut de son ame, comme il l'espére de la miséricorde divine, & de la médiation du Redempteur du Monde. Oui, continua-t-il, il en regarde le Seigneur *Scipion* comme la principale cause, par la prudence dont il usa en donnant sagement part à son pere, de l'horrible dessein qu'il avoit sur ses jours : attentat si noir & si déteftable, que malgré le repentir sincére qu'il en a eu, il ne peut encore y penser sans horreur & sans exécration.

A ces mots il m'embrassa le plus affectueusement du monde, & les larmes qui sortoient de ses yeux couloient abondamment sur mes joues. Je le serrai & l'embrassant à mon tour, je me sentis si vivement pénétré & touché, qu'à peine eus-je la force de m'écrier : Est-il bien possible ! Quoi ! je suis assez heureux pour être témoin d'un pareil changement !

Après être un peu remis de ma premiére surprise, je demandai à Sa Grandeur des nouvelles de sa famille. Il me dit que mon ancien bon Maître avoit vécu jusqu'à un âge fort avancé ; que sa sœur étoit avantageusement mariée avec un riche Négociant ;

ciant ; qu'ils jouiffoient de tout fon patrimoine , qu'il leur avoit cédé en fe faifant
Religieux ; que dès lors il s'étoit tellement dépouillé de tout attachement pour
les chofes de ce Monde , que même au
moment qu'il me parloit , il n'étoit plus
fous l'obédience des Supérieurs de l'Ordre ,
& qu'il étoit comme rentré dans un genre
de vie publique. Il fe regardoit bien moins
comme propriétaire , que comme l'adminiftrateur pour les Pauvres des revenus de
fon Evêché , dont il ne croyoit pouvoir
employer que le fimple néceffaire pour fon
ufage, & pour fon Eglife , qu'il ne cherchoit à amaffer d'autres trefors , que ceux
qui ne font ni périffables , ni fujets à aucune altération.

Après cela le Prélat fouhaita que je lui
contaffe le détail de ma vie , depuis le
tems que je ne l'avois vu. Je le fis avec
toute l'exactitude que le peu de tems &
ma mémoire me le permirent. Il me retint à fouper avec lui , & ne voulut recevoir ce jour-là aucune vifite étrangére.

Lorfque je pris congé de lui , il me promit de me rendre tous les fervices qui dé-
pendroient de lui. J'éprouvai dans la fuite
à mon grand avantage, combien le Prélat étoit ponctuel à tenir ce qu'il avoit promis. Il étoit chéri & refpecté dans fon
Diocèfe ; on trouvoit en lui une piété folide & naturelle, une hofpitalité généreu-
fe , une charité humble & une fobriété
fans affectation. Toutes ces vertus, join-
tes à l'affabilité la plus prévenante , lui
gagnoient fi bien les cœurs , que par fa

H   pro-

protection & sa recommandation je me vis
presque seul maître de tout le commerce
de la Province de Guaxata.

Vous comprendrez plus aisément à quel
point mon gain pouvoit aller, si vous con-
sidérez qu'il y a dans cette seule Province
trois cens cinquante Villes, des Villages à
proportion, & cent soixante Couvens tant
d'Hommes que de Filles. Tout cela se four-
nissoit, presque chez moi seul, de marchandises d'Europe. Je me vis même par-
là dans l'obligation d'avoir plusieurs Comp-
toirs & Magazins, & des Facteurs à proportion en différentes villes, & d'entretenir pour le moins quatre cens mules, qui
étoient toujours en route de côté ou d'autre.

Mais comme vous sçavez que la grande riviere Alvarado communique à Zapo-
técas, & à S. Ildefonso qui ne sont pas
loin de Guaxaca, vous pourriez croire
qu'on peut avec beaucoup plus de facilité
& à moins de frais transporter par eau les
marchandises depuis S. Jean de Ulloa dans
les mers du Nord, & vous étonner pourquoi je les faisois porter par terre, ce qui
ne pouvoit manquer de me jetter dans de
grands frais. Tout cela est vrai ; mais il
faut aussi que vous sachiez que les Pirates
& les Capres Hollandois qui désolent les
mers du Nord, envoyent souvent des ba-
teaux avec des gens biens armés jusques
très avant dans cette riviére, sur laquelle il
n'y a aucun fort ; ce qui en rend le passage très-dangereux & hazardeux ; sans
compter, qu'également mes mules auroient dû revenir à vuide, après avoir por-

té

té à la Flotte les marchandises que j'y envoyois du cru du Pays pour être transpor-
tées en Espagne pour mon compte.

Au retour d'un troisiéme voyage que
j'avois fait au Mexique, je reçus les nouvelles de l'arrivée de la Flotte, sur laquelle
j'avois une provision extraordinaire d'huile, qui étoit la marchandise la plus re-
cherchée alors dans le Pays, & dont on
pouvoit se défaire le plus avantageusement,
desorte que mon Facteur de Cadix n'auroit rien pu charger sur cette Flotte qui
me fut plus avantageux. Ce fut aussi dans
ce dessein qu'il l'avoit fait, ayant apris
que l'huile étoit justement ce dont il y
avoit le moins sur la Flotte pour le compte des autres.

J'envoyai incessamment autant de mules qu'il en falloit pour aporter le tout ;
je ne manquai pas de prendre la poste ;
j'arrivai à tems pour m'accommoder à bon
compte de toute l'huile qui étoit à bord,
avant que les autres sçussent combien il en
manquoit dans l'intérieur des provinces.
Par-là je fus seul maître de tout ce qu'il
y en avoit dans le Pays : le profit que j'y
fis fut d'autant plus considérable, que j'y
mis le prix que je voulus ; & je faisois déja
mon compte, qu'une couple d'années me
suffiroient pour m'enrichir à ce petit métier, & qu'au bout de ce terme je pourrois assouvir mon ambition, & me voir
maître d'un bien immense.

Mais il y a là-haut une main toute-puis-
sante, qui compte autrement que nous.
J'eus le malheur de perdre pour la va-

 leur

leur de trente mille piéces de huit, au
retour de cette même Flotte. Elle essuya une
tempête qui la dispersa, & le bâtiment sur
lequel j'avois chargé mes marchandises
tomba entre les mains d'un Flibustier Hollandois.

Je reconnus visiblement le doigt de Dieu
dans cet accident ; d'autant plus que ce
que je perdis faisoit justement l'excédent
du prix ordinaire, & ce que j'avois gagné au-delà par mon monopole, en tirant
profit de la disette des Huiles : aussi pris-
je une ferme résolution, que j'ai toujours
tenue depuis, de ne jamais chercher à faire
mon profit du malheur des autres.

J'avois d'ailleurs si bien fait mon plan,
que mes affaires me tenoient autant lieu
d'amusement, que d'occupation. Cela fit
que je ne trouvai aucun dégoût ni aucune
peine dans les voyages les plus fatigans ;
tant j'étois âpre & avide à ne pas perdre
un instant de vue mon principal, ou plutôt mon unique objet. Depuis ce tems-là
mes affaires allérent toujours de mieux,
le Ciel bénit toutes mes entreprises ; & je
ne sçaurois attribuer une faveur si singu-
liére à aucune autre cause, qu'à l'attention
scrupuleuse que j'avois de ne pas frauder
les Pauvres, à qui j'avois fait vœu, en
entrant dans le Commerce, de distribuer
le dixiéme sur tous mes profits : j'y fus
toujours si exact, que je n'en rabattois
rien, quand même il m'arrivoit quelque
perte : à la vérité j'en ai eu peu, & même elles ne valent pas la peine qu'on en parle, si
vous exceptez celle dont j'ai parlé ci-devant.

A

A peine étois-je arrivé de la Véra-Cruz, que je fus mandé par le Viceroi, qui fouhaitoit de me parler. Il me dit que l'Evêque de Guaxaca m'avoit recommandé à lui de la maniere la plus forte, & dans les termes les plus preſſans ; qu'il m'avoit dépeint comme un homme d'honneur & de probité, & qu'il pouvoit honorer de ſa faveur & de ſa protection. Il eut la bonté de me dire que je pouvois compter ſur l'une & l'autre, par-tout où il pourroit m'être bon à quelque choſe ; & qu'il ſe feroit toujours un vrai plaiſir de marquer le cas qu'il faiſoit de ce digne & vertueux Prélat. Il ajouta que je lui ferois plaiſir de me laiſſer voir le plus ſouvent que je pourrois, qu'il pourroit arriver que je n'y perdrois rien. Je fis mes très-humbles remerciméns à Monſeigneur le Viceroi, & je le quittai, pénétré de la plus vive reconnoiſſance de la bonté qu'avoit eû l'Evêque de me procurer un tel Patron.

Comme je n'étois occupé que des vaſtes idées de gain & de profit, je vous laiſſe à penſer ſi je fus aſſidu à faire ma cour au Viceroi. Il me reçut toujours avec des marques ſi publiques de la faveur la plus diſtinguée, que j'en étois moi-même étonné. Il n'en falloit pas tant pour m'attirer l'envie de bien des gens, qui affectoient de me regarder du haut de leur grandeur, & d'un air de mépris ; il y en eut même qui pouſſèrent leur animoſité au point de ſaiſir toutes les occaſions de m'inſulter ou de me tourner en ridicule. Son Alteſſe qui s'en aperçut, affecta de me recevoir avec

encore plus de distinction. Un matin entre
autres que je me trouvai à son lever, mê-
lé dans la foule des courtisans, elle m'a-
pella & me fit entrer seul avec elle dans
son cabinet.

CHAPITRE VIII.

Insolence d'un Gueux revêtu. Exemple d'un courage modeste dans l'histoire de Don Casa-Blanca.

DEs que nous fûmes seuls, le Viceroi me parla en ces termes. Seigneur Scipion, vous n'ignorez pas sans doute, que dans le poste que j'occupe j'ai moins en vue le chimérique honneur de la Viceroyauté, que les avantages solides qui y sont annexées ; & en effet Sa Majesté ne m'en a gratifié que pour me mettre à même de racommoder les affaires de ma maison, que mon pere m'avoit laissées en très-mauvais état, n'ayant pas eu le tems avant sa mort de réparer les brêches qu'il y avoit faites pour la gloire de la Couronne dans une Ambassade de longue & dispendieuse. Je vous connois pour un homme qui entend à fond le commerce, je sçai qu'on y peut gagner considérablement ; mais ce seroit une chose indécente à ma dignité, que de faire le Marchand. J'ai cependant une somme passable, que je serois bien aise de faire valoir sans y paroître moi-même, & sans commettre mon caractere. Voudriez-vous faire cette affaire pour moi, je ne doute pas que vous n'y agissiez avec autant de zèle que dans vos propres intérêts, & comme si c'étoit pour votre avan-

 tage.

tage. Le digne Prélat qui vous a recommandé à moi, ne l'auroit pas fait en des
termes si favorables, s'il n'avoit pas connu à fond vos talens & votre probité.

Je répondis, que Son Altesse n'avoit qu'à
ordonner, & qu'elle verroit par la suite,
que je ne donnerois pas sujet au bon Evêque de se repentir de la bonne opinion
qu'il avoit de ma probité. J'en suis persuadé, reprit le Viceroi, laissez-vous
voir un peu à bonne heure demain matin.

Comme j'eus pris congé du Viceroi, il
vint encore en me parlant jusqu'à la porte
de son cabinet; de-là il rentra dans la chambre d'audience, & congédia cette foule
de courtisans par un salut à toute la compagnie, & rentra dans son apartement.

Le lever fini, chacun se retira chez soi.
Comme je machinois vers l'escalier, j'entendis quelqu'un crier tout haut, Place à
Son Excellence Don Scipio el Caxero *.
Je ne fis que me tourner vers cet homme,
& lui dire, l'envie ne tourmente que l'envieux; & me retournant avec un sourire
dédaigneux, je m'en fus tout droit à mon
carosse, qui attendoit à la porte du palais.
Mon laquais venoit d'ouvrir la portiére,
& j'étois justement en mouvement pour
monter en carosse, lorsque je me sentis
retenir par le bras. C'étoit encore le même
homme : Sennor Buhonéro †, me dit-il
d'un air des plus arrogans, je voudrois
bien avoir l'explication de ce que vous
venez de me dire : crois-tu mon ami qu'un

---

* Colporteur.   † Aussi Colporteur.

homme de ma naiſſance puiſſe porter envie
à un vermiſſeau comme toi?

En bonne foi, lui dis-je, Monſieur, je
m'embarraſſe fort peu ſi vous me voulez
du bien, ou ſi vous me portez envie ; c'eſt-
là, je vous aſſure, le dernier de mes ſou-
cis. En même-tems je m'aſſieds, on ferme la portiere, & je me retire piqué au
point, que ſi la réflexion ne fut venue à
mon ſecoûrs, & ne m'eût fait mettre de
l'eau dans mon vin, je crois en vérité que
je lui aurois fait une réponſe qui auroit
bien valu ſon compliment.

Je m'en vins pourtant chez moi, l'eſprit tout occupé de l'inſolence de cet homme que je ne connoiſſois point. A peine
fus-je rentré, qu'on vint me dire que quelqu'undemandoit à me parler. Croiriez-vous
bien que c'étoit encore mon homme? A
ſon aſpect tous mes ſens qui n'étoient pas
encore bien raſſis, ſe réveillérent ; je ſen-
tis tout mon ſang bouillir dans mes veines :
je fis un effort pour paroître tranquille,
quoique dans le fond je ne le fuſſe guéres ;
je lui demandai poliment ce qu'il y avoit
pour ſon ſervice.

J'ai bien voulu me donner la peine, dit-
il de venir ici, pour vous dire, mon ami,
que le Seigneur Scipion eſt un impertinent
Gavacho*, & par un excès de charité je lui
conſeille une autre fois de ne pas s'oublier au
point de perdre le reſpect aux gens de ma
façon : qu'il aprenne ce qu'il doit aux perſonnes de diſtinction,autrement nous avons

* Faquin.

des valets qui sçavent manier le tricot : c'est encore plus qu'il n'en faut pour des gens tels que lui ; car un homme de condition ne voudroit pas s'abaisser au point de mettre la main sur lui, & de lui donner cent coups de plats d'épée.

De grace Seigneur, lui dis-je, outré au point que vous pouvez l'imaginer, votre haute Seigneurie voudroit-elle bien du moins s'abaisser au point de m'aprendre à qui je suis redevable d'un avis si salutaire ?

C'est, dit-il, à Don Carpio Henriquez Gullermo Julian Pintéro de Casa-Blanca, qui a bien daigné vous faire cet honneur. Eh bien, repris-je, dites de ma part au Seigneur Don Carpio Henriquez Gullermo Julian Pintéro de Casa-Blanca, qu'il est lui-même un archi-faquin. Là-dessus je le pris doucement par la boutonnière, je le poussai dehors, & lui fermai en même-tems la porte au nez.

Je passai de-là dans mon comptoir, où j'avois toujours mon Teneur de livres & quatre ou cinq Commis. Le premier s'aperçut que j'étois un peu altéré. Il m'en demanda la raison avec d'autant plus d'empressement, que celà lui parut extraordinaire. Je lui dis tout naturellement ce qui s'étoit passé, & lui demandai à mon tour s'il connoissoit cet écervelé, qui se donnoit lui-même pour un homme de si grande distinction. Belle demande, me dit-il avec un ris moqueur ! vous êtes peut-être le seul de qui il ne soit pas connu de vue ou de réputation. On ne sçauroit lui contes-

tefter l'ancienneté de fon origine ; & pour
peu que vous vouliez aprofondir dans fa
généalogie, vous y verrez que celui qui
fut la premiere tige de fa famille, étoit non
feulement le plus grand-homme, mais encore le plus vertueux qu'il y eut fur la Terre. A la vérité, fa vertu reçut un grand
échec par fon ambition.

Eh de grace, dis je, aprenez-moi donc
qui fut ce grand-homme qui a tranfmis
un nom fi illuftre à la race de Cafa-Blanca ! Il eft impoffible, reprit mon Teneur
de livres, que vous n'ayez ouï parler de
lui fous le nom du *Seigneur Don Adam*,
à qui le Tout-puiffant avoit donné la Sou-
veraineté de toute la Terre, & qu'il avoit
outre cela doué de l'immortalité, & de la
plus parfaite innocence ; mais ayant perdu ce dernier don par l'ambition de fçavoir au-delà de ce qu'il étoit permis, il fe
vit bien-tôt dépouillé des deux autres. J'entens fort bien cela, repris-je ; mais aprenez-moi le nom de fes ancêtres les moins
reculés ; quel eft fon rang, fon bien, fon
caractére ?

Son ayeul, répondit l'autre, étoit Maître Cordonnier en Caftille ; mais comme
il entendoit fort mal fon métier, il n'a-
voit par conféquent pas beaucoup d'ouvrage. Il prit fon parti en homme fage, il
changea de profeffion, & fe fit foldat. Je
me fouviens encore de l'avoir connu, que
j'étois bien jeune ; & je puis vous affurer
que je n'ai de mes jours vu un plus bel
homme. Il étoit grand, bien fait ; il avoit
la taille bien prife, l'air gracieux, & les

H 6   ma-

maniéres du monde les plus prévenantes;
son visage étoit ovale, sa phisionomie douce avoit en même-tems quelque chose de
respectable; son nez n'étoit ni trop grand,
ni trop petit; il avoit le front grand &
élevé, & la bouche petite, les dents blan-
ches, d'un bel émail, & bien rangées;
son teint étoit presque trop délicat pour
un homme; il avoit de grands yeux noirs
& étincelans; les cheveux aussi de là
même couleur, longs, épais, & qui lui
tomboient à grandes boucles sur les épau-
les; il avoit le ton de voix mâle & soutenu.
A tous ces avantages du corps, il joignoit
un esprit vif, beaucoup de bon sens, &
un naturel affable & obligeant; il étoit
froid, posé, & fort bon soldat. Il avoit
souvent donné des preuves de son courage, & d'une bravoure extraordinaire
dans les Armées de Sa Majesté, contre
les Infidèles en Europe, & entr'autres à
la fameuse Journée de Lépante, où il se
distingua par dessus tous les autres, dans
une occasion particuliére, à l'abordage
d'une Galére Turque, où il soutint seul le
combat, & tint ferme contre les Infidèles assez long-tems, pour donner aux siens
le tems de venir à son secours, après quoi
il se rendit maître de la Galére.

Dón Juan d'Autriche, qui étoit Géné-
ralissime, ne manqua pas après la bataille de demander si ce brave soldat avoit
échapé à la fureur des Infidèles. On lui
répondit qu'oui, & qu'il étoit du Régiment de Son Altesse, qui demanda encore
s'il avoit été blessé. Sur ce qu'on lui dit

qu'il

qu'il ne l'avoit été que legérement & que
même il ne gardoit pas le lit, le Général
ne dit alors autre chofe fi ce n'eft, j'en
fuis bien aife.

Le furlendemain Don Juan, voyant
que perfonne ne lui parloit de ce foldat,
le fit apeller, & lui donna de grandes
louanges en préfence de tous les Généraux.
Il lui fit préfent d'une bourfe de fequins.
Il ne borna point-là fa générofité : il lui
donna en propre tout ce qui apartenoit
au Commandant de la Galére Turque
qu'il avoit prife, & dont le butin étoit
très-confidérable. Après cela il lui donna
fon congé, & le chargea d'une lettre pour
le Roi, avec ordre de partir inceffamment
pour Madrid, & de la remettre en main
propre à Sa Majefté.

Il ne perdit pas le tems, il fit grande
diligence, & dès qu'il fut arrivé, & qu'il
eut dit au Gentilhomme de la Chambre de
quartier qu'il avoit à remettre au Roi une lettre de Don Juan, il eut bien-tôt audience.

Le Roi parut très-content en lifant la
lettre, il donna fa main à baifer au foldat,
& lui ordonna de revenir lui parler dans
huit jours, ajoutant qu'il n'auroit qu'à
s'adreffer en droiture au Gentilhomme de
la Chambre, qui auroit foin de l'annoncer.

Il fut ponctuel à fe trouver à la Cour,
au jour que le Roi lui avoit ordonné. Sa
Majefté le fit entrer, & lui demanda un
détail circonftancié de la bataille. Il répondit que tout ce qu'il en pouvoit dire, c'é-
toit que les troupes du Roi avoient attaqué les Infidèles, qu'elles les avoient bat-

tus

tus, & avoient remporté fur eux une victoire des plus fignalées avec l'affiftance divine, dont il efpéroit que les entrepri-
fes de Sa Majefté feroient toujours ac-
compagnées : que pour lui, n'étant que
fimple foldat, il n'étoit attentif qu'à recevoir & qu'à exécuter les ordres de fes
Officiers.

Fort bien, dit le Roi, vous faites bien
voir que la véritable valeur ne va jamais
fans la modeftie. De-là Sa Majefté eut
la bonté de lui demander d'où & qui il
étoit avant de fe faire foldat. Il rendit
naïvement compte de tout au Roi, qui
dit, c'eft bien moins lefang que la vertu qui fait la véritable Nobleffe : allez de ce pas au Bureau de la Guerre,
j'ai donné mes ordres fur votre compte
au Sécrétaire d'Etat qui en a le départe-
ment, & trouvez-vous ce foir dans l'antichambre.

Au fortir de l'audience du Roi, il alla
immédiatement au Bureau de la Guerre,
où il fut admis dès qu'il fe fut fait annoncer par l'huiffier.

Le Miniftre fit quelques pas vers lui,
& l'embraffa. Il y avoit-là une foule d'Officiers Généraux & de Colonels. Il fit en
leur préfence l'éloge de ce foldat en des
termes fi obligeans & fi pompeux, qu'il
le fit rougir. Enfuite, s'adreffant à lui,
il lui dit qu'il avoit des ordres particuliers
du Roi à fon égard. C'eft, dit-il, la grande maxime de Sa Majefté, d'animer les
gens de courage par fes bienfaits. Venez
ici demain à la même heure, venez en droiture

ture à mon Bureau , & j'aurai foin de vous
faire expédier promptement.

A cette feconde audience, le Miniftre
lui remit des Lettres de Nobleffe , & une
Commiffion pour lever une Compagnie
franche de cent hommes dont il auroit le
commandement , & qu'il devoit conduire
au Mexique. Une Compagnie fur ce pié-
là valoit autant qu'un Régiment en Efpagne ; & c'étoit certainement une faveur
des plus marquées que le Roi lui faifoit.
A tout cela le Miniftre joignit un ordre
du Bureau des Finances fur un Banquier
pour les fommes néceffaires , tant pour la
devée de fon monde , que pour l'habillement , outre une bourfe de mille piftoles dont Sa Majefté le gratifioit pour fe
mettre en équipage ; & le compliment
en lui recommandant de paroître fouvent
finit à la Cour , pendant qu'il feroit à Madrid.

C'eft à quoi il fut très-ponctuel, autant
qu'il put le faire fans négliger fa principale affaire , qui étoit la levée de fon
monde. Cela ne lui fut pas difficile dans
une ville comme Madrid. Ce qui lui fut
d'un grand fecours , il y trouva deux de
fes anciens camarades, qu'il fit fes Sergens;
c'étoient deux hommes de courage & de
réfolution , & qui n'étoient pas novices
dans le métier d'enroller. En peu de jours, la
Place de la Puerta del Sol, & la Plazuéla
Santo Domingo leur eurent bien-tôt fourni de quoi compléter fa Compagnie.

Il n'eut pas plûtôt fa Compagnie en
état , qu'il en donna avis au Miniftre de
la

la Guerre, qui fut tout surpris du peu de
tems qu'il y avoit mis, & qui le communiqua au Roi.

Le lendemain, comme il se trouva au
cercle, après que le Roi fut revenu de la
Messe, Sa Majesté lui ordonna de faire
partir sa Compagnie pour Cadiz, sous
les ordres des subalternes qu'il s'étoit lui-
même choisi, afin de les faire embarquer sur la Flotte, qui étoit sur le point
de mettre à la voile, & lui dit en même-tems par un effet de sa bonté royale,
que pour lui il les suivroit quand il voudroit.

Il rendit graces à Sa Majesté de ses
bontés & de cette distinction, & lui dit
que son unique affaire étoit le service de
son Maître ; qu'ainsi il suplioit Sa Majesté de lui permettre de conduire lui-même
sa Compagnie, & de s'embarquer avec
son monde. Il dit que ses arrangemens
étoient pris de façon que dans trois jours
tout seroit prêt pour la marche, & qu'il
partiroit le quatriéme, à moins que Sa
Majesté n'en ordonnât autrement ; qu'il
prioit le Ciel de répandre sur le Roi & sur
la Famille Royale toutes les bénédictions
qu'on pouvoit desirer. Le Roi lui donna
sa main à baiser, & lui souhaita un bon
voyage.

Vous aurez peut-être trouvé que je me
suis trop étendu dans le portrait que je
vous ai fait de ce galant homme, mais vous
verrez par la suite que ce détail étoit ab-
solument-nécessaire.

Il y avoit parmi les soldats de sa Com-
pa-

pagnie un jeune homme extrêmement
beau, qui s'étoit engagé avec les autres.
Le Capitaine l'avoit remarqué assez souvent pendant la route, & avoit fait quelque attention à lui. Au bout de quelques
jours de navigation, il tomba malade.
Comme le Chirurgien le trouvoit en danger de mourir, Casa-Blanca, qui le prit
pour quelque jeune homme de bonne famille, le fit transporter dans son cabinet,
& fit prendre de lui un soin particulier tant
pour la nourriture que pour les médica-
mens.

Le Capitaine crut s'apercevoir que la
maladie du jeune homme n'étoit qu'un
grand fond de la mélancolie, & l'attri-
bua à quelque regret d'avoir quitté son
pays & ses parens. Là-dessus, pour accélérer sa guérison, il lui dit de prendre bon
courage, & que d'abord qu'il le pourroit commodément, il lui donneroit son
congé, & qu'il pourroit revenir par le retour de la même Flotte.

Vous dites, répondit le jeune homme,
que vous voulez me renvoyer ? Oui mon
enfant, reprit Casa-Blanca, & vous pouvez compter sur ma parole. Cela étant
vous voulez donc m'envoyer au tombeau,
repliqua le jeune homme. Si je dois m'é-
loigner de vous, je ne survivrai point à
votre absence ; en même-tems il jetta un
grand soupir.

Le Capitaine qui ne comprenoit rien à
ce langage, lui demanda ce qu'il vouloit
dire. Je vai vous le dire, reprit le jeune
homme ; & en se levant assis sur son lit :

Je ne suis point , dit-il , ce que vous me
croyez à mon habillement. Je suis fille
& fille d'Emanuel Mendoza , ce même
Banquier avec qui vous avez eu affaire à
Madrid , & qui vous a fourni les sommes ordonnées par le Ministre de la Guerre.

Votre première vue fit sur moi une impression si vive , que loin de diminuer ,
elle n'a fait qu'augmenter chaque fois que
je vous ai vu. En vain j'ai apellé la raison
à mon secours , j'étois blessée à un point
que si vous aviez quitté l'Espagne à mon
insçu , je crois que je n'aurois pu survivre
à votre éloignement. Enfin , dès que j'ai
sçu votre destination , j'ai pris des habits
d'homme , & je me suis engagée dans votre
Compagnie , dans la seule vue de vous
voir & d'être toujours auprès de vous :
mais je viens d'éprouver qu'il étoit aussi
dangereux pour moi de garder plus long-
tems mon secret , que de demeurer séparée de vous.

Je suis en vérité bien mortifié , répondit Casa-Blanca , que vos bontés pour moi
vous ayent engagée à une démarche qui
pourroit avoir de fâcheuses suites. Vous
êtes jeune, aimable, fille d'un pere qui
est riche , & qui plus est fille unique. Pour-
rons-nous être à l'abri de la critique & de
la médisance ? Les uns diront que j'ai abusé de votre jeunesse , & que je vous ai
enlevée ; d'autres pousseront la malignité
plus loin , les réflexions calomnieuses at-
taqueront votre honneur & votre vertu ,
dont je vous assure cependant que je me
déclare dès ce moment le zèlé défenseur &

le

le fidèle gardien. Ayez seulement bon courage, vous trouverez en moi un véritable soldat ; j'entens un homme d'honneur, & incapable de la moindre démarche qui pût vous desobliger, ou vous faire du tort. Tâchez de grace de vous rétablir, à moins que vous n'aimiez mieux me voir bien-tôt dans le même état où vous avez été : car en vérité, quand vos charmes n'auroient pas sur moi l'empire qu'ils viennent d'y prendre, la seule reconnoissance suffiroit pour me rendre inconsolable de votre perte. Il l'embrassa même, & lui dit encore plusieurs choses obligeantes, comptant que s'il la flâtoit de quelque espérance de retour de sa part, cela pourroit contribuer à accélérer sa guérison : & en effet ses conjectures se trouvérent justes, le prétendu soldat se rétablit à vue d'œil, & peu de jours après elle se trouva assez bien pour pouvoir prendre un peu l'air sur le tillac.

Sur ces entrefaites il survint un calme, & Casa-Blanca fut invité à diminuer à bord de l'Amiral des six Vaisseaux de guerre qui servoient de convoi à la Flotte, & qui devoient la quitter aux Isles du Cap-Vert pour retourner en Espagne. Après-dîner il prit l'Amiral à part vers le gouvernail, lui conta toute l'affaire, & lui demanda son avis, & s'il ne lui paroissoit pas qu'il dût en honneur renvoyer cette fille à son pere, & le prier de la lui remener.

L'Amiral lui dit qu'il trouvoit la chose un peu délicate, qu'elle demandoit réflexion,

xion , & qu'il ne pouvoit fur le champ
lui dire fon fentiment fur le parti qu'il avoit
à prendre ; qu'il fe pourroit fort bien que
la jeune Demoifelle refufât abfolument de
s'en retourner ; & que fi on vouloit l'y
forcer , il étoit dangereux qu'il n'en arrivât pis , puifqu'il voyoit le rifque où
fes jours avoient été expofés , feulement
pour avoir retenu fon fecret ; que d'ailleurs la pauvre fille feroit également per-
due de réputation ; qu'on n'ôteroit pas
de la tête de tout le monde qu'il la ren-
voyoit bien moins par un principe d'honneur , que par dégoût après l'avoir bien
fait voyager , que...... Mais , ajouta
l'Amiral , fi ce calme continue , j'irai
demain dîner à votre bord , en attendant je fongerai un peu à ce qu'il y aura
à faire.

Il fe leva pendant la nuit un vent frais
qui les conduifit jufqu'à ces Iles , ce qui
fit qu'ils ne purent fe revoir qu'après l'arrivée.

Dès qu'ils purent fe rejoindre , l'Amiral dit à Cafa-Blanca qu'il croyoit qu'il ne
fçauroit mieux faire que de communiquer
l'affaire en queftion aux autres Comman-
dans des Vaiffeaux de guerre qui retour-
noient avec lui en Efpagne , & qu'il faù-
droit en même-tems que la Demoifelle donnât une déclaration dans les formes fignée
de fa main ; comme quoi Cafa-Blanca n'a-
voit rien fçu de fon évafion ; comment elle s'étoit découverte à lui , & que de fon
côté , loin d'avoir donné la moindre atteinte
à fa vertu , il s'en étoit au contraire déclaré

claré le protecteur ; qu'en cas que le pere
y voulut donner son consentement, il l'é-
pouseroit en face d'Eglise ; ou que s'il la
redemandoit on la lui renverroit par les
premiers vaisseaux qui feroient voile de la
Vera-Cruz , ajoutant qu'il auroit soin lui-
même, d'abord en arrivant à Madrid , de
rendre au pere de la jeune fille un compte
exact de tout ce qu'il sçavoit de la conduite généreuse de Casa-Blanca.

On s'en tint à ce parti , & la jeune fille
qui souhaitoit ardemment que les choses
se fissent dans les formes , & qu'il ne pût
rester à son pere aucun scrupule qui re-
tardât son aprobation , voulut confirmer
par serment sa déclaration devant le Gouverneur.

Le premier soin de Casa-Blanca fut après
cela d'acheter au jeune soldat des habits
convenables à son sexe. Je ne vous dirai
point tous les discours que tinrent ses camarades , quand ils furent instruits de cette métamorphose. Pour elle , elle se piqua
de générosité , & voyant que son Capitaine s'étoit mis en frais pour lui acheter
des habits , elle lui remit quelques gros
diamans qu'elle avoit dans une boite , ajoutant qu'ils lui apartenoient en propre , &
que c'étoit un legs que lui avoit fait sa
grand mere ; qu'ils n'avoient jamais été à
son pere , & qu'elle ne lui avoit pas pris
la valeur d'un réal en sortant de chez lui.
Le Capitaine lui répondit qu'il les mettroit
à part pour les lui conserver.

Dès qu'il furent arrivés à la Véra-Cruz,
Casa-blanca , sçachant que c'étoit un endroit

droit mal sain, la mena avec lui au Mexique, où elle se mit en pension dans un Couvent, en attendant qu'elle aprît les volontés de son pere, bien résolue, au cas qu'elle ne s'accordassent pas avec les siennes, de se faire Religieuse par un saint desespoir.

Le bon Marchand de Madrid fut pleinement persuadé de l'innocence de Casa-Blanca; il ne pouvoit assez admirer une retenue si rare dans un homme de guerre; charmé d'ailleurs du procédé du Capitaine, il prit son parti en homme sage; il envoya son consentement pour le mariage, & pour ne pas céder en générosité à son futur gendre, il lui fit un envoi de marchandises d'Europe pour la valeur de dix mille pistoles, & lui manda qu'il lui en assuroit deux fois autant après sa mort.

Quand Casa-Blanca eut reçu ces bonnes nouvelles, le mariage fut bien-tôt conclu. Il employa l'argent qu'il tira des marchandises, à l'acquisition de deux belles Sucreries. Il vécut avec son épouse dans la plus parfaite union. Ils n'eurent de leur mariage qu'un fils, qu'ils établirent fort avantageusement; ils le marièrent à la fille unique de Don Diégo Pintéro, qui descendoit en ligne directe d'un de ces braves soldats qui avoient servi sous Fernand Cortez, & qui s'étoient établis dans le Pays. Ce fils qui mourut avant ses parens, laissa deux enfans, dont le cadet est justement votre cavalier en question.

Or il faut que vous sachiez qu'ici, tous ceux qui descendent en quelque façon que

ce

Pag. 185

ce foit de ces fameux foldats de Cortez,
s'arrogent modeftement le titre de Conqué-
rans , & qu'ils en font fi jaloux , qu'ils le
regardent bien au-deffus de la Grandeffe ,
& qu'il s'en trouveroit peu qui vouluffent
fe troquer contre un Grand de la premié-
re-claffe.

Le vieux Cafa-Blanca laiffa en mourant
tous fes biens à l'aîné de fes petits-fils ,
& au cadet fa légitime en argent. Comme ce Seigneur aime le jeu , & tout ce
qui s'enfuit , l'argent ne dura pas long-tems,
enforte qu'à préfent tout fon avoir dépend
des dez ou des cartes.

Il eft d'un génie tout opofé à celui de
fon ayeul ; l'homme du monde où il y a
le plus de vuide , & en même-tems le
plus d'amour-propre , querelleur outré ,
& poltron comme une poule , quoique
rodomont à l'excès par tout où il peut
croire que les oreilles d'âne ne découvri-
ront pas que la peau du lion n'eft qu'un
manteau emprunté. Son frere aîné au contraire , fe fait généralement aimer par fon
bon caractére & fes bonnes maniéres ; au
lieu que le cadet eft l'objet du mépris uni-
verfel , fi vous en exceptez ceux qui lui
reffemblent , dont le nombre n'eft malheureufement que trop grand dans cette
ville.

Ce font de ces déterminés à qui un meurtre ou un affaffinat ne coûte rien , mais
qui font incapables de tenir tête à un homme en rafe campagne Sur ce pié-là , Monfieur , vous voyez que vous agiriez très-
imprudemment de vous expofer de nuit
hors

hors de chez vous, à moins que d'être bien armé & bien accompagné. Outre les deux laquais qui vous suivent ordinairement, vous avez assez d'autres valets & de muletiers pour vous mettre à couvert de toute insulte.

Le lendemain matin je me rendis chez le Viceroi, comme il me l'avoit ordonné. Il me chargea d'employer pour son compte la valeur de vingt mille piastres en telles marchandises qui me paroîtroient devoir être plus avantageuses en *Espagne*, que sur des piéces de huit effectives.

Je répondis à *Son Altesse*, que j'étois tout prêt à exécuter ses ordres, & que je lui montrerois les derniéres lettres de mon Correspondant.

Le Viceroi parut charmé de sa sincérité, & dit qu'il seroit bien aise de les voir. J'envoyai d'abord chez moi un laquais, avec ordre à mon Teneur de livres de les apporter. Il vit par ces lettres mêmes le détail que me faisoit mon Correspondant, des marchandises d'Amérique dont on manquoit le plus en Europe lors de la date desdites lettres ; en m'avertissant cependant, que ce seroit à moi à me regler par raport à la quantité plus ou moins grande des marchandises dont je verrois charger la Flotte destinée à retourner en Europe.

Après avoir lu ces lettres, le Viceroi me dit qu'il ne voyoit pas encore assez clair dans cette affaire : car, continua-t-il les autres Négocians peuvent avoir reçu les mêmes avis, & par-là il pourroit arriver qu'au retour de la Flotte l'Espagne regor-

gorgeât de ce dont elle a maintenant difet-
te. Ainſi, comment pourrai-je ſavoir quels
ſont les effets dont on envoye le moins
preſentement?

Je lui répondis que mon Correſpondant
de la Vera-Cruz me marquoit exactement
toutes les ſemaines tout ce qui venoit au
port, avec la qualité & la quantité de
tout ce qu'on embarquoit ſur la Flotte;
que juſqu'à préſent il ne paroiſſoit pas qu'on
y eut envoyé beaucoup de Cochenille,
excepté ce qui étoit allé pour mon compte; dont j'avois fait monter fort haut la
quantité que je publiois en avoir envoyée,
ayant même refuſé publiquement d'en
acheter, diſant que je n'en avois plus beſoin, tandis que ſous main mes Agens ſecrets en achetoient autant qu'ils en trouvoient & à plus bas prix, je comptois
qu'il y en auroit très-peu pour le compte
des autres Négocians; enſorte que j'étois
d'opinion qu'il ne ſçauroit mieux placer ſon
argent qu'en achetant de cette marchan-
diſe.

Mais, reprit le Viceroi, ſi je concours
avec vous, je crains que cela ne vous
faſſe du tort. Je lui répondis là-deſſus que
vingt mille écus plus ou moins employés
à cela, n'étoient pas un objet à proportion de ce qui s'en débitoit en Europe.

Eh bien, dit il, puiſque cela eſt ainſi,
obligez-moi de faire vous-même le marché, chargez-en vos Correſpondans, avec
ordre de vous en faire le retour en tels
effets que vous jugerez à propos pour plus
d'avantage: en même-tems il me mit en

                        main

main un ordre pour cette somme sur un
Marchand de la ville.

Je fis la commission exactement. Sa Cochenille arriva à propos en Europe, dans
un tems où l'on en manquoit ; & je retirai au Mexique soixante mille piastres des
effets qui m'avoient été envoyés en retour.
Je rendis compte de tout à Son Altesse,
en lui en donnant la somme. Elle fut si
satisfaite d'un gain de deux cens pour cent,
qu'elle me rendit cet argent, en me chargeant de vouloir bien encore le faire valoir ; mais je lui dis qu'elle ne devoit pas
s'attendre à trouver toujours un semblable
profit, & qu'il falloit regarder celui-là
comme un cas des plus extraordinaires.

CHA-

CHAPITRE IX.

On veut assassiner le Seigneur Scipion.
Le complot est découvert, & les com-
plices sont punis.

JE fus assez long-tems sans entendre parler du vaillant Seigneur de Casa-Blanca. Je négligeai si bien l'avis qu'on m'a-
voit donné de me tenir sur mes gardes,
que je ne pensois pas même qu'il y eût
au monde un tel homme. Pendant plus
d'un mois je n'étois jamais sorti tard sans
être bien accompagné. A la fin, voyant
qu'il ne m'étoit rien arrivé, je me lassai
de prendre des précautions qui me gê-
noient & que je crus inutiles. Je me re-
lâchai si bien, que j'eus ensuite occasion
de m'en repentir. Je trouvai que j'avois
affaire à un homme qui, quoiqu'il n'eût
pas assez de courage pour me demander
satisfaction dans les formes de al maniére
dont je l'avois traité, avoit pourtant assez
de sentiment pour ne pouvoir la digérer;
quoique dans le fond il auroit pu couvrir
sa lâcheté de la disparité qu'il y avoit entre homme d'importance comme lui, &
un chetif Colporteur, comme il plaisoit
à mes envieux de me nommer.

Il y avoit près d'une vingtaine de jours
que je m'étois relâché de l'embarras de me
 faire

faire escorter, lorsque le Viceroi me fit
apeller, avec ordre d'aller lui parler sur
champ. Il pouvoit y avoir deux heures
qu'il avoit dîné. Je me rendis au palais. Il
avoit à peine commencé à me parler,
qu'on vint l'avertir que l'Alcalde Mayor
demandoit audience pour une affaire qui
pressoit. Il me laissa dans sa chambre, en
me disant qu'il vouloit absolument me parler, & que je lui fisse le plaisir d'attendre un
moment, espérant que ce Magistrat ne le
retiendroit pas long-tems. Ce moment dura bien trois heures & demie. Je crois que
de mes jours je ne me suis tant impatien-
té. J'étois justement engagé à me trouver ce soir-là à un grand souper, que donnoit un de mes amis à l'occasion du jour
de sa fête. En rentrant, Son Altesse me
dit qu'elle étoit très-fâchée de m'avoir
fait attendre si long-tems; mais qu'il ne
doutoit point que je ne l'excusasse, sçachant bien que le service du Roi alloit
avant toutes choses. Au reste, continua le
Viceroi, je ne veux pas mettre votre patience à une plus longue épreuve; l'affaire dont j'avois à vous parler est de longue haleine, & peut se remettre à une
autre fois. Je sçai qu'on vous attend à
souper chez Don Melchior, je vous y souhaite bien du plaisir; mais ne manquez
pas de venir ici demain matin, j'ai absolument à vous parler.

Je pris congé de Son Altesse, & m'en
fus en droiture chez mon ami, où je fus
reçu avec des témoignages extraordinaires
de joye & de satisfaction, & chacun me
vint

vînt faire compliment de me voir si heureufement échapé.

Echapé ! dis-je avec étonnement , de
quoi me parlez-vous , Meſſieurs ? je ne ſçai
ce que vous me voulez dire. On nous
avoit aſſuré que le jeune Cafa-Blanca devoit ſe battre aujourd'hui avec vous , &
tirer ſatisfaction de certain affront qu'il
prétend avoir reçu de vous. Cette affaire ,
dis-je , eſt de bien vieille date : il a été
long-tems à prendre ſon parti, & je penſe qu'il ſera encore plus long-tems à ſe déterminer : au reſte, en quelque tems qu'il
juge à propos de me dire deux mots, je
ne me croirai pas pour cela en grand danger. Cependant , dit un des convives , il
a paru que vous n'avez pas toujours pen-
ſé de même ; les précautions que vous
avez priſes de ne point ſortir de nuit , ou
du moins quand vous ſortiez de vous faire bien accompagner , n'étoient pas tout-
à-fait des preuves d'une grande ſécurité.
Cela eſt vrai , répondis-je ; mais auſſi vous
m'avouerez qu'on ne ſçauroit attribuer à
la peur, des meſures que dicte la prudence contre un aſſaſſin. Avec un homme
d'honneur, je n'aurois pas pris toutes ces
précautions ; mais on m'avoit donné toute une autre idée du Seigneur Don Carpio Pintado , ou Pintéro , & que ſçai-je
moi ? une kirielle de noms , de Cafa-Blanca ; que dis-je ? on me l'avoit donné comme une gaillard capable de quelque mauvais coup , lorſqu'on y penſeroit le moins.
Je vous le garantis , dit un autre , pour un
homme dont vous n'avez rien à craindre
de ſemblable. I 3 A

A coup sûr , ajoûta Don Melchior, &
je veux bien perdre tout ce que j'ai au
monde , si vous recevez jamais de lui la
moindre insulte. En vérité , Messieurs ,
je suis au desespoir sur ce que vous me
dites d'avoir eu de lui un préjugé si desa-
vantageux. Là-dessus on servit le souper ,
la conversation tomba , on n'en parla
plus , & on ne songea toute la soirée qu'à
se bien divertir.

Le lendemain matin j'allai rendre mes
respects au Viceroi. Comme j'allois entrer
dans son cabinet , il vint à la porte , &
me dit Seigneur Scipion , j'avois bien
quelque chose à vous dire , mais certaines affaires que j'ai en main & qui tou-
chent le service du Roi , ne m'en laissent
pas le loisir à present ; donnez-vous la
peine d'aller de ma part chez l'Alcalde
Mayor , il vous dira de quoi il s'agit. J'y
allai sur le champ , & dès qu'on m'eut
annoncé , ce Chef de la Justice me fit
entrer dans sa chambre. Il me fit donner
un siége , & comme il étoit à prendre
son chocolat, il ordonna qu'on m'en aportât une tasse , & me dit , Seigneur Scipion , après que nous aurons pris le chocolat j'ai deux mots à vous dire. Ces deux
mots à vous dire, partant de la bouche de
celui qui les disoit , m'àuroient en vérité
donné à penser, si j'avois eu la moindre chose à me reprocher ; mais comme je me
sentois la conscience nette , ils ne firent
aucune impression sur moi.

Dès qu'on eut ôté les tasses, & que nous
fûmes seuls , le Seigneur Alcalde entama

ainsi

ainſi la converſation ,, Seigneur Scipion ,
,, il m'eſt revenu qu'il y a certaine inimi-
,, tié ſecrette entre vous & Don Carpio
,, de Caſa-Blanca. Je ſuis obligé, ſelon le
,, dû de ma charge, de veiller à ce qu'il ne
,, ſe paſſe rien au mépris des Loix, ou au
,, préjudice des Sujets de Sa Majeſté. Pour
,, bien remplir mes fonctions comme le
,, doit un Juge intégre & vigilant, je crois
,, qu'il vaut mieux travailler à prévenir
,, adroitement les duels & les aſſaſſinats,
,, que d'attendre à ſévir ſelon la rigueur
,, des Loix contre les Duelliſtes & les Aſ-
,, ſaſſins.

,, Je fais une diſtinction, parce que je
,, ſçai que le monde aveugle y met une
,, grande différence, quoique dans le fond
,, je n'y en voye pas d'autre, ſi ce n'eſt que
,, le Duelliſte enyvré de certaines notions
,, romaneſques d'honneur , écarte tout
,, principe de Religion , & renie, pour
,, ainſi dire, de fait le Chriſtianiſme, qui
,, ne prêche que l'amour du Prochain , la
,, douceur , & la patience ; il quitte les
,, drapeaux de ſon Rédempteur pour ſe
,, ranger ſous ceux du Prince des Téné-
,, bres, & ſacrifie corps & ame pour ſe
,, venger de ſon ennemi, & l'entraîner
,, avec ſoi dans le goufre des maux éter-
,, nels : au lieu que l'autre commence par
,, avoir ſoin de ſoi-même, & tâche d'ôter
,, à la vérité la vie du corps & de l'ame
,, à ſon ennemi, en prenant ſes meſures
,, pour ne courir lui-même aucun riſque
,, pour ſon corps.

,, Pardonnez ſi je vous ai fait un ſi long

I 4 préam-

» préambule de Morale ; mais j'ai cru dé-
» voir le faire, attendu les informations
» qui m'ont été données.

» Il faut à présent que je vous faſſe quel-
» ques queſtions. J'eſpére, comme je vous
» crois honnête-homme, que vous ne me
» direz rien qui ne ſoit dans l'exacte véri-
» té. Quel eſt le différend que vous avez
» avec Don Carpio, & quelle en eſt la
» cauſe ?

Je n'ai garde, répondis-je, Seigneur,
de démentir la bonne opinion que Votre
Excellence a de moi. Je vous dirai naturellement tout ce que j'en ſçai, ſans y
ajoûter ni diminuer. Je lui dis effectivement la choſe au plus juſte, & continuai
ainſi : Je n'ai rien contre Don Carpio, &
je ſuis fâché qu'il ait quelque choſe contre
moi. S'il nie que ce ſoit l'envie qui l'ait
porté à m'inſulter, je ne ſçache pas en vérité qu'il en puiſſe donner quelque autre
raiſon. Dès que j'ai été arrivé en Amérique, je n'ai été occupé que de mon négoce, je n'ai jamais eu affaire qu'avec les
Marchands ; & ſi je n'euſſe été mandé par
le Viceroi, je vous répons que ma figure
n'auroit jamais fait ombrage à perſonne
à la Cour.

» Je crois, dit l'Alcalde, que vous m'a-
» vez accuſé juſte ; trouvez bon cependant
» que pour la forme je vous faſſe encore
» quelques queſtions, auxquelles je pen-
» ſé, & ſuis preſque aſſuré que je pourrois
» moi-même répondre. Cependant, pour
» procéder dans les régles, j'en dois avoir
» la réponſe de votre propre bouche. N'a-
» vez-

» vez-vous jamais envoyé de défi à Don
» Carpio ? ou lui ne vous en a-t-il point
» envoyé ?

Ni l'un , ni l'autre , Seigneur ; & je
vous avoue, que cette question me surprend infiniment. ». Vous êtes sûr que ja-
» mais vous ne lui avez envoyé de dé-
» fi ? «... Oui vraiment , Seigneur , j'en
suis sûr , & jamais je n'en ai eu la moindre pensée ; la maniére dont je l'ai traité ,
étoit à mon avis une réparation suffisante
de l'insulte que j'avois reçue de lui.... Et
» vous , rapellez-vous bien , n'en avez-vous
» jamais reçu de lui ? « Non , Seigneur ,
sur mon honneur. » Cela suffit , je m'at-
» tendois bien à ces réponses. Je n'ai plus
» qu'une demande à vous faire. Avez-vous
» quelque connoissance d'un projet formé
» d'assassiner Don Carpio ? « A Dieu ne
plaise , Seigneur , que quelque scélérat eût
assez mauvaise opinion de moi pour me
croire capable d'en avoir la moindre pensée !... » Ce n'est pas-là une réponse ca-
» tégorique « Eh bien , Seigneur , pour
vous répondre plus clairement , je n'ai jamais eu ni directement , ni indirectement ,
la moindre connoissance d'un si horrible
projet ; & quiconque auroit eu l'ame assez noire pour le former , auroit été mal
adressé de me choisir pour son confident.

» A présent , Seigneur Scipion , écou-
» tez-moi , je vai vous dire quelque cho-
» se que je vois que vous ne sçavez pas
» encore. Don Carpio fut hier au sortir
» du dîner dans une auberge avec demi
» douzaine de ses camarades , gens de mê-

» me trempe que lui, débauchés & joueurs.
» Ils se firent aporter du vin, & dès qu'ils se
» crurent seuls dans la chambre, ils formé-
» rent le complot de vous assassiner quand
» vous retourneriez de chez Don Melchior,
» où ils sçavoient que vous deviez souper.

» Quand ils eurent bu deux ou trois bou-
» teilles de vin, ils se donnérent rendez-
» vous au même lieu pour le soir ; ils
» apellérent l'hôte, & lui ordonnérent de
» leur garder cette chambre ; après avoir
» payé l'écot, ils se séparérent.

» Le hazard fit qu'un Esclave Indien
» ayant commis quelque faute qui avoit
» mis son Maître en colére, & craignant
» les étriviéres, chercha à se cacher jus-
» qu'à ce que son Maître fût apaisé, es-
» pérant qu'après les premiers mouvemens,
» il lui seroit plus facile de se justifier. Le
» lieu où il s'étoit réfugié, étoit juste-
» ment la chambre où ces scélérats firent
» leur complot. « Il s'étoit caché sous une
grande table, qui étoit sous un miroir
contre la muraille, & couverte d'un grand
tapis de Turquie qui pendoit jusqu'à
terre.

D'abord que ces gens furent sortis, le
garçon quitta sa cachette, & s'en fut droit
à son Maître. Il se présenta à lui dans la
posture la plus soumise, & demanda pardon de sa faute, en disant que peut-être
étoit-ce un bonheur qu'il l'eût commise.
J'ai, ajoûta-t-il, un secret de la derniére
importance à vous révéler ; je vous suplie
seulement de m'écouter avec patience jusqu'à la fin, & il sera ensuite en votre
pouvoir

pouvoir de sauver la vie à un galant homme. Si après cela vous jugez à propos de
me châtier de la faute que j'ai faite, d'a-
bord en manquant à mon devoir, & ensuite en me cachant, je sçai la soumission
que je dois à vos volontés.

Le Maître se fit raconter exactement
tout ce que l'Esclave avoit entendu, &
dans l'instant il l'amena devant moi pour
le lui faire répéter.

Je me rendis moi-même chez l'hôte,
je visitai la chambre, j'examinai s'il avoit
été possible que l'Esclave se tint caché sous
la table ; je lui ordonnai même de se mettre dans la même posture où il étoit quand
il se cacha tout le tems que Don Carpio
y étoit avec ses camarades. Le Maître &
les gens de la maison m'assurèrent aussi
que pendant ce tems-là on avoit cherché
l'Esclave, & qu'on l'avoit souvent apellé
sans qu'il parût.

L'hôte connoissoit parfaitement ceux qui
avoient été chez lui avec Don Carpio,
& sçavoit leur demeure pour y avoir envoyé quelquefois du vin. J'ordonnai à
l'hôte & à tous ses gens de se bien garder
de dire un un mot de cette affaire à qui
que ce fût du dehors, & j'allai en informer le Viceroi, en lui demandant en même-tems des ordres, pour que l'Officier
de la garde me donnât du monde, afin
d'aller sûrement & au même-tems arrêter
tous les complices, ne doutant point,
comme effectivement ma conjecture se
trouva vraye, qu'ils ne fussent allés chacun chez soi faire la *siesta.*

I 6   On

On envoya d'abord des gens avec des armes sous leur manteau pour saisir ces misérables. On les trouva chez eux, & ils furent arrêtés & conduits sans bruit en prison. Lorsque d'un côté le Viceroi donnoit ses ordres pour leur arrêt, il envoya de l'autre, vous faire dire qu'il avoit à vous parler : son dessein étoit de vous mettre par-là hors de risque, crainte que si ces gens-là n'étoient pas chez eux, ou qu'on les manquât, la chaleur du vin ne les déterminât à faire quelque mauvais coup, s'ils venoient à vous rencontrer, même avant le tems qu'ils avoient fixé.

Dès que vous fûtes au Palais, Son Altesse vous laissa seul, ne sçachant sous quel prétexte vous retenir si long-tems sans vous dire un mot de l'affaire, qu'il ne vouloit pas que vous sçussiez avant qu'on eût pris les informations ; & qu'on sçût si l'accusation étoit fondée.

Ces malheureux furent tous arrêtés sans bruit, & sans rien sçavoir les uns des autres. On les mit dans des cachots séparés, & chacun se défendit d'abord en niant tout ; mais à la vue de l'exécuteur & de l'apareil de la question, ils avouèrent tout également. Don Carpio dit seulement pour sa défense, que vous l'aviez insulté & frapé, & que vous lui aviez envoyé un défi ; que comme il se seroit cru deshonoré en s'abaissant au point de se battre avec un homme comme vous, il avoit seulement cherché à vous faire corriger de votre témérité.

A présent, Seigneur Scipion, vous pouvez.

vez aller par-tout où il vous plaira en
toute sûreté ; vous pouvez compter que
ces gens-là n'attenteront jamais à vos
jours, ni à ceux de qui que ce soit; il pourra même bien se faire que leur exemple
servira de leçon à quiconque seroit assez
malheureux pour former des projets aussi
criminels. Après cela il rompit tout d'un
coup le discours, & comme s'il avoit
voulu m'empêcher de dire la moindre chose en leur faveur, ou pour tâcher de les
excuser, il se leva en me disant adieu, &
rentra dans son cabinet.

Alors seulement je compris d'où procédoit tout ce que l'on m'avoit dit en arrivant chez Don Melchior le soir avant
souper. Pour les gens de chez moi, l'Alcalde avoit eu la précaution de les faire
apeller pendant que j'étois dehors, & de
les interroger tous séparément, pour sçavoir le sujet de la haine que Don Carpio
avoit contre moi.

Comme la vérité est toujours & par-
tout la même, mon Teneur de livres, &
mes quatre Commis, qu'interrogés séparément, dirent mot pour mot la même
chose que ce que j'avois dit à l'Alcalde.
Il leur défendit en même-tems de m'en
rien dire, & effectivement ils ne m'en
parlérent point; mais j'ai bien cru que la
meilleure raison du secret qu'ils m'en firent, fût autant parce qu'ils n'eurent,
pas occasion de me parler du tout, que
par déférence pour les ordres de Monsieur
l'Alcalde. Mais en revanche, ils eurent
bien soin d'en faire confidence en grand

secret

fecret à tous leurs amis , qui le dirent de
même à d'autres , enforte que ce fut bien-
tôt le fecret de la comédie par toute la
ville.

Après ce que je venois d'entendre, j'ordonnai à mon cocher de me mener bien
vîte au palais du Viceroi , pour tâcher
d'obtenir le pardon de ces criminels ; mais
Son Alteffe , qui apatemment fe doutoit
de mes intentions , refufa de me donner
audience , & me fit dire qu'elle étoit occupée.

J'en fus dans la derniére mortification.
Par tout ce que m'avoit dit l'Alcalde , je
craignois qu'on n'agit contre ces malheureux felon toute la rigueur des Loix. Je
m'en allai en droiture chez moi , où j'é-
crivis d'abord au Viceroi une lettre des
plus foumifes & des plus pathétiques en
leur faveur. Je lui reprefentois entr'autres chofes , que fi ces gens-là venojent à
être mis à mort pour l'amour de moi , je
n'aurois de mes jours un moment de repos ; que je me regarderois toujours comme la caufe , quoiqu'indirecte , de leur
mort ; & que fûrement j'en mourrois de
déplaifir. Je lui demandai leur grace comme la plus grande faveur qu'il pût jamais
me faire ; je le fupliois par tout ce qu'il
y a de plus facré , de ne pas févir contre
eux à la rigueur , & de fe laiffer émouvoir
à compaffion. Enfin je finiffois ma lettre ,
en le priant de ne me pas refufer un moment d'audience.

A la lecture de ma lettre , le Viceroi
me fit dire que je pourrois le voir fur les
trois

trois heures après midi. J'attendis chez
moi ce tems avec la derniére impatience
& dans des inquiétudes affreuses. Il me
fut impossible de dîner. A l'heure marquée, comme j'allois au palais, je vis déja la place remplie de monde, & les soldats sous les armes.

L'échaffaut étoit déja dressé pour l'exécution de ces misérables, à qui l'on avoit
fait le procès dès le matin, & qui sur leur
propre confession avoient été condamnés
à avoir la tête tranchée.

La populace voyant passer mon carosse, crut d'abord que je n'allois-là que pour
mieux assouvir ma vengeance, & repaître
mes yeux du spectacle tragique de leur
exécution ; il y en eut même qui entou-
rérent mon carosse, & qui commençoient
à m'insulter, mais la soldatesque les eut
bien-tôt dissipés.

En abordant le Viceroi, je me jettai à
ses genoux ; je n'épargnai ni priéres, ni
sollicitations ; l'excès de ma douleur m'a-
voit même donné une certaine éloquence, dont le Viceroi & les Courtisans furent tous surpris, & dont je ne me serois
moi-même jamais cru capable ; je joignis
les larmes, que je ne pouvois retenir ;
enfin je fis tant que j'obtins du Viceroi,
qu'on leur feroit grace de la vie, & que
la peine de mort seroit commuée en une
prison perpétuelle.

Mais malgré tout cela, il voulut pour
l'exemple qu'ils montassent sur l'échaffaut,
& même qu'ils n'aprissent qu'on leur faisoit grace, qu'au moment que tous les
pré-

préparatifs feroient faits pour l'exécution.

Il chargea fon Sécrétaire de porter fes ordres aux Officiers & aux Miniftres de la Juftice : les criminels furent conduits fur l'échaffaut, où ils donnérent toutes les marques du repentir le plus fincére ; & montrérent une foumiffion & une réfigna-tion fi grandes, que tout le monde en étoit édifié.

Dans l'inftant que Don Carpio à genoux, & les yeux bandés, fe mettoit en pofture de recevoir le coup de la hache fatale, l'Officier de robe qui étoit-là pour faire faire l'exécution, cria grace, & publia le pardon du Viceroi : il eut foin auffi de faire, que ce pardon n'étoit dû qu'à l'in-terceffion de la perfonne même contre la-quelle ils avoient formé le déteftable com-plot pour lequel ils étoient-là donnés en fpectacle au peuple.

A peine eut-on ouï ce que venoit de pu-blier cet Officier, que ce ne fut qu'un cri dans toute la place. Le Viceroi pouvoit entendre de fon palais, les bénédictions que tout le monde lui donnoit ; ceux mê-mes qui regardoient avec le plus d'horreur le crime des coupables, ne pouvoient s'em-pêcher d'aplaudir à cet acte de clémence du Viceroi, & tout le monde le regardoit comme une fuite de la vigilance & de la prévoyance de Son Alteffe, qui avoit trou-vé le moyen de les empêcher d'exécuter leur noir deffein.

Les perfonnes qui avoient été prefentes aux inftances que j'avois faites au Viceroi pour obtenir la grace des condamnés,

eurent

eurent foin en fortant du palais , de parler avec éloge de cette démarche , & de la
donner à tout le monde comme un acte
de la plus haute générofité. La populace
qui fe trouvoit confirmée par-là dans la
vérité de ce qu'avoit dit le Miniftre en pu-
bliant la grace , fe trouva fi fort changée
à mon égard , que ceux qui deux heures
auparavant étoient prêts à arrêter mon caroffe pour m'affommer ; fe jettoient en
foule autour de moi , & laiffoient à peine
marcher mes chevaux , tant ils étoient
empreffés à me voir , & à me donner milles bénédictions. Ce même homme qui
l'inftant auparavant étoit un faquin cruel ,
un homme implacable , un vil colporteur
altéré de fang , étoit alors le doux , le généreux , le vertueux , le magnanime Seigneur Don Scipion.

CHAPITRE X.

Mort de l'Evêque de Guaxaca. Son Testament.

PEu après cette affaire, je fis un voyage à Guaxaca : je pouvois de-là être
instruit de l'état du négoce que j'avois dans
la plûpart des villes de cette province où
j'avois établi des Facteurs : par-là je me
trouvois extrêmement soulagé, je n'avois
pas de voyage à faire, il me suffisoit de
faire ma tournée une fois par an.

J'y arrivai encore assez tôt pour voir
le digne Prélat, qui tiroit à sa fin, & qui
étoit abandonné des Médecins.

Quand on put lui dire que j'étois-là pour
lui rendre mes respects, cette nouvelle fit
sur lui une telle impression, qu'on auroit
dit que c'étoit un homme qui revenoit à soi
d'une profonde léthargie ; il ordonna d'a-
bord qu'on me fît entrer. Dès que je fus
proche de lui, il me fit asséoir au chevet
de son lit, puis me prenant en même-tems
la main : Vous me voyez, mon cher ami,
me dit-il, sur le bord de la fosse, il ne
me reste plus qu'un soufle de vie, & me
voilà à la veille de comparoître devant le
redoutable tribunal d'où il n'y a plus d'a-
pel. La confiance où je suis que par la tou-
te-puissante médiation de notre Divin
Rédempteur mes péchés m'auront été pardonnés,

donnés, fait que j'attens avec joye le moment qui me dépouillera de cette chair
mortelle ; & je vous assure que l'état
d'abattement où je suis réduit , & que
mes amis regardent comme triste & déplorable , me comble d'une joye que je
ne sçaurois exprimer. Peu à peu sa voix
s'affoiblissant il tomba dans un accident qui
tenoit fort de la convulsion. J'apellai d'a-
bord à son secours ; on lui donna quelques cordiaux qui le firent à la vérité revenir un peu à lui ; il fit encore quelques
efforts pour me parler , mais il ne proféra
ra plus que quelques sons inarticulés ; il me
serra la main , & tout-d'un-coup élevant
les yeux vers le Ciel , il rendit le dernier
soupir.

Non , je ne sçaurois vous peindre l'excès
de la douleur qui me saisit en ce moment ,
ni les cris , que dis-je les cris ! les heurle-
ment dont tout le palais retentit. Dans un
moment le bruit de cette mort se répandit
par toute la ville ; la desolation fut universelle , vous auriez dit que chaque particulier pleuroit son pere. Ce digne Prélat
étoit si généralement aimé , que tous ses
Diocésains prirent le deuil , excepté ceux
à qui l'indigence ne le permit pas.

A la nouvelle de la mort de l'Evêque ,
le Gouverneur se rendit d'abord au palais , accompagné des principaux de la ville , pour rendre les derniers devoirs au
Défunt , & lui jetter de l'eau-benite : ils
étoient tous comme des gens qui pleurent
une perte particuliére , autant que celle
du Public. D'abord le palais fut rempli
d'una

d'une foule de peuple tant d'Espagnols que
d'Indiens, & l'on n'entendoit par-tout que
cris & sanglots de la part de ces malheureux, qui venoient de perdre un si digne
Patron. Les Veuves, les Orphelins per-
doient un second époux, un second pere.

Le lendemain le Gouverneur vint avec
les Magistrats donner les ordres pour ses
funérailles ; mais comme ils comptoient
bien qu'il auroit fait testament, il supo-
sérent qu'il en auroit lui même réglé l'a-
pareil. Pour s'en assurer, ils firent venir
l'Intendant du Défunt, & lui demandérent les clefs du cabinet de l'Evêque.

En ouvrant son bureau, la premiére
chose qu'ils trouvérent fut un papier cacheté, qui étoit précisément ce qu'ils cher-
choient. D'abord qu'ils en eurent fait la
lecture, ils m'envoyérent chercher ; à mon
arrivée, ils me remirent ce testament,
en me disant qu'ils n'avoient plus rien à
examiner, d'autant que Sa Grandeur m'a-
voit nommé son légataire universel, &
seul exécuteur de ses dernieres volontés.
Ils allérent ordonner des messes pour le
repos de son ame, & offrir à Dieu leurs
priéres & les vœux les plus ardens pour
en obtenir un successeur qui ressemblât à
celui qu'ils venoient de perdre, quoique,
disoient-ils, ils ne se crussent pas dignes
d'une si rare faveur.

L'Intendant me regarda dès-lors comme son Maître ; il m'aborda avec beaucoup
de respect, & me pria de prendre mon
logement au palais, me représentant qu'il
seroit beaucoup plus commode pour moi,

&

& plus à propos par raport aux domestiques du Défunt. Il me parut qu'il avoit
raison en cela. Je me déterminai à y coucher, mais je voulus que mes propres
domestiques couchassent toujours chez
moi.

Le Gouverneur & les Magistrats s'étant
retirés, je me mis en possession de l'héritage : mais en vérité l'excès de ma douleur ne me permit guéres d'en sentir la
moindre joye ; j'étois bien moins touché
du bien qui m'en revenoit, que de la perte d'un si bon Patron. Je m'assis devant
une table, & me mis à lire avec attention
le testament, dont voici une copie.

*A*Yant été obligé, en vertu du Vœu d'O-
bédience, de rentrer dans le Monde,
& Sa Sainteté m'ayant ordonné de me
charger du soin des ames des Fidéles en
Amérique, en me conférant l'Evéché qui
vâquoit par la mort de l'Evêque de Guaxaca, je me vis de nouveau exposé aux
flots sur cet océan orageux, dont j'avois
cru me garantir dans le port de la retraite où je m'étois mis à l'abri des principaux dangers. Je m'y suis vu exposé de
nouveau, & ce n'a été que par pure soumission que je me suis remis en risque de
perdre une éternelle félicité, si je n'étois
visiblement assisté de la grace du Saint-
Esprit, que j'ai toujours implorée avec
                                    ferveur,

ferveur, & que j'implore encore avec la
plus humble confiance.

Sa Majesté, toûjours auguste, & remplie de zèle pour la Propagation de la Foi,
ayant confirmé la Nomination dont je me
reconnois indigne, elle eut la bonté de fournir aux frais de mon voyage, & par ses
bontés Royales, j'arrivai ici en toute sureté par la grace de Dieu, & pris possession de cet Evêché. Je trouvai le Palais Episcopal entiérement meublé, & d'u-
ne maniére proportionnée à la dignité du
Prélat qui m'avoit précédé. Il y avoit outre cela une quantité extraordinaire de
vaisselle de toute espéce. On me remit de
plus dix mille piéces de huit, que Sa Majesté avoit ordonné au Receveur de la Province de me payer pour subvenir à mon
entretien, jusqu'à ce que je touchasse la
premiére année des revenus de l'Evêché.

Je reçus cette somme avec la soumission
& la reconnoissance que devoit un sujet
aussi petit que moi : mais sçachant qu'un
si grand Prince agit en tout avec une extrême prévoyance, je regardai cette somme comme un don que le pieux Monarque
faisoit moins à ma personne qu'au Siége
Episcopal de Guaxaca.

C'est dans ces sentimens que je déclare
que

que je regarde, ainsi que j'ai toujours
fait, cet argent comme un dépôt sacré,
dont je ne pouvois en aucune façon m'ap-
proprier le capital, ni en disposer de manière à priver mes successeurs de la faculté d'en tirer l'usufruit. Ainsi je prie
Monsieur le Gouverneur & les Magistrats
de cette ville, de vouloir bien se charger
du soin d'en être les Dépositaires & les
Administrateurs, pour en faire jouir mes
successeurs. Je laisse cette somme en son
entier comme je l'ai reçue, n'ayant pas eu
besoin d'y toucher, parce que je reçus en
arrivant les arrérages de ce qui étoit dû
pendant la vacance du Siége; & loin de
la trouver diminuée, ils la verront aug-
mentée par des rentes & des contrats sur
des biens-fonds que j'ai acquis du provenant des intérêts que j'ai fait valoir: le
tout est sous la clef dans le même coffre où
est le capital. On y trouvera aussi un inventaire exact de tous les meubles, vaisselle & batterie de cuisine dont je n'ai rien
détourné, & je me flatte que mes gens en
auront fait de même.

Je déclare de plus, que comme j'ai toujours regardé les revenus de l'Evêché de
Guaxaca comme le Patrimoine des Pauvres, excepté ce qui étoit nécessaire pour
l'entretien

l'entretien de l'Eglife, & pour tenir une
table honnête felon l'hofpitalité qui con-
vient à un Pere commun, je ne me fuis jamais aproprié que la dixiéme partie de ces
revenus, que j'ai tiré comme un falaire
d'Adminiftrateur, & l'ai réfervée pour
les frais de mes funérailles, & pour gratifier en mourant mes fidèles ferviteurs.

Après une telle déclaration, que je protefte devant Dieu, dépouillée de tort motif de vanité humaine,

Je Gafpard Vélafquez, Evêque de
Guaxaca, après avoir invoqué le Saint
Nom de Dieu, confidérant que rien n'eft
fi certain que la mort, ni fi incer‑tin que
fon heure, pour prévenir les différends
qui pourroient furvenir après ma mort
par raport aux chofes qu'on croiroit m'a-
voir apartenu durant ma vie, déclare mes
derniéres intentions comme s'enfuit, fouhaitant que cette déclaration foit regardée &
vaille comme mon teftament & derniére
volonté, & ne puiffe être annullée par aucun défaut qui pourroit s'y trouver dans
les formalités, ou par ignorance des termes du Barreau. Et pour y donner plus
de force, & la revêtir autant qu'en moi
a été de toutes les formalités requifes, je
l'ai faite figner par les Témoins dont les
noms

noms ſont au bas, & leur en ai lu le diſ-
poſitif teſtamentaire, lequel je déclare for-
mellement être ce que je ſouhaite qui ſoit
exécuté ſans détour & ſelon le ſens de la
lettre, étant le tout écrit & ſigné de ma
main, & ſcellé du Sceau de l'Evêché de
Guaxaca, ce … jour du mois de … l'an
de notre Sauveur….

Premiérement, je recommande mon ame
à Dieu, & lui demande humblement pardon de mes fautes, eſpérant que par ſa
divine miſéricorde, & par les mérites de
ſon fils notre divin Rédempteur, & la
ſeconde Perſonne de la glorieuſe, ineffable
& très-ſainte Trinité, il me regardera
en compaſſion.

Je laiſſe mon corps à la terre pour ſervir de pâture aux vers, & pour être enterré ſelon le bon plaiſir de mon Héritier
ci-après nommé; le priant par raport aux
cérémonies de mon enterrement, que la
conſidération de la Dignité de l'Evêque
ne lui faſſe pas oublier l'humilité & la
pauvreté qui conviennent à un Chartreux.

Pour ce qui eſt du peu de biens & effets
que je puis avoir de la grace de la Dieu,
& des bienfaits de mes amis, j'en diſpoſe
comme s'enſuit.

Premiércment, l'argent monnoyé que

j'ai épargné sur le dixiéme des rentes de l'Evêché, devra être distribué entre mes domestiques ; de manière que le quart en soit donné à mon Intendant, à qui je le légue pour reconnoître sa fidélité ; & le reste sera distribué également entre mes autres domestiques.

Item, je veux que mon Exécuteur testamentaire vende mes mules, chevaux, carosses, équipages & tout ce qui en dépend, pour subvenir aux frais de mon enterrement.

Item, je donne & légue à mondit Exécuteur ma tasse d'argent, qui m'avoit été donnée par ma sœur, & qui est la seule piéce de vaisselle que je regarde comme m'apartenant en propre, & dont je puisse disposer. Je donne aussi & légue à mondit Exécuteur, pour en jouir lui & les siens à perpétuité, ma maison avec tous ses meubles & dépendances dans la ville de Mexique, & qui m'avoit été léguée par mon ami Don Géronimo Vasquez.

Item, je donne & légue à ma chére sœur ma bague à émeraude, qui m'a été donnée en present par Son Altesse Mr le Viceroi.

Item, je donne & légue aux pauvres Prisonniers qui sont détenus pour dettes

dans

dans les prisons de la ville de Guaxaca,
tout le linge qui se trouvera après ma mort,
marqué de la lettre *V*, lequel je puis regarder comme m'apartenant, m'ayant été
pour la plupart donné en present par plusieurs de mes connoissances ; voulant qu'il
soit vendu, & que l'argent leur en soit
distribué à proportion des besoins de chacun. Pour ce qui est du linge que j'ai
acheté de l'argent provenant des intérêts
de la somme que Sa Majesté avoit eu la
bonté de me faire consigner, je l'ai fait
marquer de la lettre *G* ; je le regarde comme apartenant à l'Evêché, & par conséquent je le laisse pour l'usage de mes successeurs.

Tout ce qui se trouvera de surplus qu'on
croira pouvoir m'apartenir, comme vête-
mens & choses semblables, je veux qu'on
le vende, & qu'on en donne l'argent à ceux
qui porteront mon corps en terre.

Je laisse à la piété de mon Exécuteur,
le nombre de Messes à faire dire pour obtenir
de Dieu le repos éternel de mon ame.

Je nomme, désigne & institue pour mon
Héritier, Légataire universel, & Exécuteur de cette mienne dernière volonté &
testament, mon Ami Don Scipion, Marchand de la ville de Mexique.

Après avoir fait la lecture du testament, je me rendis auprès du Gouverneur & des Magistrats, pour les prier de venir faire un inventaire de ce qui étoit laissé à leur disposition, & en prendre possession.

Je donnai ordre aux funérailles, & voulus que tout y répondît à la dignité du Défunt, ce qui me couta près de douze cens écus de plus qu'il n'avoit ordonné. Le cercueil étoit accompagné de tous les habitans de la ville qui se trouvérent en état d'abandonner leur logis, chacun tenant en main un cierge allumé. Ce convoi funèbre étoit précédé de tout le Clergé tant Séculier que Régulier.

Ensuite je procédai à l'exécution de tous les articless du testament. Le linge marqué de la lettre V fut vendu pour trois mille piastres; ce qui prouvoit évidemment, combien ce digne Prélat étoit chéri & estime dans son Diocèse. Mais il s'en falloit beaucoup que ses habits, le linge qu'il portoit, & quelques autres effets que je crus avoir été de son usage, montassent à trois cens écus; ce qui étoit aussi une grande preuve de sa modération.

Lorsque je me rendis aux prisons de la Ville pour y distribuer ce que le Prélat avoit ordonné qui fût donné aux Prisonniers, je ne fus pas peu surpris d'y trouver mon pauvre Indien, à qui j'avois l'obligation d'avoir entrepris de commercer dans les Terres.

Après avoir fait une distribution, par le moyen de laquelle plusieurs furent mis en état de sortir de prison, je le fis apeller

en

én particulier , & lui demandai par quel
accident il se trouvoit-là , & d'où venoit
qu'il ne s'étoit pas adressé à moi. Il me
dit qu'une grande partie de son commerce rouloit sur des fonds que d'autres Indiens lui avoient confié , & avec qui il
partageoit le profit ; mais que ces gens-là
ayant sçu que c'étoit par ses conseils qu'un
Espagnol avoit apris & entrepris le négoce de l'intérieur du Pays , la jalousie leur
avoit fait craindre que d'autres ne suivis-
sent le même exemple , & que pour se
venger de lui , ils lui avoient tous de concert redemandé leurs capitaux , dans
un tems où ils ne lui étoient pas encore
rentrés , & qu'ils avoient poussé leur rage au point de ne pas lui donner le tems
de ramasser ce qui lui étoit dû , au moyen
de quoi il en auroit eu de reste pour les
satisfaire ; qu'au contraire ils s'étoient sai-
sis de ses livres , & l'avoient mis en prison. Je lui demandai à combien pouvoit
se monter ce qu'il leur devoit. Il me dit
que cela pouvoit aller à sept cens écus. Je
ne lui fis pas de réponse , mais je m'en
allai droit chez moi , & lui en aportai
mille , en lui recommandant de faire d'a-
bord apeller ses créanciers , de les payer ,
& de venir en droiture chez moi , ce qu'il
fit au bout de trois jours.

Je fus charmé de le voir. Augustin , lui
dis-je (c'étoit son nom) comme ce n'est
que par raport à moi que vous avez souf-
fert , il est juste que je vous fasse quelque
dédommagement. Il faut que vous veniez
avec moi au Mexique , vous verrez dans

 mes

mes magasins, quelles sont les marchandises qui vous conviendront le mieux; & dès que vous aurez vu à peu près la quantité dont vous croirez pouvoir vous défaire, je vous en ferai crédit, & outre cela je vous fournirai les mules dont vous aurez besoin.

A notre arrivée au Mexique, Augustin, suivant l'offre que je lui avois faite, choisit des marchandises pour la valeur de cinq cens piastres; ce qui n'étoit pas la dixième partie de ce qu'il avoit coutume de faire valoir lorsqu'il étoit bien dans ses affaires.

Je fus si charmé de la retenuë de ce bon Indien, que je lui fis moi-même des ballots pour cinq cens écus, & lui avançai vingt mules à prix d'achat. J'eus dans la suite la satisfaction de voir cet honnête homme prospérer dans son négoce, & au bout de trois ans il eut acquité toutes ses dettes, & se vit déja en avance.

Je me mis en possession de la maison que l'Évêque m'avoit léguée : c'étoit une belle & grande maison, extrêmement bien meublée, telle qu'elle avoit été laissée par celui qui la lui avoit léguée.

D'abord que le Viceroi sçut mon arrivée, il me fit apeller. Je m'y rendis à l'instant pour recevoir ses ordres. Il me fit asseoir, & débuta par me dire : Seigneur Scipion, à combien se monte l'argent que vous avez à moi ? Je lui répondis que je ne pouvois le dire au juste dans le moment, parce qu'il me falloit pour cela faire la balance du compte de Gullermo Aldéa.

Gullermo

Guillermo Aldéa, dit le Viceroi, qu'ai-
je à faire avec cet homme-là ? C'eſt, répondis-je , le nom emprunté ſous lequel
je fais paſſer ſur mon livre toutes les affaires dont Votre Alteſſe m'a fait l'honneur de me charger ; & en cas de mort ,
comme on ne ſçauroit prendre trop de
précaution , j'en ai fait une déclaration ſi-
gnée de ma main , que j'ai chez moi , ca-
chetée ſous l'adreſſe de Votre Alteſſe.... Je
loue infiniment votre prudence , & cet
excès de prévoyance. Croyez - vous bien
d'avoir à moi cent mille écus ?.... Je crois
en avoir beaucoup davantage : mais en
cas que Votre Alteſſe ait beſoin de quelque ſomme au-delà de ſon propre fonds , je
ferai toujours prêt à faire honneur à tout ce
qu'elle voudra bien tirer ſur moi.... Je
vous remercie , Seigneur Scipion. Don
Juan Cordova m'a propoſé d'entrer dans
une certaine affaire , qui doit être fort
avantageuſe , & il veut ſe charger d'y agir
pour mon compte.

Le Bled d'Inde & le Froment d'Europe
n'ont jamais été à ſi bon compte qu'ils le
ſont à preſent , la moiſſon de l'année derniére ayant été très-abondante. Si l'on
avance maintenant un réal de plus par
boiſſeau ſur le Froment , les Eſpagnols
feront avides de ſe défaire de tout celui
qu'ils ont , ſur-tout voyant l'aparence qu'il
y a d'une bonne moiſſon pour la ſaiſon
prochaine. Don Juan me propoſe d'acheter ainſi ſeul tout le Bled qui eſt répandu
en différens magaſins ; & enſuite , lorſque la cupidité des Eſpagnols aura ainſi

fait

fait paſſer tout le Grain dans nos mains ;
nous pouvons y fixer le prix que nous
voudrons. Que vous ſemble de ce projet?
Pour moi je vous avoue qu'il me paroît
très-bien concerté , & que j'en ai bonne
opinion.

J'eus beau prier Son Alteſſe de me diſpenſer de dire mon ſentiment ſur une affaire où je n'entrois pour rien , il me preſſa
extrêmement de dire naturellement ma
penſée. Je me défendis auſſi long-tems
que je le pus avec quelque bienſéance ;
mais me voyant enfin comme forcé , quoique je craigniſſe les conſéquences que je
prévoyois , je dis à Son Alteſſe, qu'un tel
projet ne pouvoit manquer de produire
de groſſes ſommes , & que je l'aprouve-
rois tout le premier , ſi je ne craignois que
l'exécution n'en eût de fâcheuſes ſuites.

Hé quelles ſeroient-elles ? reprit bruſ-
quement le Viceroi. Ce ſeroit , répondis-
je que Don Juan , ou un refus de Votre
Alteſſe de baiſſer dans le beſoin le prix du
Grain , tandis qu'il l'auroit tout en ſes
mains , ne donnât occaſion à des réflexions
qui pourroient porter atteinte à cette haute réputation que Votre Alteſſe s'eſt acqui-
ſe à ſi juſte titre par ſon équité & ſon dé-
ſintéreſſement. D'ailleurs je craindrois encore qu'un monopole ſur le Grain ne portât le peuple au murmure , & peut-être
à la révolte , ou à quelque extrêmité auſſi
dangereuſe.

Il me paroît , Seigneur Scipion , me dit
le Viceroi avec un ſouris forcé , que vous
êtes auſſi propre pour le conſeil dans le
cabinet ,

cabinet, qu'habile arithméticien dans un comptoir ; il faut que je vous fasse av oir une place dans le Conseil du Mexique.

Je m'aperçus fort bien du petit ton moqueur dont il accompagna ces derniéres paroles. Allez, je vous prie, continuat-il, mettre au net & souder les comptes d'Aldéa, & faites-moi sçavoir si vous êtes en fonds pour en payer le bilan.

Je ne pus m'empêcher de dire à Son Altesse, que je craignois fort qu'après avoir été comme forcé à dire mon sentiment, & ne l'avoir dit que par obéissance, peut-être avec trop de sincérité, ma franchise ne lui eût déplu. Point du tout, Seigneur Scipion, reprit-il ; au contraire, j'aime qu'on y aille rondement, & j'estime un homme qui prévoit de loin les conséquences ; quoiqu'à la vérité je vous doive avouer que je suis surpris, que vous n'ayez point trouvé de fâcheuses suites à prévoir pour vous-même, lorsque vous avez fait le monopole des Huiles, & que vous vous êtes saisi seul de toutes celles qui étoient sur la Flotte. Allez, Seigneur Scipion, & faites ensorte que j'aye après - demain ce que je vous demande.

Je répondis que je n'y manquerois pas ; j'ajoutai même que si en attendant Son Altesse se trouvoit avoir besoin de quelque somme jusqu'à la concurrence de cinq cens mille piastres, je les avois en caisse à ses ordres, d'autant que je n'avois rien acheté dans le Pays, & que j'avois justement retiré mes fonds de mes différens Facteurs. C'est fort bien, Seigneur, me

dit-il ; nous verrons si nous aurons befoin
de votre amitié

C'en étoit plus qu'il n'en falloit pour
connoître l'air du bureau ; je pris congé
de Son Altefle , & fortis du palais plus
vîte que le pas ; je vis bien que le Viceroi
étoit de mauvaife humeur , & que felon
toutes les aparences j'allois l'avoir pour
ennemi.

En arrivant chez moi , je fis d'abord
mettre au net le compte d'Aldéa , je trouvai qu'il lui étoit dû cent quarante fept
mille piéces de huit & trois réaux.

Le lendemain je portai ce compte au
Viceroi ; le furlendemain Don Juan de
Cordova vint avec un ordre de Son Altefle
pour en recevoir l'argent , qui étoit tout
prêt , & qui lui fut remis fur le champ.

Je ne fus plus apellé à la Cour ; & comme je n'y avois aucune affaire , je n'y remis plus le pied. Je me donnai tout entiér
à mes affaires , bien réfolu de les régler
inceffamment , & de m'en retourner au
plûtôt en Europe ; fentant bien qu'il ne
me convenoit pas de demeurer plus long-
tems dans un lieu où celui qui y repréfen-
toit le Roi , & qui gouvernoit avec un
pouvoir prefque abfolu , n'étoit rien moins
que mon ami , s'il n'étoit mon ennemi.
Mais comme j'avois encore bien des marchandifes dans l'intérieur du Pays , & qu'il
devoit m'en venir confidérablement par la
Flotte de l'année fuivante , & dont j'avois
pourtant envie de me défaire avec avantage , il fe paffa près de trois ans avant
que je puffe régler toutes mes affaires de
façon

façon à n'avoir plus besoin de revenir moi-même en Amérique. Il arriva durant cet intervalle, que le Viceroi ne suivit que trop bien le pernicieux avis de Don Juan de Cordova ; & pour son malheur il se dégrada au point, qu'il y avilit sa dignité, & qu'il fut rapellé uniquement par raport à cela.

Don Juan acheta tout le Grain à quatorze réaux le boisseau, ce qui étoit un réal de plus que le prix courant de la place : par-là il amassa tout le Froment & le Blé d'Inde enforte qu'il n'en parut plus au marché, que ce qui y étoit porté de ses greniers. Il fit vendre le Froment à vingt & un réaux, & le Blé d'Inde à proportion.

Cette hausse causa d'abord quelques murmures parmi le peuple : les pauvres gens ne pouvoient en acheter à ce prix ; & les boulangers furent obligés d'enchérir le pain, de maniére qu'il y étoit aussi rare que dans un tems de famine. On en porta des plaintes à l'Archevêque : le Prélat plaida la cause des Pauvres auprès du Viceroi, & lui representa qu'il étoit nécessaire de mettre un prix aux Grains de Don Juan, & de lui ordonner d'en faire fournir les marchés, au prix que Son Altesse auroit réglé.

Le Viceroi dit qu'il n'avoit pas le pouvoir de taxer les denrées des Particuliers, excepté en tems de famine ; & qu'il ne pouvoit leur arracher leur bien de force, sans en payer du moins le prix qu'ils y mettoient.

L'Archevêque disputa beaucoup, mais inu-

inutilement ; & voyant qu'il n'avançoit rien, il se retira. Le lendemain matin les Pauvres vinrent encore en plus grand nombre à son palais, il leur répéta tout ce qu'il avoit representé au Viceroi, & la réponse qu'il en avoit eue : il leur fit de plus entrevoir, qu'il croyoit le Viceroi trop interreſſé dans ce monopole, pour qu'on dût attendre qu'il y aportât quelque reméde.

Quelqu'un parmi la populace lui cria que la faim perçoit les plus durs rochers, & qu'elle pouvoit briſer des murailles de pierre. Le Prélat répondit tranquilement, que celles des greniers de Don Juan n'étoient que de briques & de planches, & en même-tems il monta en caroſſe.

Il n'en fallut pas davantage à une populace affamée ; à cette réponſe du Prélat ils ſe crurent plus qu'autoriſés à aller piller les magazins de Don Juan ; ce qui fut bien-tôt exécuté.

Tandis qu'ils étoient encore dans la premiére chaleur, ils s'en furent à ſa maiſon, dans l'intention de le ſacrifier à leur rage, & de ſe venger ſur lui des maux qu'ils avoient ſoufferts. Il avoit eu vent de leur deſſein, ils ne le trouvérent plus chez lui, mais ils s'en prirent à ſes meubles, qui furent pillés ou briſés ; & ils emportérent de chez lui près de douze mille onces de vaiſſelle d'argent.

Comme ils furent avertis que Cordova s'étoit réfugié chez le Viceroi, ils allérent inveſtir le palais, & demandérent tumultueuſement que cet homme leur fût remis

pour

pour en faire juſtice , le traitant de voleur de la Patrie , & de ſangſue des Pauvres. Ils avoient déja déſarmé la garde de la porte , & s'en étoient emparés ; & ils ſe ſeroient infailliblement rendus maîtres du palais , ſi le Viceroi , aidé de tous ſes domeſtiques à qui il avoit fait prendre les armes, n'eût trouvé moyen de repouſſer ceux qui étoient déja dans la cour , & n'eût fait fermer & barricader les portes.

Cependant le nombre des ſéditieux s'accroiſſoit. Il y en avoit déja près de cinq mille dans la grande place , qui faiſoient feu , & tiroient aux fenêtres du palais. Les gens du Viceroi tirérent de leur côté ſur ces mutins , & en tuérent même quelques-uns.

Je me trouvai avoit une quarantaine de muletiers & autres domeſtiques , tant chez moi que dans mes magazins & écuries. Je les raſſemblai du mieux que je pus. J'avois une bonne proviſion de fuſils , d'épées, de piſtolets. Je ne manquois ni de poudre ni de bales. Je leur donnai des armes, & de quoi tirer. Je me mis à leur tête , & amaſſai chemin faiſant pluſieurs créatures du Viceroi , & quelques amis de Don Juan. A ceux-ci ſe joignirent quelques autres bien intentionnés , ou qui craignoient d'être pillés. Il y en eut qui amenérent auſſi leurs domeſtiques. Avec tout ce monde j'allai droit à la place , & nous tombâmes l'épée à la main ſur cette troupe de mutins.

Tout ce monde que je menois, pouvoit ſe monter à deux cens hommes bien armés,

més, & quoiqu'il y eût quelques milliers
de séditieux, il n'y en avoit peut-être pas
quatre-vingt qui eussent des armes à feu,
& parmi le reste, plusieurs n'avoient pour
toute arme qu'un bâton : ainsi il ne nous
fut pas difficile de nous ouvrir un passage
jusqu'au palais, où nous arrivâmes comme
la populace se préparoit à mettre le feu
aux portes.

Ce fut-là que nous trouvâmes le plus
de résistance, & où il y eut divers coups de
mousquet tirés de part & d'autre. A la
fin cependant nous vînmes à bout de les
chasser, la poudre leur manquant.

Les gens du Viceroi sortirent à propos,
& avec leur secours nous eûmes bien-tôt
nettoyé la place, nous prîmes quelques
prisonniers ; les chefs de la sédition furent
accusés, découverts, & arrêtés ; le lendemain on leur fit leur procès, & l'après-
midi il y en eut quatorze de pendus.

J'y reçus pour ma part deux coups de
fusil, l'un dans le côté, & l'autre au bras
gauche, outre un grand coup de sabre
à la tête : cette blessure se trouva la plus
dangereuse, & me retint plus long-tems
au lit.

Le Viceroi fut bien-tôt informé de tout
ce que j'avois fait, & de ce qui m'étoit
arrivé. Il sentit qu'il me devoit son salut,
& peut-être celui de tout le Royaume ; car
enfin les Indiens & les Créoles ont toujours pour les Castillans une aversion que
rien ne sçauroit vaincre. Le Viceroi sçachant
dans quel état on m'avoit porté chez moi,
m'envoya d'abord deux habiles Chirurgiens

giens & son Médecin , avec ordre de ne
rien négliger pour ma guérison , & d'aller
sur le champ l'informer de l'état de ma
santé ; mais ils me trouvèrent déja entre
les mains d'un habile homme , qui leur
dit que mes blessures n'étoient pas mortelles.

Le lendemain Son Altesse me fit l'honneur de me venir voir , mais mon Chirurgien lui ayant representé qu'il étoit à propos que je ne visse personne & qu'on me
laissât tranquile , elle se contenta de sçavoir comment je me portois ; & les jours
suivans elle envoya régulièrement deux
fois par jour demander de mes nouvelles.

Après avoir rétabli la tranquilité publique , le Viceroi fit partir en toute diligence par la Véra-Cruz un vaisseau d'avis pour
porter ses dépêches à la Cour. Il rendoit
compte de la révolte , & ne manqua pas
d'en jetter toute la faute sur l'Archevêque.
Le Prélat aussi haut pour le moins que
le Viceroi , avoit déja trouvé moyen de
faire partir un autre vaisseau , par lequel
il envoyoit le plus affidé de ses domestiques , avec ordre de faire route avec toute
la diligence possible , afin d'arriver à la
Cour avant ceux que le Viceroi pourroit
envoyer ; & il eut bien soin de mettre
le tout sur le compte du Viceroi , qu'il
taxoit d'une avarice sordide , & de l'avidité la plus insatiable ; ajoutant sur-tout dans
les termes les plus forts , que l'opres-
sion sous laquelle le Viceroi faisoit gémir
le peuple , avoit été la seule cause de l'é-
meute.

Son

Son Alteſſe n'avoit pas manqué dans ſa relation, de parler de moi avec éloge, d'attribuer le prompt rétabliſſement de la tranquilité à mon courage, & au ſecours que je lui avois mené à propos, en me recommandant dans les termes les plus forts à Sa Majeſté, qui eut la bonté de ſe ſouvenir de moi dans ſa réponſe, & de me faire expédier des Lettres de Nobleſſe.

Sur ces entrefaites, je me remis à vue d'œil. Dès que le Viceroi ſçut que je me levois, il m'honora d'une ſeconde viſite. Il me dit les choſes du monde les plus obligeantes ; que cela coute peu aux grands ! Il dit entre autres, qu'il voudroit bien avoir jugé auſſi ſainement, que l'événement prouvoit que j'avois fait, lorſque je lui avois dit mon ſentiment avec une ſi noble franchiſe. Il conclut en me priant inſtamment de voir en quoi il pourroit m'obliger, & me prouver par des effets combien il étoit ſenſible au ſervice que je lui avois rendu.

Seigneur, lui dis-je, puiſque Votre Alteſſe veut bien reconnoître une démarche où je n'ai fait que mon devoir, & tout ce que doit un fidèle ſujet, je n'ai qu'une grace à vous demander. Je vous l'accorde, reprit-il d'abord, vous n'avez qu'à parler. C'eſt, lui dis-je, le pardon & l'élargiſſement de ces pauvres malheureux qui ont été condannés à une priſon perpétuelle, pour avoir eu l'intention d'attenter à ma vie.

Voilà en vérité un trait bien généreux de votre part, répondit le Viceroi : mais

ne pourroit-il point se faire qu'il tournât
à votre perte, ou à celle de quelque autre,
ou peut-être même qu'il fût au propre de-
savantage de ceux pour qui vous vous in-
téressez si noblement ? Je ne sçai que penser, de rendre la liberté à des gens assez
dénaturés pour entreprendre un assassinat.
Prenez garde que leur élargissement ne
coute un jour la vie à quelque honnête-
homme à qui ils en voudroient.

J'espére, Seigneur, repris-je, que leur
longüe prison les aura rendu plus sages.
Enfin si Votre Altesse pense que j'aye pu
mériter quelque récompense, en quoi
certainement elle me fait beaucoup de grace, je ne sçaurois lui en demander une qui
me flâtât davantage.

Hé bien, dit-il, je ne sçaurois retirer
ma parole ; & puisque vous le voulez
absolument, je vous enverrai leur pardon,
& il ne tiendra qu'à vous de les faire sortir quand vous le jugerez à propos, à
moins que vous ne changiez d'avis ; faites-
y bien vos réflexions.

Il me tint effectivement parole, & trois
jours après je reçus leur pardon en plein.
D'abord j'envoyai prier le frere aîné de
Casa-Blanca, de vouloir bien passer chez
moi ; je lui faisois dire en même-tems que
j'avois à l'entretenir d'une affaire qui étoit
de conséquence pour sa famille. Un message de ma part ne l'étonna pas peu, cependant il vint sur le champ avec le domestique que je lui avois envoyé.

Dès qu'il fut dans ma chambre, il me
parla à peu près en ces termes : Je suis bien
con-

confus, Seigneur Scipion, de paroître devant vous, après l'action détestable de mon frere, & la grandeur d'ame par laquelle, en demandant sa grace, vous avez sauvé ma famille de la plus grande des infamies. Tout innocent que j'étois de son crime, le châtiment n'en auroit pas moins fait une tache qui m'auroit flétri moi & mes descendans. Cependant, Seigneur, quoique ce soit avec une extrême confusion que je parois devant vous, dès que j'ai reçu votre message, je n'ai pas voulu manquer de venir d'abord recevoir vos ordres.

Seigneur, lui dis-je, ce n'est pas à moi à vous rien ordonner ; vous voyez que l'état où je suis ne m'auroit pas permis d'aller auprès de vous, quoique ce fût mon devoir ; ainsi j'ai cru que vous voudriez bien m'excuser, si je prenois la liberté de vous faire prier de venir chez moi, pour vous parler d'une affaire qui devra convaincre votre infortuné frere, que je ne méritois rien moins que sa haine & ses mépris.

Il n'est pas que vous n'ayez oüi quelque chose du soulevement qu'il y eut il y a quelque-tems dans cette ville. Oui vraiment, dit-il, je l'ai sçu ; & tout le monde parle avec éloge de la part que vous avez eue au rétablissement du repos public, & de ce que vous avez fait pour ranger les séditieux. Là-dessus je lui racontai tout ce que je viens de vous dire, & je lui remis en main le pardon de son frere.

Le pauvre homme ne sçavoit s'il en devoit

voit croire ses yeux & ses oreilles, il resta quelque-tems comme en extase; ensuite il s'écria : Seigneur ! les expressions me
manquent, pour vous rendre les remerciemens que je dois à une si rare générosité;
je n'en sçaurois jamais trouver qui ne soient
infiniment au-dessous de tout ce que vous
méritez.

Après quelques autres complimens de
cette nature, il me quitta, le cœur plein
de reconnoissance, pour aller porter la
bonne nouvelle à son frere & à ses camarades, qui sans doute ne s'attendoient
à rien moins qu'à joüir encore de la liberté.

Le lendemain, l'aîné Casa-Blanca revint
chez moi, me faire compliment, & me
remercier de la part de ces jeunes gens,
qu'il m'assura être pénétrés du plus vif repentir, & me demander la permission pour
eux de venir me voir.

Je demandai s'ils avoient été auparavant
rendre leurs respects au Viceroi, & lui faire
leurs remerciemens. Il dit qu'ils étoient allés pour cela au palais; mais que Son Altesse n'avoit pas voulu les voir, qu'ils n'eussent été rendre graces au Seigneur Scipion,
à qui seul ils étoient redevables de leur
liberté.

Là-dessus je dis que je serois charmé de
les embrasser, & de les accompagner chez
le Viceroi, aux conditions cependant que
je les priois de mettre à part toute inimi-
tié, & de consulter plûtôt leur propre repos, en ne donnant jamais au Viceroi la
moindre occasion de se repentir de sa clé-
men-

mence , & en menant à l'avenir une vie
plus rangée.

Ils vinrent l'après-midi me faire visite.
Ils alloient d'abord entrer dans de grands
complimens , auxquels je mis fin , en leur
témoignant que s'ils croyoient effectivement m'avoir quelque obligation , & s'ils
vouloient me faire plaisir , c'étoit de renoncer à des discours qui me faisoient de la
peine. J'allai avec eux chez le Viceroi ,
qui leur fit une sévére mercuriale , & leur
donna des avis très-salutaires.

Après cela , je me hâtai de régler toutes mes affaires. J'avois déja fait rentrer
tous mes fonds , autant que j'avois pu ,
en espéces ; pour le reste , j'avois pris des
marchandises du Pays , je les envoyai en
Espagne , avec ordre à mon Correspondant de ne me renvoyer plus rien. Peu à
peu je me défis de mes mules. Augustin
en avoit d'abord pris cinquante à neuf mois
de crédit , & me les a payées ponctuellement à l'échéance.

Pendant que je me disposois ainsi à retourner en Europe , j'eus encore le déplai-
sir de voir mourir un de mes bons amis.
Il se nommoit *Don Ricardo Riça* : c'étoit
un très-galant homme , & qui m'avoit
toujours témoigné beaucoup d'amitié dès le
commencement de mon rétablissement au
Mexique.

Il avoit une fort belle terre à trois lieues
de la Ville. Comme il étoit d'un naturel
extrêmement généreux , l'économie n'étoit
pas son fort. Il n'avoit jamais pu prendre
sur soi de mettre ses affaires en régle , &
il

Il aimoit beaucoup à dépenser. Il se vit à
la fin réduit à engager sa terre pour vingt
mille écus, à un Marchand du Mexique,
qui à la suite du tems avoit laissé accu-
muler les intérêts, pour tâcher de se l'a-
proprier au prix qu'il voudroit ; ce qui
donna beaucoup de chagrin à Don Ricardo.

Je m'aperçus qu'il avoit quelque chose
qui l'inquiétoit ; & comme j'étois assez
familier avec lui, je lui en demandai la
raison, & lui offris mes services en tout
ce qui dépendroit de moi, en cas que je
pusse contribuer à lui rendre sa première
tranquilité. Il m'ouvrit son cœur, & me fit
voir le dérangement de ses affaires, ce qui
causoit celui de son repos & de sa santé. Je
lui fournis l'argent nécessaire pour satisfaire
son créancier, & il me força à prendre pour
ma sureté le gage que l'autre avoit, sentant
bien que je n'étois pas capable d'en abuser.

Ceci se passa environ quatre ans avant
sa mort, & dans tout cet intervalle, il
ne m'avoit pas payé un maravédi des intérêts. Il laissa en mourant quatre filles,
entre lesquelles il voulut que son bien fût
également partagé, après que ces dettes seroient payées.

A sa mort ses filles me firent prier d'aller les voir, & comme j'avois été intime
ami de leur pere, je ne pus leur refuser mes
soins pour arranger leurs affaires.

Je fis venir tous les créanciers, & les
payai en retirant leurs billets & prenant
des reçus. Il pouvoit devoir en différens
articles près de quatre mille écus. Après
cela

cela je fis voir aux filles de mon ami, qu'il
leur convenoit de vendre la terre, à quoi
elles consentirent volontiers, pour se voir
hors de tout embarras.

Il se présenta plusieurs acheteurs, mais
aucun n'offrit au-delà de soixante mille
écus ; & il n'étoit pas possible, que les
filles du défunt donnassent les mains à vendre cette terre avec une perte si considérable. Comme je sçavois sûrement qu'elle
en valoit bien dix mille de plus, j'aimai
mieux l'acheter, & je leur en donnai soixante & dix mille écus, dont je déduisis
ce qui m'étoit dû. Cette terre est à présent
en bon état & bien située, & je prie mon
bon ami le Seigneur Don Alphonse Blas
de vouloir bien l'accepter, avec ma maison du Mexique, que j'ai eue en héritage
de l'Evêque.

Mes affaires se trouvèrent toutes finies à
l'arrivée de la Flotte, à bord de laquelle
il vint un nouveau Viceroi, avec des
Commissaires envoyés par la Cour, pour
prendre des informations sur le dernier
soulevement. J'avois d'ailleurs amplement
rempli mon grand but, qui étoit de faire
une fortune considérable. Je fis mes adieux
à tous mes amis, & je partis pour la Véra-Cruz, où je m'embarquai à bord du
premier vaisseau qui se trouva prêt à faire
voile pour l'Europe. Nous eûmes, par la
grace de Dieu, un vent si favorable, que
le trajet fut des plus heureux, & qu'en
treize semaines nous arrivâmes à Cadix en
bonne santé.

Voilà, Messieurs, une relation fidèle de
mon

mon voyage en Amérique. Je crains fort
qu'elle n'ait été trop longue, & qu'elle
ne vous ait plûtôt ennuyé qu'amusé ; mais
souvenez-vous, je vous prie, que je ne
l'ai faite que par pure obéissance.

Tout le monde le remercia, & l'assura
avoir eû beaucoup de plaisir au récit de ses
avantures.

CHAPITRE XI.

Don Sanche tombe malade. Cause &
suites de sa maladie.

LA Comtesse & sa fille invitérent, de
la maniére du monde la plus obligeante & la plus preffante, toute la compagnie
à aller les voir, & à paffer une partie de
l'été à leur terre. Dès qu'elles furent parties
mon frere devint tout rêveur ; peu à peu
il tomba dans une profonde mélancolie ;
il cherchoit à être feul ; il ne fe foucioit
plus de la chaffe ni de la pêche, & tous
les autres plaifirs lui étoient infipidés ; il
parloit peu, il devint fombre & tacitur-
ne, & enfin il perdit l'apétit. Il n'y eut
perfonne de nous qui ne s'aperçut de cette
altération ; mais comme il ne voulut s'où-
vrir à perfonne du fujet de fa mélancolie,
& qu'un Médecin que ma mere avoit mandé n'en put rien découvrir, infenfiblement
le mal le gagna fi fort, qu'en moins de
quinze jours il fut obligé de garder le lit.
On eut beau lui reprefenter la tendreffe
que mon pere & ma mere avoient pour
lui, la peine que fa maladie leur faifoit,
en vain Don Alphonfe voulut faire valoir
l'amitié qu'il lui portoit ; tout fut inutile,
on ne put parvenir à lui faire découvrir la
caufe de fa maladie ; mais la fagacité de
mon généreux Patron en vint à bout. Com-

me il étoit un jour auprès de son lit avec
ma mere, il vint à dire entre autres choses,
que si la maladie de son ami Sanche avoit
quelque suite, cela le priveroit du plaisir
qu'il s'étoit promis de nous mener tous à
la terre de Ximenés, pour y passer quelques
jours avec la Comtesse.

Il aperçut qu'à ce discours mon frere
changea de couleur, un certain feu brilla
dans ses yeux auparavant tout abattus,
il se leva sur son séant, & dit que si son
indisposition étoit capable de priver Don
Alphonse de quelque satisfaction, le chagrin qu'il en auroit lui seroit encore plus
sensible que sa maladie même; qu'il seroit
en état de quiter le lit, & de faire comme
les autres.

Je le souhaite, dit le Comte, & je l'espére; prenez seulement courage, tâchez
de reprendre votre premiere gayeté; & surement d'abord que vous serez en état
de soutenir le voyage, le changement d'air
achevera de vous guérir. Là-dessus on avertit qu'on avoit servi le dîner, & nous le
laissâmes avec un vieux domestique qui
étoit de garde auprès de lui.

Dès que nous fûmes hors de la chambre,
Don Alphonse dit à ma mere de cesser d'ê-
tre inquiéte sur la maladie de son fils; que
la cause en étant une fois connue, le re-
mede seroit aisé à trouver.

C'est-là la difficulté, répondit ma mere,
& c'est où les Médecins perdent leur latin.

Eh bien, Madame, je parie que j'en ai
fait l'heureuse découverte; allez, votre
fils est amoureux; reste à sçavoir si c'est de

la Comtesse ou de sa fille ; mais comptez qu'il ne sera pas si difficile d'en être éclairci.

Il dit alors surquoi il fondoit sa conjecture, & tout le monde la trouva très-juste.

Vous Alphonse, continua-t-il, tâchez d'achever la découverte, & de voir si ma conjecture est bien fondée : mais j'ai bien peur de n'avoir deviné que trop juste, & j'en serois au desespoir, d'autant que la jeune Comtesse est un parti de trente-deux mille écus de rente, & sa mere extrêmement difficile sur le choix d'un gendre, n'y ayant jamais eu dans sa famille la moindre mésalliance. Si cependant c'est absolument l'amour qui cause la maladie de notre ami, il faudra bien tâcher de flater en quelque maniére sa passion par quelque legere espérance, afin de le guérir. Si par la suite on voit qu'il n'y ait pas jour à la moindre espérance, alors le tems & la raison pourront le guérir de sa passion.

De-là il nous fit un détail de la famille de la jeune Demoiselle, tel que je vous l'ai déjà expliqué. Après le dîner on passa dans une autre chambre pour prendre le caffé, & s'amuser à la conversation ; mais mon pere alla faire un tour de jardin avec Don Scipion, & ils ne revinrent qu'au moment qu'on alloit se mettre à la partie d'Hombre.

Après que chacun eut pris sa place, je pris mon pere à part vers l'embrasure d'une fenêtre, & lui rendis compte de ce que le Comte avoit pensé sur la maladie de mon frere, & des raisons sur lesquelles il apuyoit ses conjectures.

Eb

Eh bien, viens-t-en avec - moi, me dit mon pere; allons lui faire une vifite nous deux, & tâchons d'aprofondir cette affaire.

Prens bon courage, mon ami Sanche, dit mon pere en aprochant du lit du Malade; je n'aurois jamais cru que tu puffes ainfi te laiffer abattre par une indifpofition de rien; à ton âge il faut prendre quelque chofe fur foi.

J'ai bien peur, dis-je, mon cher pere, que le Médecin que nous lui avons donné, ne foit pas du fexe qu'il faut pour le guérir; & je fuis bien trompé, ou il doit y avoir certaine Beauté dans le voifinage de Xativa, qui le guériroit plûtôt que toutes les Ordonnances de la Faculté.

Cela feroit-il vrai, Sanche? dit mon pere en fouriant. J'ai toujours été élevé avec un refpect fi fcrupuleux pour l'aimable vérité, que je ne puis m'empêcher de vous avouer que mon frere ne fe trompe pas tout-à-fait. Oui, Seigneur, les beaux yeux de la jeune Comteffe Ximenès m'ont porté des coups d'autant plus furs & plus cruels, que je vois plus de difficulté à lever les obftacles qui s'opofent à ma fatisfaction.

La difparité eft fi grande, foit dit fans vous offenfer, entre fa maifon & la nôtre, que je ne vois aucune aparence que je puiffe jamais obtenir la poffeffion d'un fi rare tréfor; & la paffion qu'elle m'a infpiré eft fi forte, que je ne crois pas qu'aucun effort de ma raifon puiffe la furmonter.

Et moi, dit Don Blas, j'ai meilleure efpérance que toi, je ne crois pas qu'il foit fi difficile de lever ces obftacles que tu te l'imagines. Crois-moi, pour peu qu'on veuille aprofondir dans l'origine des familles, même des plus illuftres, on y trouvera affez de quoi humilier leur fot orgueil; & ce qu'il y a de fûr, c'eft que c'eft la vertu qui fait la vraie Nobleffe.

Fort bien Seigneur, répondit mon frere: mais le monde fe laiffe-t-il toujours guider par la raifon? La Poftérité des Grands-Hommes fonde bien moins fon orgueil fur leurs vertus, que fur les titres pompeux qu'ils en ont hérité. Combien peu en voit-on qui faffent leur étude de la vertu? & l'on en voit tant qui s'enorgueilliffent & fe repaiffent de la fumée d'un vain titre. Un homme de mérite fans naiffance, fe verra toujours expofé parmi les gens de qualité à le céder à un fat ou à un faquin, qui pourra compter une longue fuite d'ancêtres revêtus de titres ou de dignités? & moi, Seigneur, je me vois encore extrêmement éloigné de m'apliquer le parallèle, car enfin, de quel genre de mérite pourrois-je me glorifier?

Encore un coup, vous dis-je, prenez feulement courage, comptez fur ma parole, on pourra lever ce grand obftacle; & s'il n'y a pas de plus grande difficulté à furmonter, vous pouvez bien vous regarder comme gendre de la Comteffe. Je ne puis vous en dire davantage pour le coup, fongez feulement à votre guérifon. Quand vous ferez une fois rétabli, vous verrez que ce que je vous dis n'eft point une chimére. Souvent ce qui paroit impoffible aux uns, n'a pas la moindre difficulté pour d'autres.   Vous

Vous sçavez, dis-je, mon frere, combien mon pere se pique de probité; ainsi vous ne devez pas douter un moment qu'il ne vous tienne parole. Je suis persuadé qu'il ne vous feroit pas une promesse en termes si positifs, s'il n'étoit bien assuré de pouvoir la tenir.

Pourvu que l'excès de sa tendresse ne le trompe pas lui-même, reprit Sanche, & ne lui fasse pas trouver possible ce qui.... Non, non, interrompit Don Blas, je suis très-fondé dans ce que je vous dis : tranquilisez-vous seulement sur la connoissance que j'ai, sur mon expérience, & surtout sur ma véracité. Dès que vous serez en état d'entreprendre le voyage, nous irons faire une visite à la Comtesse, & j'ose assurer qu'elle se fera un plaisir de vous donner sa fille.

Je m'en vai demain faire un tour à Lirias, je reviens dans deux ou trois jours : si à mon retour vous êtes en état de descendre l'escalier, je pourrai en même-tems vous convaincre, vous surprendre, & vous mettre au comble de la joie. Quoiqu'à vous dire le vrai, il n'en falloit pas moins que l'état où je vous vois, pour m'arracher un secret que je n'ai jusqu'à présent découvert à personne, pas même à votre mere. Mais je crains que vous ne vous incommodiez en parlant trop; nous allons nous asseoir à cette table Alphonse & moi, & nous jouerons un Cent de Piquet, cela vous amusera peut-être.

J'allai faire aporter des cartes & des jettons, & nous jouâmes plusieurs reprises;

 mais

mais je jouai avec une diftraction étonnante, j'étois fi occupé à chercher dans ma tête dequoi affeoir mes conjectures fur ce
que mon pere venoit de dire à mon frere,
que fouvent je prenois une carte pour l'autre. Les bévues que je fis divertirent beaucoup Sanche, qui nous paroiffoit déja
tout autre, tant le difcours de mon pere
lui avoit donné de courage.

Nous jouâmes jufqu'à ce qu'on allumât
les bougies. Mon pere exhorta Sanche à
prendre bon courage, & nous lui fouhai-
tâmes un bon repos. Nous defcendîmes
pour joindre le refte de la compagnie. Mon
pere dit à Don Alphonfe, que mon frere
lui avoit avoué qu'il étoit amoureux de la
jeune Comteffe; & il lui dit qu'il avoit
bien deviné fur la caufe du mal dont mon
frere étoit accablé. Il ajouta qu'il lui avoit
promis de le rendre content, & que pour
faciliter la chofe il partiroit le lendemain
pour Litias. Il pria toute la compagnie qui
l'écoutoit avec furprife, de fufpendre fa
curiofité jufqu'à fon retour; qu'il ne feroit
que deux ou trois jours dehors, & qu'a-
lors il les mettroit au fait des motifs de
fon voyage.

On ne tarda pas de fervir le fouper,
on paffa le refte de la nuit à caufer de chofes & d'autres, après quoi chacun fe retira dans fa chambre.

Le lendemain matin mon pere partit pour
aller faire un tour chez lui, où il ne refta, comme il l'avoit dit, que trois jours;
il arriva comme nous allions nous affeoir
pour fouper.

On

On le félicita sur son heureux retour, puis on parla de choses indifférentes pendant le souper : dès qu'on eut levé la nape & que les domestiques furent retirés, Don Blas dit qu'avant que d'entrer dans la sale à manger, il étoit monté auprès du Comte Ximenés, & qu'il l'avoit trouvé si avancé dans son rétablissement, qu'il comptoit qu'il seroit en état de sortir de sa chambre le lendemain.

Don Alphonse se mit à sourire, de ce que mon pere donnoit à mon frere le nom de Comte Ximenés : je voudrois de tout mon cœur, dit-il, que mon ami Sanche fut aussi sûr de ce titre, que je le suis qu'il le mérite.

Nous ne sommes pas si fort hors du tems des miracles que vous le croiriez bien, répondit mon pere. Je ne trouverois point-là un si grand miracle, reprit la Comtesse, puisque la jeune Comtesse doit avoir en dot le titre avec le bien.

Sanche est jeune, d'une aimable figure, bien élevé ; il est d'un fort bon caractére ; il ne manque ni d'esprit, ni de bonnes façons. Quel grand miracle y auroit-il qu'une Dame qui a du discernement, rendît justice au mérite d'un tel cavalier !

Mais Madame, reprit mon pere, on m'a assuré que la branche masculine de Ximenés n'est pas entiérement éteinte. En ce cas, quelque droit qu'ait la jeune Comtesse sur la terre, elle n'en auroit pourtant pas au titre.

Voilà une nouvelle qui me surprend un peu, dit mon Patron ; car j'ai ouï dire à

L 4   Don

Don Lorenzo de Vélafco, qui eft un des Fidéi-commiffaires, comme héritier de fon grand pere, que tant que la branche mâle des Ximenés ne fera pas éteinte, les femmes ne fçauroient hériter de la terre, qui eft feulement chargée d'une fomme de deux cens mille écus, à partager entre les filles felon le nombre qu'il y en aura. Mais de grace, d'où tenez-vous cette nouvelle?

Demain, dit mon pere, vous verrez ici le Comte Ximenès, & j'ai aporté avec moi les preuves autentiques de fa généalogie. Il eft fi fort ami de mon fils, que pour contribuer au rétabliffement de fa fanté, il renoncera volontiers, en fa faveur & en celle de la jeune Comteffe, à toutes les prétentions qu'il pourroit avoir tant fur le titre que fur la terre, en cas que la mere veuille bien recevoir Sanche pour gendre.

Voilà certainement un trait d'amitié bien rare; & qui ne fera guéres fuivi, reprit Don Juan de Jutella.

Auffi y a-t-il une raifon qui vous fera bien rabattre de votre étonnement, quand vous la fçaurez, reprit mon pere; mais il y a encore une condition qui vous regarde, continua-t-il en s'adreffant à mon oncle, c'eft qu'il fouhaiteroit fort que lorfque Sanche fera fi bien établi, vous vouluffiez transferer au cadet les graces que vous deftiniez à l'aîné.

S'il n'y a pas d'autre obftacle que celui-là, reprit Don Juan, qui puiffe retarder la félicité de Don Sanche, il fera bien-tôt au comble de fes vœux.

Vous voilà à prefent au fait du motif de mon

mon voyage, continua Don Blas, demain
le Comte se trouvera ici avec deux Avocats
pour confirmer tout ce qu'il a promis.

J'étois réellement charmé du bonheur
de mon frere, au point que je n'étois que
foiblement touché des avantages qui devoient m'en revenir, par l'espoir de devenir un jour l'héritier de mon oncle, en
cas qu'il vînt à mourir sans enfans.

Les Dames étoient sur-tout dans une
extrême inquiétude touchant ce Comte,
c'étoit à qui feroit plus de questions. Où
s'est-il tenu si long-tems ? demandoit l'une.
D'où vient qu'il ne s'est pas montré plûtôt ? disoit une autre. Que n'a-t-il fait valoir ses droits sur la terre & sur le titre ?
Et où l'avez-vous vu ? disoit-on à mon
pere. Comment l'avez-vous trouvé ? Combien y a-t-il que vous le connoissez ? Où
est-ce qu'il demeure ? Quelle espéce d'homme est-ce ? Est-il bien fait ? A-t-il de l'é-
ducation, des sentimens ? Eh que sçai-je
les questions qu'on fit ou qu'on ne fit pas.
Don Blas écouta jusqu'à ce qu'on cessât
de lui en faire. Il dit ensuite qu'il satis-
feroit à toutes ces demandes dans la derniére exactitude, mais qu'il prioit la compagnie de vouloir bien l'en dispenser jusqu'au lendemain. Cela fit qu'on changea
de discours.

Dès que je vis la conversation entamée
sur d'autres matiéres, je me dérobai pour
aller vers mon frere; je brûlois d'envie de
lui faire part de tout ce que je venois d'entendre. J'allai en droiture à sa chambre,
& je lui racontai au plus juste jusqu'à la
moindre circonstance. L 5. II.

Il m'embrassa de tout son cœur, & me dit que je lui redonnois la vie. Mais, dit-il, je ne sçaurois me figurer qui peut être ce Comte, ni d'où il vient. Comment, est-ce que notre pere a fait connoissance avec lui ? car enfin je ne l'ai jamais oui parler d'un Comte Ximenés, & j'en suis d'autant plus surpris, qu'il faut certainement qu'ils soient en grande liaison, & que leur amitié soit bien forte, autant que l'on en peut conjecturer par des offres si généreuses : mais patience, il faut espérer que demain nous serons éclaircis sur ce mistére.

Après cela il me réitéra ses remercimiens, sur le plaisir que je lui avois fait de lui dire d'abord ce que j'en sçavois : & comme je vis qu'il avoit envie de reposer, je me retirai, & revins joindre la compagnie, jusqu'à ce que chacun prît le chemin de sa chambre pour s'aller coucher.

Le lendemain matin je trouvai mon frere le premier de tous dans la sale à manger, & tout foible qu'il paroissoit encore, on lui voyoit un air de gayeté qui marquoit assez qu'il n'étoit plus malade.

Je lui en fis mon compliment. Il me dit que mon pere avoit été le meilleur Médecin. Pas tout-à-fait, lui dis-je ; car ç'a été Don Alphonse, qui le premier a découvert la cause de la maladie : à la vérité c'est Don Blas qui y a aporté le reméde.

En vérité mon frere, dit Sanche, on diroit que nous sommes nés pour avoir ous les jours quelque nouvelle obligation

à

à ce Seigneur. Je ne souhaiterois rien avec
tant d'empressement, si ce n'est que l'un
de nous deux pût trouver l'occasion de
lui rendre quelque service signalé, & lui
prouver que ce n'est pas toujours le seul
lien du sang qui dicte les sentimens de la
reconnoissance la plus vive ; mais que la
vertu a souvent autant de charmes dans
le cœur des gens de médiocre naissance,
que dans celui des gens de la plus haute
condition.

Nous verrons que ces souhaits ne tardérent pas d'être accomplis, dans une affaire
où mon frere montra bien autant de courage & de presence d'esprit, que de tendre affection pour Don Alphonse notre
généreux Patron.

Pendant que nous étions ainsi à causer,
nous entendîmes un bruit confus dans l'antichambre. Comme nous allions pour sçavoir ce que c'étoit, nous vîmes une femme qui étoit comme morte, & d'ailleurs
couverte de sang, qui étoit portée par les
domestiques de Don Alphonse.

Nous demandâmes d'abord qui elle étoit,
& qui l'avoit mise en cet état. Un des pal-
freniers nous dit que cette femme étant
poursuivie par une homme qui avoit l'épée
nue à la main, s'étoit par bonheur sauvée
dans l'écurie, en criant au secours ; que
là elle étoit tombée évanouïe ; qu'on avoit
arrêté l'assassin, qui se disoit son mari ; que
celui-ci leur avoit dit qu'il l'avoit trouvée
dans les bras d'un jeune homme, qu'elle
embrassoit de tout son cœur ; qu'à cet as-
pect la colére l'avoit saisi au point qu'il

avoit d'abord tué cet infâme adultére ; &
qu'il en auroit fait autant à sa chienne de
femme, si la peur ne lui avoit donné des
aîles, & si elle n'eût trouvé un azile dans
la maison du Comte.

J'ordonnai d'abord qu'on portât cette
femme dans une chambre, & qu'on fît
venir quelqu'une des servantes pour la
deshabiller, & voir où elle étoit blessée.
Je fis partir un laquais avec ordre d'aller
à toute bride chercher un Chirurgien à
Valence, & j'envoyai en même-tems quelqu'un dans la maison de cet homme,
pour voir si le jeune homme qu'on disoit
mort, ne donneroit pas encore quelque
espérance de vie, & s'il y auroit moyen
de le sauver. On me dit que le meurtrier
demeuroit dans le village, & que sa maison n'étoit pas à cent pas des murailles du
jardin de Leyva.

On fit exactement ce que j'avois ordonné. La femme revint à elle, quoiqu'elle
fut fort ensanglantée. Elle n'avoit cependant aucune blessure. Pour le jeune homme, on le trouva qui n'étoit pas encore
mort, mais il étoit étendu sur le plan-
cher & noyé dans son sang. Quelques voi-
sins ayant été apellés par les gens de Don
Alphonse, ils visitérent le blessé ; ils trouvérent qu'il avoit reçu un coup d'épée dans
le dos, & qu'il perçoit de part en part ;
ils essayérent de leur mieux d'étancher le
le sang, ils bandérent la playe, & le mirent dans un lit.

Don Alphonse & les Dames, ayant sçu
que la femme avoit repris ses sens, des-
cen-

cendirent pour la voir, sur ce qu'on leur
dit qu'elle n'étoit pas blessée, & qu'elle
n'avoit eu que la peur : il ordonna qu'on
la mît au lit : un domestique de la maison qui sçavoit saigner lui ouvrit la veine :
on la laissa seule, avec ordre à une servante de rester auprès d'elle, & de prendre garde qu'on ne la fît point parler.

Comme elle étoit proche de la chambre
où nous étions, nous l'entendions s'écrier
comme une desespérée : *Ah mon fils, mon
cher ! Ah mon pauvre enfant ! Pere barbare !
ô le plus violent de tous les hommes ! ô Pere malheureux, que ne puis-je mourir à l'instant ! O
malheureux fils !*

Mon Patron avoit ordonné qu'on lui
amenât le meurtrier. Dès qu'il le vit, il
lui demanda ce qui avoit pu le porter à
une action si barbare ?

Le plus grand de tous les affronts, répondit-il : un affront si sensible, qu'il n'y
a que le plus lâche de tous les Cabrons *
qui pût l'endurer sans en laver la honte
dans le sang de l'offenseur.

Après ce digne préambule, il dit qu'il
étoit soldat de la Garnison de Valence,
& qu'étant venu pour voir sa femme dans
le village du Comte, il l'avoit trouvée entre les bras d'un jeune homme à qui elle
faisoit des caresses.

Don Alphonse ordonna qu'on s'assurât
de lui, & qu'on le retînt jusqu'à ce que
la Justice s'en saisît. Le Corrégidor de Valence

---

* Cornards.

lence envoya les Algouafils le chercher,
& le fit mettre en prifon.

Peu après le Chirurgien arriva, mais
le jeune homme venoit d'expirer.

Quand la femme fut un peu plus tranquille & remife de fa frayeur, les Dames
là vinrent voir. Elle leur dit qu'il y avoit
trente ans qu'elle étoit mariée, & qu'elle
n'avoit eu de fon malheureux mari qu'un
feul enfant ; qu'à l'âge de quinze ans fon
fils étoit allé avec les Galions à la Véra-
Cruz, & que voyant quelque jour à faire
bien fes affaires en Amérique, il y étoit
refté, qu'après un féjour de quatorze ans,
il étoit revenu avec la Flotte pour voir
fes parens, & leur aporter quelques fecours, & qu'en récompenfe de fon amour
filial, il avoit trouvé la mort dans les bras
de fa mere, & cela par les mains de fon
propre pere.

Tout le monde prit part à la douleur
de cette pauvre femme, on la plaignit
beaucoup. Tout ce qu'on put faire pour
la confoler, fut inutile, fon affliction fut
fi grande, qu'elle ne put prendre aucune
nourriture ; elle tomba dans une rêverie,
qui peu à peu tourna en délire, elle fut
deux jours & une nuit, qu'elle ne faifoit
qu'apeller fon fils & fon mari : enfin elle
mourut de defefpoir à l'entrée de la feconde
nuit.

L'infortuné pere aprit dans fa prifon le
refte de fes malheurs, fa douleur dégénéra
en une efpéce de rage, il fe caffa la tête contre les barreaux du cachot, & mit en même
tems fin à fes malheurs & à fa vie.

On

On trouva fur le jeune homme une petite boëte, dans laquelle il y avoit des perles & des émeraudes pour la valeur de dix mille écus, outre dix quadruples & fept piftoles en or ; & dans fes poches quelques piéces de huit, des réaux, & des réalitos, pour près de cinq écus.

Don Alphonfe fe fit remettre le tout, & le rendit exactement aux plus proches parens de ces pauvres malheureux.

CHAPITRE XII.

Qu'on laisse au choix du Lecteur de lire,
ou de passer.

CEt accident empêcha mon pere de satisfaire dans la matinée aux questions que les Dames lui avoient faites la nuit auparavant, mais on n'eut pas plûtôt achevé de dîner , que la Comtesse le pria de dégager sa parole & de satisfaire leur curiosité. D'abord elle lui demanda s'il croyoit qu'on verroit ce jour-là le Comte Ximenés à Leyva.

Mon pere répondit qu'elle le trouveroit toujours disposé à obéir à ses ordres ; & que pour le Comte Ximenés , il étoit assuré qu'à moins de mort ou de maladie , ou de quelque accident imprévu , il auroit l'honneur de souper avec elle ce même soir.

Je suis d'autant plus curieuse de le connoître , dit la Comtesse, que l'offre généreuse de donner une terre si considérable , me paroît un trait d'amitié bien rare & bien surprenant ; outre que ce Seigneur n'en ayant pas pris le titre jusqu'à present , que je sçache , cela marque un grand détachement du Monde.

Peut-être , dit ma tante , que le Comte a fait profession dans quelque Ordre Religieux , en ce cas il n'y auroit rien de ra-

se dans dans son desintéressement. Et pour
moi , reprit mon oncle , ce seroit au contraire ce qui augmenteroit mon étonnement. Vous imaginez-vous donc que les
murs d'un Couvent soient un rempart
inaccessible à l'ambition & à l'avarice ?

Le Comte Ximenés , répondit mon pere , connoît trop bien le monde ; il a bien
éprouvé qu'il n'y a que du vuide ou de la
fumée dans tout ce qu'on apelle plaisirs
de la vie ; il sçait combien c'est peu de
chose que la confiance qu'on met aux hommes , & que le Sage ne se fie pas même
aux Princes & aux Grands de la Terre.
Il regarde comme pure grimace , ce qu'on
leur marque de respect , de complaisance
& de complimens ; & il se rit de ces vains
titres qui n'ajoutent pas un grain de mérite réel à la personne de celui qui les porte. Il vous dira même que la vie de ce
Monde passe comme un soufle , & qu'on
n'en jouit que par emprunt ; qu'il faut
être bien imprudent & dépourvu de bon
sens pour en faire l'objet le plus important de ses soins. Qu'il y a une si grande
vicissitude dans les choses de ce Monde ,
que tout homme qui est assez fou pour
ajouter aux embarras inséparables de la vie
humaine, les soins d'élever sa famille , de
se faire un nom, de l'éterniser si vous voulez, devroit être envoyé aux petites maisons ; car nous sçavons par l'Histoire, que
les plus puissans Empires , les plus grandes Monarchies n'ont eu qu'un tems , &
il n'en est passé à nous qu'un vain nom ,
pour nous montrer seulement la folie qu'il

Y.

y a à se reposer sur un phantôme de politique, ou de puissance humaine.

Où sont, pourra-t-il vous demander, ces Maîtres de l'Univers, ces fiers Romains dont l'ambition ne connoissoit d'autres bornes que celles du Monde entier?

Mais sans sortir de chez nous, ne voyons-nous pas qu'une seule bataille a fait passer au pouvoir des Mores la Monarchie qui avoit eu pour Maîtres les Goths pendant deux cens quatre-vingt & dix-sept ans. Je dis plus, une seule bataille, donnée en sept cens quatorze, a éteint jusqu'au nom des Goths; car depuis ce tems-là il n'est pas resté une seule province sous leur nom; & cette nation, jadis si fameuse en Orient & en Occident dans les tems les plus reculés; cette nation qui vainquit le Grand CYRUS & subjugua toute l'Asie, qui avoit soumis tant de puissans Royaumes; qui avoit tenu tête au grand ALEXANDRE, ravagé les Pays qu'il avoit conquis, & fait prisonnier un Roi son successeur *; cette nation qui avoit foulé aux pieds la Majesté de l'Empire Romain, qui avoit vaincu des Empereurs, de grands Généraux d'Armées, & même des Armées entiéres; qui avoit soumis tant de villes en Italie, qui saccagea & pilla Rome la capitale de l'Empire; qui s'étoit emparée de tant de provinces les plus belles & les plus peuplées de l'Occident, où elle a régné si long-tems avec autant d'équité que de valeur. Cette vaillante nation où est-elle?

* LYCHIMACHUS.

elle ? Une journée l'a vue éteindre, il n'en
est resté que le souvenir d'un grand nom.

Quant à la naissance, vous dira-t-il,
comme elle est bien moins l'effet du mérite que du hazard, elle ne sçauroit d'un
côté faire grand honneur au malhonnête
homme, ni avilir de l'autre l'homme de
mérite né de bas lieu.

Pour les titres, il n'en connoît pas de
plus beau que celui de bon Chrétien, qui
peut rendre heureux celui qui le mérite
réellement, ce que ne sçauroient faire les
Dignités les plus relevées que nous con-
noissions, comme de Prince, de Roi,
d'Empereur, ou même de Pape.

En un mot, il regarde bien plûtôt comme un grand Conquérant, celui qui sçait
vaincre ses passions, que celui qui desole
& renverse des Empires. Toute son ambition se borne à présent, à vivre comme
le doit une créature raisonnable ; c'est-à-
dire, qu'il est dans une ferme résolution
de n'avoir qu'un souverain mépris pour
tout ce qui est passager ou emprunté, &
de ne songer qu'à s'assurer ce qui est per-
manent & solide.

Vous nous donnez-là le portrait d'un
vrai Philosophe, d'un de ces Chrétiens du
vieux tems, dit Don Alphonse ; je crois
qu'on auroit de là peine à trouver son
semblable.

Il avoue cependant, reprit mon pere,
que c'est votre exemple qui lui a inspiré
de la honte de ses vanités, & qui lui a
donné assez de courage pour vaincre ses
passions & surmonter ses foiblesses. Il est

pénétré

pénétré d'admiration pour Don Alphonse, il l'aime, & il tâche de l'imiter. Je crois, Mesdames, continua-t-il, que tout ce que je viens de dire, peut répondre à la plûpart des questions que vouliez me faire, autant que j'en puis conjecturer par ce qu'en a dit le Comte. Ainsi je crois qu'en vous disant qu'il y a près de douze ans que j'ai fait à Madrid la découverte du Comte Ximenés, j'aurai entiérement contenté votre curiosité.

Vous me feriez presque croire que je le connois, dit Don Alphonse, par les choses obligeantes que vous avez bien voulu me dire de sa part.

Je vous dirai bien plus, reprit mon pere ; c'est que vous l'honorez de votre amitié ; du moins il s'en flatte, & il en est plus glorieux qu'il ne le seroit de tous les honneurs que le Roi pourroit lui faire.

Mais pour finir de vous satisfaire, si vous le voulez bien, je vai vous montrer sa généalogie. Alors il ouvrit un gros rouleau de vieux parchemins, où elle étoit. Elle ne commençoit que cinq cens seize ans avant la naissance du Sauveur, au tems que les Carthaginois furent apellés au sécours des Phéniciens, qui étoient serrés de près par les Peuples de l'Andaloussie, connue alors sous le nom de Bérique, & qu'ils firent une descente en Espagne sous les ordres de Maherbal. Cet Arbre Généalogique commençoit à un certain Baucius Capetus, dont le fils aîné fut surnommé le Sicilien. Le fils de celui-ci s'apelloit Ramire, il étoit un autre Maherbal à la tête des Éfpagnols. Nous ne fîmes que paffer legérement la vue fur ces vieux noms, dont la fuite nous mena en droite ligne jufqu'à Don Garcias, Seigneur de Ximenés, qui fut tué dans la bataille contre les Mores, en mille trois cens quarante, que les Éfpagnols & les Portugais avec feulement cent quarante mille hommes de Cavalerie, & vingt-cinq mille d'Infanterie, attaquérent les Mores qui en avoient foixante & dix mille de Cavalerie & trois cens mille d'Infanterie, & remportérent fur eux une victoire complette, en laiffèrent trois cens mille fur le champ de bataille, prirent quatre femmes & trois fils du Roi More, & gagnérent des tréfors immenfes, tant en or qu'en argent & autres effets.

Ce Don Garcias laiffa un fils, qui fut Don Manuel Comte de Ximenés, dont nous trouvâmes la defcendance exactement fuivie jufqu'à Don Henriquez, petit-fils d'un autre Don Henriquez né en mille cinq cens foixante & quatorze, du tems de HENRI IV.

A prefent nous pouvons paffer, dit mon pere, à la branche collatérale; car quoique la ligne directe n'aille pas plus loin, vous fçavez cependant qu'elle a été continuée jufqu'à la mort du dernier Comte, qui mourut fans enfans il y a un peu plus de cinq ans, & pour cela il nous faut remonter jufqu'à Don Henriquez *.

Vous jugerez aifément combien la compagnie fut agréablement furprife, de trouver

* Nous mettons ici cette Généalogie.

ver que le Comte Ximenés, soutien d'une maison si ancienne & si illustre, étoit Gil Blas, qu'on avoit jusques-là regardé avec une espéce de mépris par raport à la bassesse aparente de son extraction. Don Alphonse en marqua la joye la plus sincere, ma mere & mon oncle ne sçavoient où ils en étoient. Pour mon frere & moi, je ne sçaurois vous exprimer à quel point cette découverte nous transporta.

Ce n'est point-là tout-tôt, dit mon pere, après qu'on se fut épuisé de part & d'autre en complimens de félicitation & de remercimens. Il faut à present que je vous aprenne comment cette Généalogie est tombée entre mes mains, & pour que vous ne la croyiez pas fabriquée à plaisir, je dois d'abord vous dire qu'elle est duement vérifiée par les Regiftres des Paroisses & par les Titres les plus autentiques de la Chambre des Hérauts d'Armes de Biscaye & de Madrid.

Il y a encore ici dans la même cassette certains vieux titres, que je ne me suis jamais donné la peine d'examiner, tant qu'il y a eu un héritier descendant de la ligne directe. J'ai même envie de les laisser jusqu'à l'arrivée des deux Avocats, que j'espére que vous voudrez bien me permettre de retenir ici, jusqu'à ce qu'ils ayent vu ce que c'est, & qu'ils nous en ayent rendu compte.

Don Alphonse lui répondit qu'il pouvoit ordonner à Leyva tout comme à Lirias. Mon pere ne répondit que par une révérence, & continua ainsi. Vous pou-

vez

vez vous reſſouvenir, mon cher Patron; qu'il y a une douzaine d'années que j'allai à Madrid pour ſolliciter l'échange de Don Lopez de Cordoue, qui s'étant rendu priſonnier de guerre à l'affaire de Saint Venant, avoit été conduit en France. Comme ce cavalier étoit votre parent, je m'y portai avec tant de zèle, qu'enfin j'obtins qu'un Colonel François, qui avoit été pris à Saint Guilain lorſque cette place fut priſe par Don Juan d'Autriche, ſeroit relâché ſur ſa parole, aux conditions que Don Lopez ſeroit échangé pour lui, dès qu'il arriveroit en France, ou bien qu'il reviendroit ſe conſtituer priſonnier en Eſpagne.

Comme j'allois un jour au Bureau de la Guerre, une perſonne fit ſigne à mon cocher d'arrêter, & s'en vint droit à moi.

Si je ne me trompe, Seigneur, dit cet Etranger, vous êtes Don Gil Blas. Vous ne vous trompez pas, répondis-je, c'eſt bien-moi. Puiſque c'eſt vous, continua-t-il, donnez-moi une heure où je puiſſe vous voir chez vous à mon aiſe, & ſans que perſonne vienne nous interrompre. J'ai à vous communiquer quelque choſe, que vous ſerez ſans doute charmé d'aprendre; j'ai outre cela quelques papiers, que je pourrai auſſi vous remettre, puiſque la réputation que vous avez à préſent, me fait croire que vous n'êtes plus ce glorieux & impertinent gueux revêtu que vous étiez la dernière fois que je vous vis en cette ville, lorſque vous étiez le favori du Duc de Lerme; où logez-vous?

Je

Je ne laissai pas d'être un peu choqué
de l'effronterie de cet homme, qui pourtant dans le fond ne faisoit pas mal le
portrait de ce que j'avois été. Je fis en
vain bien des efforts pour me le remettre, je ne pus y réussir.

Pendant que je l'examinois attentivement, pour voir si je pourrois reconnoître quelqu'un de ses traits, il me demanda encore très-séchement où je demeurois.
Je le lui dis, & le priai en même-tems
de venir me voir le lendemain matin, &
que pour plus de précaution je donnerois
ordre qu'on dît à tous ceux qui pourroient
venir, que je n'étois pas au logis; mais
qu'il falloit qu'il eût la bonté de me dire
son nom, afin qu'en s'annonçant, mes
gens connussent qu'il étoit celui pour qui
seul je serois visible.

Je m'apelle, dit-il, Bernardo Muscada; je suis le fils du Marchand d'Oviédo;
demain je serai sûrement chez vous; & il
me quitta sans attendre de réponse.

Je me rapellai alors que je ne lui avois
donné que trop de raison de peindre aussi
naturellement qu'il avoit fait le Seigneur
favori du Duc de Lerme; car alors il
avoit voulu s'émanciper à me dire mes
petites vérités, & mon Excellence avoit
eu la politesse de le prendre par le bras,
& de le mettre à la porte avec défense
d'y revenir.

Le lendemain de bonne heure, on m'an-
nonça Mr. Muscada; j'ordonnai d'abord
qu'on le fit entrer, & pour réparer en
quelque façon mon ancienne impolitesse,

je lui allai au-devant jusqu'au milieu de la montée ; je le fis passer le premier , je lui fis donner un grand fauteuil , j'ordonnai qu'on aportât du chocolat , & je commandai en même-tems , que jusqu'à ce qu'il fût retiré de chez moi , on dit à tous ceux qui voudroient me voir que je n'étois pas au logis.

Dès qu'on nous eut laissé seuls , le Seigneur Muscada entama son discours à peu près en ces termes. Je suis venu Seigneur Don Gil Blas ; car je sçai fort bien que le Roi , qui est la source des graces & des titres , vous a donné un droit à celui de Don , qu'il ne vous auroit surement pas donné s'il vous avoit bien connu ; je suis venu , dis-je , pour vous aprendre à vous-même qui vous êtes.

Je vous avoue que ce début me parut singulier. D'abord je tâchai de passer en revue la vie que j'avois menée depuis quelques années , pour voir s'il me seroit encore échapé quelques traits de cette vanité , dont je n'avois été que trop enyvré dans les premiéres années que je m'étois vû en faveur.

Quoique je n'eusse pas la moindre chose à me reprocher sur cet article , je pris pourtant mon parti : ce fut de donner un champ libre à ce Cynique , car je le regardois comme tel ; de l'écouter patiemment , & de mortifier pour ainsi dire sa malice ou sa mauvaise intention , si tant étoit qu'il fût venu comme je le croyois pour m'aigrir ou pour m'insulter. Ainsi je lui répondis avec un grand sang froid,

M   que

que si l'instruction qu'il venoit me donner, procédoit d'un fond de bonne volonté, je ne sçaurois lui refuser mes remercimens, & même mon amitié. Que si c'é-
toit encore quelque vieux levain de rancu-
ne de la maniére impertinent & grossié-
re dont je l'avois reçu autrefois, je l'é-
couterois avec encore plus de patience
& de tranquilité, parce que j'y avois
réellement donné sujet; & qu'enfin, si c'é-
toit par mépris, par envie, ou par un
effet de sa propre vanité, j'étois tout disposé à l'excuser, & que je n'en ferois
que rire; & qu'ainsi, quoique je ne crusse
pas avoir grand besoin de ses instructions,
il pouvoit pourtant continuer sur le ton
qu'il avoit commencé, sans craindre que je
l'interrompisse.

Il me répondit que je jugerois moi-même par son discours, du motif qui l'avoit
amené chez moi.

Lorsque votre pere fut amené à Oviédo, il n'avoit tout au plus que douze ans.
Il avoit été tiré de la Maison des Orphelins de Saint Sébastien, il avoit été envoyé de celle d'Estella; & celui qui le tira de la premiére, étoit un Maquignon.

Mon grand-pere sçût cela par le Maquignon même, qui étoit de notre ville,
& fort ami de notre maison. Votre pere
servit de garçon d'écurie & de palfrenier,
& resta avec ce Maître jusqu'à l'âge de
vingt ans. Il faut vous dire, quoique
peut-être le sçavez-vous aussi-bien que moi,
que lorsqu'on reçoit un Orphelin dans
quelqu'une de ces Maisons, on lui donne

ne d'abord un nom. Les Directeurs de celle d'Estella donnèrent à votre pere celui de Blas qu'il vous a laissé. Mais pour ne pas m'écarter de mon sujet, votre pere fut enrôlé dans les troupes à l'âge de vingt ans ; il fut envoyé en Flandres, où il demeura sept ans dans le Régiment du Prince de Parme A L E X A N D R E F A R-N E S E, qui commandoit dans ce pays-là.

En ce tems-là le Roi voulut faire sentir tout le poids de son indignation aux Arragonois, pour avoir fait évader Antoine Pérez, qui ayant été Favori, Sécrétaire d'Etat, & Premier Ministre, avoit encouru la disgrace du Roi, & avoit été arrêté & mis en prison, d'où il s'étoit évadé, & retiré en Arragon, où il fut repris. On envoya pour les châtier un corps de troupes commandées par Don Alphonse de Vargas. Votre pere se trouva dans ces troupes-là ; & comme il avoit aparemment bien fait son devoir dès qu'on eut réduit ce Royaume dans l'état le plus déplorable, il obtint son congé, & on lui promit une hallebarde, en cas qu'il voulût resservir.

Il alla faire un tour à Oviédo ; il y trouva son ancien Maître au lit de la mort, & mon grand-pere auprès du lit du mourant.

Le Maquignon qui avoit toujours aimé Blas, fut charmé de le voir de retour en bonne santé, après avoir été si long-tems absent sans qu'on eût eu la moindre de ses nouvelles. Il l'embrassa avec tendresse, & lui dit.... Je suis bien aise de vous voir, mon ami Blas ; je ne vous ai jamais oublié, & pour preuve de cela, j'ai fait mention de vous dans mon testament, & vous ai fait un leg de deux cens pistoles, en cas que vous revinssiez à Oviédo, ou qu'on pût avoir de vos nouvelles dans le terme de dix ans depuis ma mort. J'ai aussi laissé une déclaration dans les formes, du lieu & de la maniére dont vous êtes venu à mon service. Je l'ai faite sous serment, & l'ai faite enregistrer. Mais puisque vous êtes ici, & qu'il n'y a pas de tems à perdre, je vai faire venir un Notaire, afin de déclarer entre ses mains, que vous êtes bien la même personne que j'ai pris dans sa jeunesse à la Maison des Orphelins de Saint Sébastien, & je prie mon ami Muscada d'être témoin, & de signer à l'enregistrement de cette déclaration. Vous, ayez soin de votre côté de vous faire reconnoître par les gens de la ville que vous connoissez, faites-leur en faire une déclaration dans les formes, & faites aussi enregistrer votre congé, car je supose que vous l'avez obtenu.

J'ai de plus un autre conseil à vous donner, qui est qu'avec ces certificats vous vous en alliez à Saint Sébastien, & que là vous vous en fassiez donner un par les Directeurs des Orphelins, par lequel ils déclarent qne vous êtes le même qui leur a été envoyé par ceux d'Estella, & qu'au sortir de chez eux vous êtes entré à mon service, & venu avec moi à Oviédo.

Votre pere se trouva si sensible à ces bontés de son ancien Maître, qu'il lui en

marqua

marqua bien plus fa reconnoiſſance par des pleurs, que par des paroles.

Peu de jours après, le Maquignon mourut, mon grand-pere paya à Blas la ſomme qui lui étoit léguée, & lui répéta ce que le Défunt lui avoit recommandé, qui étoit que tant pour ſon propre avantage, que pour celui de ſes deſcendans, il ne négligeât point de ſe faire donner les certificats, & d'aller à Saint Sébaſtien. Comme il étoit ſur les lieux, il prit bien la peine de demander les témoignages, mais il ne ſe hâta pas de faire le voyage de Saint Sébaſtien ; il n'y fut que l'année d'après.

Il ſe mit auſſi à faire le Maquignon : comme il avoit fait ſon aprentiſſage ſous un habile Maître, & qu'il entendoit lui-même fort bien ſon métier, il y réuſſit aſſez bien, & ſes affaires n'alloient pas mal.

L'année ſuivante il partit d'Oviédo, il étoit alors âgé de vingt-huit ans. Comme il ſuivoit les foires, ſes affaires le menérent à Saint Sébaſtien : alors il ſe reſſouvint de ce que ſon Maître lui avoit recommandé : il obtint ſans peine des Adminiſtrateurs de la Maiſon des Orphelins, un certificat tel qu'il le ſouhaitoit, avec tous ſes titres : il s'en fut à Eſtella, où les Directeurs lui donnérent une déclaration commme quoi ils l'avoient reçu à l'âge de huit ans, qu'ils l'avoient enſuite envoyé à Saint Sébaſtien, & qu'ils l'avoient nommé Blas ; mais que ſon vrai nom étoit Ximenés, fils de Bernard Ximenés, du voiſinage d'Eſtella.

De cette derniére ville il paſſa à Logrona, pétite ville ſituée ſur l'Ebre. Il y devint amoureux de la ſervante de l'auberge où il étoit logé, ce qui fit qu'au lieu de paſſer outre il s'y arrêta trois jours. En attendant, comme il ne trouva pas à y vendre ſes chevaux, il les envoya devant à Sarragoſſe, ſous la conduite d'un hommes avec deux jeunes garçons, avec ordre de l'attendre-là pour aller enſuite à la foire de Sarragoſſe.

Sa paſſion pour cette fille devint ſi violente & ſi férieuſe, qu'il ſe réſolut de l'épouſer, ſi elle le vouloit. Il en fit d'abord la propoſition au Maître & à la Maîtreſſe de la fille, qui lui en dirent beaucoup de bien, & lui rendirent le témoignage le plus avantageux ſur ſa vertu, ſa fidélité, & ſon bon naturel; & comme il leur parut auſſi que Blas étoit un parti avantageux pour elle, ils la firent venir, & lui dirent quelles étoient les intentions de votre pere.

Elle répondit avec beaucoup de modeſtie, qu'elle ne ſentoit aucune répugnance pour ſa perſonne, & qu'elle ne feroit point fâchée d'un établiſſement qui la mettroit à même d'avoir un peu plus de repos qu'il n'étoit raiſonnable d'en attendre dans un cabaret; mais qu'elle ne vouloit prendre aucun engagement ſans le conſentement de ſon frere, qui étoit Prêtre à Ségura.

Mais comme votre pere ne pouvoit pas ſe repoſer entiérement ſur ſes valets du ſoin de ſes chevaux, on convint qu'il faudroit écrire au frere. Le Maître du logis

gis se chargea de cette commission , & Blas promit de revenir d'abord après la foire de Sarragosse.

Il fut assez heureux pour se défaire avantageusement de tous ses chevaux , il ne garda que celui qu'il montoit , & n'ayant plus besoin de valets il les congédia , & revint droit à Logronna , où arriva aussi le frere de la servante , Monsieur le Chanoine Pérez votre oncle.

Celui-ci , après bien des questions , dit qu'il ne desaprouvoit point que sa sœur épousât Blas ; mais il déclara en même-tems qu'il n'y consentiroit qu'à une condition , qui étoit que le Prétendant fût Christiano Viéjo *.

Blas lui dit naïvement : Je n'ai garde de vous dire de ma famille plus que je n'en sçai moi-même , à moins de vouloir vous mentir ; & quoique je me sente pour votre sœur la passion la plus tendre , j'ai encore plus d'égards pour la vérité , & je ne voudrois pas obtenir votre sœur par un mensonge.

Je loue fort votre sincérité , dit le petit bout d'homme de Chanoine ; mais je ne sçaurois démordre de cette condition , & je me flatte que ma sœur se gardera bien de rien conclure sans ma participation. Il est vrai qu'elle est une pauvre servante , que je ne suis pas riche , & que
je

* On entend en Espagne par Christiano Viéjo , celui dans la famille de qui il n'y a jamais en aucun mélange de sang More *ou* Juif.

je ne vois même point d'aparence de le
devenir jamais : mais avec tout cela, il
ne faut pas que vous croyiez que nous
soyons tout-à-fait nés de la lie du peuple. Il arrive quelquefois des changemens
dans les affaires du monde, & de tels ren-
versemens dans les familles, que comme
Sénéque l'a fort bien remarqué, *Il n'y a*
peut-être pas de Prince qui ne descende de quel-
que Esclave, ou d'Esclave qui ne descende de
quelque Prince. Il y auroit de la vanité à
vous en dire davantage.

Votre pere, que cette réponse inquiéta
un peu, lui dit : Ecoutez, vous êtes établi à Ségura, il se pourroit bien que vous
connussiez mieux ma famille que je ne la
connois moi-même. J'ai pris naissance dans
le voisinage d'Estella qui est tout proche
de chez vous, & mon pere se nommoit
Bernardo Ximenés : il n'y a même que
très peu de tems que je le sçai, & je ne
sçaurois vous en dire davantage.

Si cela est ainsi, & qu'on vous ait accu-
sé juste, vous ne pouvez épouser ma sœur
sans dispense, reprit le Chanoine Gil Pérez, vous êtes le fils de notre oncle.

Tenez, reprit Blas en lui remettant ses
certificats, voilà tout ce que j'ai en main
pour vous prouver ce que j'ai avancé, &
c'est tout ce que j'en sçai.

Le Chanoine, après avoir bien examiné
les papiers, & celui qui les lui remettoit,
lui dit : L'âge que vous paroissez avoir s'accorde assez avec ces déclarations, & je
suis plus que persuadé que vous êtes le fils
de mon oncle, & en même-tems il l'embrassa;

braſſa ; puis appellant ſa ſœur , il lui dit
qu'au lieu d'un mari , elle voyoit en la
perſonne de Blas le plus proche parent
qu'ils euſſent dans le monde.

Blas dit au Chanoine , que quoique cette découverte lui fît beaucoup d'honneur,
il ne laiſſoit pas d'être très-mortifié de ſe
trouver ſon parent de ſi près, d'autant qu'il
ne croyoit pas pouvoir être jamais content s'il n'obtenoit ſa ſœur en mariage.

Que cela ne vous inquiéte pas , reprit
le Chanoine ; pourvu que vous puiſſiez
ſeulement avoir de l'argent , je trouverai
bien le moyen d'avoir une Diſpenſe. Blas
répondit , qu'il donneroit volontiers tout
ce qu'il avoit au monde , plûtôt que de
ſe voir privé de la poſſeſſion de la ſeule
fille pour qui il eût jamais eu une paſſion
ſérieuſe.

Ils ſoupérent ce ſoir - là avec le Maître
& la Maîtreſſe ; & on convint que le Chanoine Pérez , en retournant à Ségura ,
prendroit ſa ſœur avec lui , & qu'à leur
arrivée ils travailleroient à obtenir la Diſpenſe pour chacun en ſon propre nom ,
au lieu de ceux qui n'étoient qu'empruntés ; & que par précaution , en faveur des
enfans qui pourroient naître de leur mariage , Gil Pérez auroit ſoin de faire en-
regiſtrer par les Hérauts d'Armes les certificats dont on a parlé ci-deſſus. Que de
ſon côté , Blas iroit à Oviédo mettre ordre à ſes affaires , & que d'abord que Pérez auroit obtenu les Diſpenſes , il iroit
l'y joindre avec ſa ſœur pour conclure le
mariage. Pour donner au Chanoine tou-

tes

tes les facilités, tant pour les lettres de
Dispense, que pour les habits de Nôce;
votre pere lui remit cinquante pistoles.

Le lendemain ils se séparérent, en se
réitérant les plus vives protestations d'a-
mitié, & prirent la route du lieu où leurs
affaires les apelloient.

Il se passa près de deux mois avant que
le Chanoine eût obtenu les Dispenses, &
fait les autres arrangemens. Dès que tout
fut fait, il vint à Oviédo avec sa sœur :
ils n'y trouvérent point votre pere, il
étoit allé à Léon, qui est à quarante-huit
lieues de-là. Ils allérent l'y joindre, & les
deux amans s'y mariérent, afin de tenir
la Dispense plus secrette. En arrivant à
Oviédo, ils eurent soin de déclarer leur
mariage, & Blas en fit part à tous ses
amis.

J'avois presque oublié de vous dire,
continua Muscada, une circonstance es-
sentielle, qui est que Gil Pérez, en con-
sentant au mariage, y mit une condition, qui étoit que votre pere ne discon-
tinueroit point de passer sous le nom de
Blas, & qu'il tiendroit secret celui de sa
famille, d'autant qu'en le divulguant dans
les circonstances où ils se trouvoient les
uns les autres, il ne leur en reviendroit
aucun avantage; & qu'au contraire cela
piqueroit les parens, qui se croyant des-
honorés, pourroient les desavouer, &
peut-être auroient assez de crédit pour les
faire passer pour des imposteurs; ajoutant
qu'ils seroient toujours à-tems de le di-
vulguer, & de montrer leurs preuves; si
jamais

jamais le cas échéoit qu'ils duſſent le faire
avec avantage.

Comme Muſcada fit ici une pauſe, je
pris ce tems pour lui dire que j'avois été
juſques-là dans l'erreur ſur l'origine de mon
pere , & que j'avois toujours cru qu'il
étoit natif d'Oviédo. J'ai écrit , lui dis-je ,
l'hiſtoire de ma vie , & j'ai ordonné par
mon teſtament qu'on la faſſe imprimer
après ma mort. Quand j'y parle de ſa naiſſance , je la marque comme je la croyois
dans cette ville ; mais d'abord que je me
trouverai un peu de loiſir pour repaſſer
l'ouvrage , j'aurai ſoin de corriger cette
faute ; & ſi vous vivez aſſez, comme je
le ſouhaite , pour lire l'ouvrage , j'eſpére
que vous me rendrez la juſtice d'avouer ,
que loin de me livrer à la ſotte vanité qui
eſt ſi ordinaire parmi les Auteurs , je me
pique au contraire d'une grande ſincérité *.

Pour reprendre le fil de mon diſcours ,
continua Muſcada , votre oncle reſta quelque tems à Oviédo avec ſa ſœur & ſon
beaufrere. Lorſqu'il s'en retourna , les Religieuſes du S. Sépulcre le chargérent d'une
certaine commiſſion auprès de l'Evêque.
Il s'en acquita à leur ſatisfaction , & revint
leur rendre compte lui-même du ſuccès
de ſa négociation. Les bonnes Religieuſes
lui en ſçurent ſi bon gré , qu'elles lui pro-
M 6 cu-

*Il y a beaucoup d'aparence que mon pere
n'a jamais relu ſon Ouvrage ; ou du moins s'il
l'a fait, il a oublié de corriger cette faute , puiſqu'elle ſe trouve dans toutes les éditions de ſon
Livre.

curérent un Bénéfice qui valoit le double
de celui de *Ségura*, qu'il quitta pour aller
prendre poffeffion de l'autre qu'il a gardé
jufqu'à fa mort.

Eh bien, vous voyez ce que c'eft que le
monde, lui dis-je : on m'avoit toujours dit,
que ç'avoit été par le crédit de ces Réli-
gieufes que ce bon homme avoit été fait
Prêtre, fans paffer par la rigueur d'un exa-
men qu'il n'auroit pu fubir, tant il étoit
ignorant.

Seigneur Don Gil, répondit Mufcada,
montrez-moi un peu un homme qui n'ait
pas fes ennemis. Votre oncle n'étoit pas à
la vérité ce qu'on pourroit dire un Savant,
mais il n'étoit point fi ignorant qu'on a
voulu vous le faire croire; d'ailleurs il
étoit déja Prêtre, quand il vint à Oviédo
pour la première fois. Ce que je vous dis,
je puis le prouver par de bons papiers de
mon ayeul, qui étoit intime ami du Chanoine Pérez.

Voilà donc, lui dis-je, encore une erreur
à corriger dans mon manufcrit *.

Ce Bénéfice a été d'un grand fecours à
votre mere, continua Mufcada. Gil Pérez
avoit d'excellentes qualités; il avoit beaucoup de piété & de chriftianifme; il étoit
extrêmement charitable, il étoit bon ami;
obligeant & prévenant envers fes voifins;
il aimoit à payer, quand par hazard il devoit; il ne s'offenfoit pas aifément; il étoit
d'un caractére fi doux, qu'on ne l'a jamais
vu rien faire ni dire qui fît de la peine à

per-

* Cette faute aura encore échapé à mon pere;
 tant eft qu'il ait relu fon manufcrit.

perſonne. Quoiqu'il fût , pour ainſi dire ,
ſerré envers lui-même , & qu'il ſe refuſât
bien des choſes , il étoit charitable & généreux envers-les-autres; il étoit toujours
prêt à prendre part aux afflictions-d'autrui, ,
à conſoler les affligés , à nourrir ceux qui
avoient faim , à abreuver ceux qui avoient
ſoif , revêtir ceux qui étoient nuds. Une
de ſes grandes vertus étoit de viſiter les
malades & les priſonniers , & de partager ſon pain avec ceux-ci quand ils en
avoient beſoin.

Vous pouvez compter que la vie de ce
bon Prêtre étoit une leçon continuelle pour
les gens d'Egliſe de ſon tems, qu'on voyoit
pour la plûpart plongés dans la débauche,
d'un orgueil inſuportable , chicaneurs &
piliers du Palais , ne ſçachant ce que c'eſt
que de pardonner , pleins de bonne opinion
d'eux-mêmes , d'une avarice outrée & ſor-
dide, libertins à l'excès , rongés d'envie ,
mépriſans tout le monde , arrogans , glorieux , intrigans & négocians ; faiſant un
commerce honteux de cette même Religion, dont ils ne connoiſſent pas la pratique; peu touchés du ſalut des ames qui
ſont confiées à leurs ſoins , & ne mettant
leur aplication qu'à ce qui peut tourner à
leur profit, ou flatter leurs paſſions déré-
glées dont ils ſont les vils eſclaves; la vie
de ce bon Prêtre , vous dis-je , devoit les
couvrir de honte & de confuſion. Outre
toutes ces bonnes qualités, Gil Pérez étoit
extrêmement bon frere , il a fait tous ſes
efforts pour aſſiſter ſa ſœur , & pour vous
entretenir vous-mêmes pendant les malheurs

heurs de votre pere ; & tant que ses affaires ont été dérangées, jusqu'à ce qu'enfin votre mere, craignant de lui devenir à
charge, chercha à se mettre en condition.

Pour le coup, m'écriai-je, si c'est-là le
portrait de mon oncle Pérez, on m'en
a furieusement imposé ; & moi par conséquent je lui ai fait un tort irréparable
dans mes écrits, en le donnant pour un
vrai Epicurien, dans la Vie de Gil Glas
que je veux qui soit imprimée ; mais je
vous assure que j'aurai grand soin de rec-
tifier cet article *.

N'y manquez pas je vous en prie,
dit Muscada : il y en a vérité une espece
de cruauté impardonnable dans un Auteur,
de hazarder ainsi de noircir les morts sur
un simple ouï-dire.

Si tous ceux qui font imprimer leurs
Ouvrages, considéroient le tort que doit
leur faire dans le Public leur négligence
sur ce point, ou s'ils étoient d'un côté incapables de rendre leur plume vénale, &
de l'autre exempts de tout préjugé, les
hommes connoîtroient au naturel le vrai
caractere de ceux qui ont vécu avant eux.
Si les anciens Ecrivains avoient été fidèles,
sincéres & exacts, peut-être respecterions-
nous la mémoire d'un bon compatriote, dans
la personne de tel que nous regardons dans
l'His-

---

* Cette correction n'ayant point été faite, je
suis très-persuadé, & je crois que le lecteur charitable le sera aussi, que mon pere a oublié de
revoir son manuscrit, ou qu'il n'en a pas eu le
tems.

l'Hiſtoire comme un traître ; ou comme
un homme qui a pillé & ruïné le pays ;
tandis que tel autre qui nous eſt donné
dans l'Hiſtoire comme un homme qui a
ſauvé la patrie par une politique conſommée, ne ſe trouveroit dans le fond qu'un
génie très-borné, & dont toute la politique
ne conſiſtoit qu'à ſçavoir ſe livrer à l'argent
ou à la faveur: un homme qui lorſqu'il ſe
voyoit preſſé, n'avoit de meilleur expédient qu'à diſſiper les Tréſors de l'Etat,
ouqu'à ſacrifier les fortunes & le commerce des particuliers, qui ſe ſoucioit peu
de la gloire de ſa nation, & qui pourvu
qu'il vint à ſes fins, s'embarraſſoit peu
qu'elle fût avilie & mépriſée ; & dont enfin le but principal étoit d'élever ſon indigne famille ſur les ruines de millions
d'honnêtes-gens, qu'il aura réduits à la
dernière miſère.

Il n'y a rien à dire à cela, lui dis-je : car
en effet il eſt peu d'Ecrivains qui ſe piquent
aſſez de candeur pour écrire ſans partialité :
& tout auſſi peu qui ſoient à même de
pouvoir nous fournir des relations exactes
ſur les faits, & peut-être ſur les reſſorts
ſecrets de ce qui eſt renfermé ſous le ſceau
d'un profond ſilence dans les Cabinets des
Princes.

Ceux qui ſont à la tête des affaires, &
qui peuvent lâcher ou reſſerrer les reſſorts
cachés qui font mouvoir la grande machi-
ne d'un Etat : ſeroient peu propre à un poſ-
te ſi éminent, s'ils n'étoient bien reconnus
pour des gens du dernier ſecret : de tels
perſonnages ont rarement le tems, &

peut-être moins l'inclination d'inſtruire fi-
dèlement la Poſtérité , & quand ils le feroient, pourroit-on s'attendre à autre choſe
qu'à une grande partialité de leur part?

Ceux qui écrivent l'Hiſtoire , ne peuvent
tout au plus que deviner les cauſes ; par
ce qu'ils voyent des effets : & donner leur
ſentiment, ou celui de ceux qui ont écrit
avant eux : ou même nous débiter les opi-
nions des Ecrivains étrangers.

Ce défauts des connoiſſances qui ſeroient
néceſſaires à un homme qui écrit pour le
Public , fait par exemple qu'ils ſont toujours dans l'obſcurité ſur tout ce qui regarde le fond du caractére d'un Souverain,
ou d'un Premier Miniſtre.

Si quelque grande affaire , quand même
ce ne ſeroit que par un pur effet du hazard , on ne manquera pas de gens qui l'at-
tribueront à une prudence conſommée, &
à la prévoyance la plus rafinée. Arrive-t-il
quelque diſgrace , je veux qu'il en ait prévu
juſqu'à la moindre circonſtance , & qu'il
ait pris toutes les meſures qu'on pouvoit
humainement prendre pour s'en garantir,
on en rejettera infailliblement toute la faute ſur ſon indolence & ſur ſon incapacité.

On a vu la preuve de ce que je dis, ſous
le Miniſtére du Comte Duc. Il avoit prévu la perte du Portugal , & pris les meilleures meſures pour l'empêcher. Il avoit
propoſé d'éloigner Vaſconcellos , dont la
mauvaiſe conduite ne pouvoit manquer de
cauſer la perte de ce Royaume : mais la
révolte des Catalans ayant diminué de beaucoup la confiance du Roi pour le Miniſtre,

il

Il fut plus aisé à Vasconcellos de se soutenir par le crédit de la Duchesse de Man-
touë Vice-reine de Portugal, & par l'influen-
ce de la Reine, qui dans le fond ne pouvoit souffrir le Comte Duc.

Dès que le Comte d'Olivarez vit qu'il
ne pouvoit réussir de ce côté-là, il déclara en plein Conseil qu'il prévoyoit la dé-
fection du Royaume de Portugal, qui
infailliblement entraîneroit sa disgrace : il
prit cependant toutes les mesures que pouvoit suggérer la prudence humaine pour
prévenir l'une, & se garantir de l'autre.

Il envoya au Duc de Bragance une Commission qui paroissoit des plus honorables,
mais qui dans le fond n'étoit qu'un piége
qu'on lui tendoit pour trouver moyen de
s'assurer de lui. En vertu de cette Commission, le Duc ne pouvoit se dispenser
de visiter toutes les places fortes du Portugal, & de donner des ordres pour mettre
en bon état celles qui n'y étoient pas.

On avoit en même tems envoyé des ordres secrets à tous les Gouverneurs, de
tâcher de se saisir de sa personne avec le
moins d'éclat qu'il seroit possible, & de
l'envoyer sous bonne escorte en Espagne.
On avoit eu aussi la prévoyance de tenir
prêts sur la frontiére des carosses & des
gardes pour le recevoir, & les relais nécessaires sur la route pour le conduire en
toute diligence à Madrid.

Le Duc de son côté, aussi prudent que
le Comte Duc étoit vigilant, exécuta à la
vérité les ordres de la Cour : mais il avoit
eu la précaution d'être si bien accompagné,

qu'il rendit inutiles les desseins du Ministre, qui n'avoient point échapé à sa péné-
tration.

Le Comte Duc, voyant combien le
Duc de Bragance se tenoit sur ses gardes,
en fut d'autant plus allarmé. Alors il tâcha
de l'attirer à la Cour avec la plûpart de la
première Noblesse du Portugal, avec les
assurances les plus fortes de l'affection de
Sa Majesté, & de la vénération qu'il avoit
lui-même pour le Duc, & de son estime
pour la Nation Portugaise en général. Le
Duc eut soin de répondre avec la même
dissimulation, qu'il rendoit de très-humbles graces à Sa Majesté; qu'il étoit pénétré aussi de la plus vive reconnoissance pour
le Comte Duc, à qui, disoit-il, il se croyoit
redevable des bonnes intentions du Roi;
& qu'enfin il alloit partir incessamment
pour se mettre aux pieds de Sa Majesté.

Et de fait le Duc ordonna des livrées &
des équipages d'une magnificence extraordinaire, & fit tous les préparatifs pour se
rendre à Madrid. Il fut imité en cela par la
plus grande partie de la Noblesse Portugaise, & il joua si bien son jeu, que le
Comte Duc se flattoit déja que Bragance
avoit mordu à l'hameçon. Mais les différens prétextes que celui-ci aporta pour
différer son voyage, ouvrirent enfin les
yeux au Ministre, & la révolte entière du
Portugal ne vérifia que trop ce qu'il avoit
prévu & annoncé dès long-tems. A la vérité, quoique sa faveur diminuât à vûe
d'œil, il ne fut cependant pas disgracié
d'abord.

Il eſt tems, dit Muſcada, de reprendre la ſuite de mon hiſtoire, qui a été un peu interrompue par nos réflexions, ainſi je vai continuer, ſi vous le voulez bien.

Votre pere pouvoit avoir environ trente ans lorſque vous nâquites, en mille cinq cens quatre-vingt quatorze. Cette année fut remarquable par la grande mortalité qu'il y eut entre les Beſtiaux, & par une maladie juſqu'alors inconnue, & qui attaqua particuliérement les chevaux. Votre pere en avoit par malheur alors un grand nombre qui crevérent tous, ce qui le ruina entiérement.

Dès qu'il ſe vit dans un ſi triſte état, & dénué de toute reſſource, il ſe reſſouvint de la promeſſe qu'on lui avoit faite d'une hallebarde, & il prit le parti de rentrer au ſervice, & de retourner joindre l'Armée. Il communiqua cette réſolution au Chanoine Pérez, qui lui promit d'avoir ſoin de votre mere & de vous, juſqu'à ce que votre pere fut en état de revenir, & de racommoder ſes affaires.

Cela étant ainſi réglé, votre pere partit pour l'Armée, & alla chercher ſon ancien Officier; mais le trouvant mort, & ſe voyant lui-même ſans reſſource & ſans apui, il s'engagea pour ſimple ſoldat, & fut envoyé en Flandre avec les autres recrues. Le Roi ayant fait là paix avec la France en mille cinq cens quatre-vingt dix-huit, le Régiment où étoit votre pere fut employé dans les Guerres de Hollande. Blas y fut bleſſé, on lui donna ſon congé comme a pluſieurs autres; & pour ré-

récompense de leurs services, on les gratifia de la permission de s'en retourner chez
eux comme ils le pourroient.

Il revint à Oviédo après une absence
de sept ans. Il vous trouva encore chez
son beau-frere : votre mere s'étoit mise en
condition dans une bonne maison, où
elle étoit assez bien : pour lui, il se présenta pour valet d'écurie dans le meilleur logis de la ville, & y fut reçu.

Après vous avoir raporté l'histoire de
votre famille jusqu'à un point où vous
n'avez pas besoin d'autres éclaircissemens,
je passerai ce que vous sçavez, pour vous
en aprendre ce que vous avez ignoré jusqu'à présent.

Je crois vous avoir dit que votre oncle
& mon ayeul étoient intimes amis. Celui-ci étant venu à mourir, le bon Chanoine, qui estimoit beaucoup mon pere, eut
pour lui la même amitié qu'il avoit eue
pour mon ayeul, & la lui continua jusqu'à
mort. Lorsqu'il la vit proche, il fit apeller mon pere, & lui tint à peu près ce
discours.

» Vous me voyez, mon cher Bertrand,
» à la veille de payer le dernier tribut. J'ai
» enfin atteint le terme auquel tous les hommes tendent dès le premier instant de leur
» naissance. Je ne suis point fâché d'être
» né, puisque c'étoit le bon plaisir de mon
» Créateur. J'ai toujours pris en patience
» les peines que j'ai rencontrées pendant
» ma vie, & n'ai point été fâché de la
» petite figure que j'y ai faite : car Dieu,
» qui est infiniment sage & miséricordieux,
avoit

» avoit jugé cette situation humiliante com-
» me la plus propre à contribuer à mon sa-
» lut ; & bien loin de m'attrister aux apro-
» ches de la mort, ce m'est au contraire
» un sujet de joye & de consolation très-réel-
» le. Je quitte un domicile plein de bruit
» & de troubles, pour aller dans un séjour
» de paix éternelle ; où le repos n'est jamais
» interrompu d'aucun souci.

» J'ai été toute ma vie un grand pêcheur,
» sujet aux passions, & aux autres foiblesses
» inséparables de l'humanité ; mais par la
» grace de Dieu, je n'ai jamais fait tort à
» personne, que je sçache, ni en son hon-
» neur, ni en ses biens. Je mets toute ma
» confiance en la miséricorde infinie de mon
» Dieu, & aux mérites de mon divin Re-
» dempteur ; pour la remission de mes pé-
» chés, espérant qu'ils me seront pardonnés;
» comme de mon côté je pardonne du meil-
» leur de mon cœur à ceux qui pourroient
» m'avoir fait quelque tort, en quelque
» maniére que ç'ait été.

» Je vous ai fait prier de venir ici pour
» une affaire extrêmement délicate, & de
» très-grande importance dont je veux con-
» fier le secret & l'exécution à votre pru-
» dente conduite «.

Mon pere en étoit-là de son récit, lorsqu'un laquais vint l'interrompre, pour lui
dire qu'il y avoit à la porte deux Messieurs
qui arrivoient dans un carosse à quatre mules, & qui souhaitoient de lui parler. Il
donna ordre sur le champ qu'on les fît entrer. C'étoient les deux Avocats.

CHA-

CHAPITRE XIII.

Continuation de l'Histoire de Blas par Muscada: Droit de Gil Blas sur la Terre de Ximenés.

DOn Alphonse fit les honneurs de chez lui, & fit fort bon accueil aux Avocats, d'autant qu'il les connoiſſoit déja, & qu'ils étoient des perſonnes de mérite.

Après qu'ils ſe furent un peu repoſés, un d'eux demanda à Don Gil Blas en quoi ils pouvoient lui être utiles ; parce que la lettre qu'il leur avoit écrite pour les prier de ſe rendre à Leyva étoit conçue en termes généraux, & ne ſpécifioit aucune affaire particuliére qui demandât leur miniſtére.

Mon pere lui répondit qu'il ſe faiſoit tard, & qu'il ne valoit pas la peine d'entamer aucune affaire ; mais que le lendemain matin il leur montreroit certains papiers, ſur leſquels il les prieroit de lui donner leur avis. Après cela la converſation roula ſur des objets indifférens.

Le lendemain matin, dès qu'on eut pris le chocolat, mon pere ſe retira avec les deux conſeillers ; il leur remit les papiers dont il leur avoit parlé la veille ; il les laiſſa ſeuls, & revint joindre la compagnie. La Comteſſe le pria d'abord de vouloir
bien

bien continuer le récit qu'il avoit commencé la veille. Il le fit en ces termes.
L'honnête-homme de Chanoine pourfui-
vit ainfi.

» Quoique tout le monde fache fort bien,
» que nous ne fommes pas les arbitres de
» notre naiffance , il n'eft prefque per-
» fonne qui ne voulut pourtant bien qu'on
» le crut defcendu de parens d'une naif-
» fance diftinguée , quelque peu favorifés
» qu'ils fuffent des dons de la fortune. Je
» puis vous dire que je n'ai point été enti-
» ché d'un foible fi ridicule. J'ai toujours
» cru au contraire, qu'il y a de l'erreur à
» s'imaginer que pour venir d'un fang noble
» on en fera plus refpecté. Je penfe bien
» loin de-là , que lorfqu'un gueux vante le
» luftre & l'antiquité de fa maifon , quel-
» que preuve qu'il en puiffe donner , au
» lieu de lui attirer du refpect , cela pro-
» duit un effet tout opofé , chacun fe mo-
» que de fa vanité. Malgré tout cela , rien
» ne fçauroit guérir certains petits génies
» infatués du rang que leurs ancêtres ont
» tenu dans le monde. L'exemple des au-
» tres ne les rend pas plus fages ; & ils ont
» beau s'appercevoir qu'ils font l'objet de la
» rifée de tous ceux qui les connoiffent ,
» ils n'ont garde de fe corriger pour cela.

» Lorfqu'on a dequoi foutenir une il-
» luftre naiffance par de grands biens ,
» alors on eft refpecté : mais un pauvre
» Gentilhomme ne peut qu'être méprifé
» par tels qui lui portent envie , ou qui
» font piqués dans l'ame de devoir pourtant
» lui céder en certains cas : c'eft une efpéce
» de

» de dédommagement, que le riche faquin
» n'a garde de se refuser.

» Un Grand qui n'a pas de bien, est
» toujours en bute aux railleries du Ma-
» nant qui a dequoi. J'ai fait là-dessus tant
» & de si sérieuses réflexions, mon cher
» Bertrand, que je suis enfin venu à bout
» de vaincre & de dompter, non seulement
» ma propre vanité, mais encore celle de
» ma sœur, & de mon beaufrere Blas sur
» cet article.

» Nous avons eu un soin tout particulier
» de cacher l'origine de notre famille, &
» comme par le malheur des tems nous nous
» voyons confondus dans la lie du peuple,
» nous n'avons pas été fâchés qu'on nous
» ait cru descendus de parens aussi bas qu'il
» convenoit à la situation où nous étions;
» & je vous assure que ce secret auroit été
» enseveli avec moi, & que je n'aurois ja-
» mais dit le mot de ma famille, n'étoit
» que je me crois obligé en conscience par
» raport à mon neveu Gil, d'en faire con-
» fidence à quelque personne discrette. Et
» c'est pour cela que j'ai jetté les yeux sur
» vous, préférablement à toutes mes autres
» connoissances. Vous trouverez dans cet-
» te cassette certains vieux titres en par-
» chemin, qui regardent nos biens, & qui
» contiennent des preuves incontestables
» de notre famille. Je vous conjure de vou-
» loir bien vous en charger, & de ne les
» remettre à mon neveu que lorsque vous
» serez bien assuré par sa manière de vivre,
» qu'il aura assez de fermeté & de bon sens
» pour regarder d'un œil indifférent, &
» mé-

» méprifer également & la flatterie & le
» mépris des gens, & ne faire cas que de
» la vertu, qui eft la véritable nobleffe, ou
» bien en cas que vous veniez à aprendre
» que la branche mafculine des Ximenés
» fût fur le point d'être éteinte. Jufqu'à
» l'un de ces deux cas, je vous prie & vous
» conjure, par cette bonne amitié qui a fi
» long-tems fubfifté entre votre pere &
» moi, & qui fubfifte encore entre vous
» & moi, de garder foigneufement & la
» caffette, & le fecret que je vous confie.

Mon pere ne put refufer ce plaifir à un
ami mourant; il emporta la caffette, après
lui avoir bien promis d'exécuter ponctuellement ce qu'il exigeoit de lui.

Lorfque mon pere fe vit lui-même près
de la fin, il me prit en particulier, &
me confia tout le fecret de cette affaire,
en me chargeant des mêmes conditions
qu'il avoit promifes à votre oncle.

A préfent le Comte Ximenés eft le feul
qui refte de la famille, & il n'y a pas d'a-
parence qu'il laiffe d'héritier mâle. Et vous
de votre côté, vous montrez en tout, à
ce que j'ai oui dire, cette prudence que
votre oncle a exigée pour vous aprendre
l'origine de votre famille, & vous faire connoître à vous-même ce que vous êtes.

Je vois par-là concourir les deux circonftances, dont l'une auroit fuffi pour vous
découvrir cet important fecret; je me trouve en pleine liberté de vous faluer & de
vous apeller Don Gil Ximenés, comme
feul héritier préfomptif de ce titre. Et voilà pourquoi, Seigneur, j'ai dit que fi le Roi

vous avoit bien connu, il se seroit épargné la peine de vous donner des Lettres
de noblesse, d'autant qu'elles vous sont
inutiles. Et vous, Seigneur, si vous vous
étiez connu vous-même, vous n'auriez pas
accepté ce présent, dont au reste je me
suis laissé dire que vous avez tiré si peu de
vanité, que loin d'en faire une vaine parade, vous ne l'avez communiqué que
lorsqu'il a été question d'en faire usage à
l'occasion de votre second mariage.

Je vai incessamment faire venir cette cassette, & vous la remettrai, avec tout ce
qu'elle contient, dans le même état où elle
m'a été confiée : par bonheur j'en ai la clef,
& tous les titres qui vous regardent y sont
enfermés.

Je ne vous ennuyerai pas de tout ce qui
fut dit ensuite entre Muscada & moi ; vous
sentez bien que je pris pour lui des sentimens différens de ceux que m'avoit inspiré
le commencement de son discours. Je le
retins à dîner, & comme j'avois dans ma
maison un apartement assez commode, &
dont je ne me servois pas, je l'engageai à
venir l'occuper pendant le séjour qu'il feroit à Madrid, & même à accepter ma sou-
pe : à la vérité il n'accepta mes offres qu'a-
près que je l'en eus fort prié.

Enfin la cassette en question arriva, Muscada me la remit avec tous les papiers ;
mais après les avoir examinés, je crus qu'il
me convenoit de faire comme mon oncle,
& de n'en point parler. Je priai Muscada
de me garder le même secret, que son pere
& lui avoient gardé précédemment. Il en-

tra dans mes raisons,, & me le promit; &
je vous assure que je n'en aurois peût-être
jamais fait mention jusqu'à l'heure de la
mort , si la passion de Sanche pour la jeune
Comtesse, ne m'eut comme forcé à réveler
ce que je viens de vous en dire.

Il y a aussi dans cette cassette de grandes pancartes de parchemin , qui regardent
la terre de Ximenés, mais je ne les ai jamais lues;, parce qu'elles sont écrites en
cette écriture de Barreau qui est particuliére aux Procureurs, que je ne sçaurois lire,
& je n'ai voulu jusqu'à présent les faire lire à
personne, crainte de trahir mon secret ; &
c'est pour cela que j'ai fait venir de Valence
les deux Avocats qui les ont à présent entre
les mains, pour qu'après les avoir lus & examinés, ils m'en donnent leur avis.

Il fallut du tems aux Avocats pour venir à bout de lire tant de titres & de papiers. Comme ces Messieurs avoient de
l'esprit & du monde, ils ne laissèrent pas
d'égayer & d'animer souvent la conversation à table, durant le séjour qu'ils firent
à Leyva. Entre autres un jour, ce qui nous
étonna fort , ils déclamérent beaucoup sur
ce que la longueur & les détours que la
chicane avoit introduit dans le barreau ,
étoient un fardeau extrêmement à charge
au peuple, & insuportable sur-tout aux
Pauvres. Il seroit à souhaiter, disoit l'un
que le Roi & les Cortes * fissent une bonne réforme dans toutes les Cours inférieures
de Justice, & qu'ils en suprimassent tous

N 2　　　les

______

* Le Sénat, ou Parlement, ou plûtôt les Etats.

les abus, qui ne faisoient que ruïner l'E-
tat , rendre bien des citoyens inutiles ,
peupler les villes & les campagnes de vo-
leurs & de vagabons, & remplir les prisons de pauvres débiteurs , quelquefois pour
des dettes de bibus.

La Loi sera toujours un fardeau intolé-
rable , dit l'autre, tant qu'on n'extermi-
nera pas cette vermine de Scribes , cette
engeance de barbouilleurs de papier, qui
succent le sang du peuple , ces vautours
sous les plumes de pigeons , qui n'établis-
sent leur fortune que sur la folie & sur
les ruïnes des plaideurs insensés.

Ces sang-sues n'ont d'autre métier que de
multiplier les procès, de noircir la réputation des honnêtes-gens , de diffamer un bon
Négociant en le faisant passer pour un homme qui est sur le point de faire banqueroute:
ils sont adroits à découvrir ses créanciers,
leur persuadent de demander leur payement,
en leur faisant entrevoir que bientôt il sera
insolvable.

Par-là ils accumulent nombre de procès;
& quand ils ont fait jetter un pauvre homme en prison, pillé sa maison , & réduit
une femme & des enfans à la triste néces-
sité de gueuser , comme firent autrefois les
Carthaginois quand ils envahirent l'Espagne , ils tombent sur ceux à qui ils avoient
fait accroire qu'ils leur tendoient une main
secourable ; ils leur aportent de longues
listes de vacation ; après cela ils citent eux-
mêmes les créanciers leurs cliens ; & pour
peu qu'ils disputent sur leurs prétentions
exorbitantes , ils leur intentent un nouveau
procès : les loups ne se mangent pas les
uns

uns les autres : bientôt on triple les frais , on fait exécuter les biens , la maison , & souvent on envoye le créancier tenir compagnie au débiteur.

Si l'on ne souffroit parmi tous ces gens du Barreau que des personnes éclairées, & qui eussent de la probité , il s'en faudroit de beaucoup qu'on entendît tant de plaintes de toutes parts contre la Justice & les Loix ; & les Procureurs ne seroient pas , comme ils le sont à présent pour la plûpart, l'objet de la haine, du mépris, & de l'exécration de tout le monde.

Vous avez raison en un sens , mon confrere , dit l'autre ; mais avouons-le de bonne-foi , ce n'est point aux seuls *Scribes* d'un rang inférieur qu'on doit attribuer tout le mal : il y a certainement de grands abus dans le nôtre ; la plûpart d'entre nous s'attachent bien plus à la Logique & aux Sophismes , qu'à l'exacte étude de la Justice & de l'Equité. On ne s'étudie, diroit-on , qu'à donner la torture au Droit, & à le faire paroître sous de fausses couleurs. Nous étouffons le texte par un tas de gloses dont nous connoissons pourtant en nous-mêmes la fausseté. Nous ne nous attachons qu'à nous saisir d'une cause , & à la défendre , quoique très-persuadés souvent qu'elle est mauvaise, & que notre client n'a pas raison. Nous mettons toute notre étude à détourner par nos sophismes le vrai sens de la Loi pour l'apliquer à notre sujet , & nous ne cherchons qu'à jetter de la poudre aux yeux des Juges, & à gagner notre cause.

Combien en trouvera-t-on parmi nous, qui commencent par examiner à fond la juſtice d'une cauſe avant que de l'entreprendre ? Quelque mauvaiſe qu'elle puiſſe être, s'il y a de l'argent à gagner, ne la ſaiſiſſons-nous pas avec avidité, pour ne pas perdre l'honoraire qui nous en doit revenir ? Non, non, à parler franchement, plus une cauſe eſt mauvaiſe & intriguée, plus auſſi eſt grande notre avidité à la ſaiſir; parce qu'il y a plus à travailler, & par conſéquent plus à gagner. C'eſt ainſi que de tems en tems ces ſages conſeillers raiſonnoient, & blâmoient les abus de leur profeſſion.

Il leur fallut près de trois jours pour examiner tous les papiers que mon pere leur avoit remis. Quand ils eurent fait, ils lui en mirent en main un précis, qu'ils en avoient tiré, & lui dirent qu'il n'y avoit pas le moindre doute qu'il ne fût héritier de plein droit tant de la terre que du titre de Ximenés. Voici comment ils le lui démontrèrent. Don Henriquez ſon biſayeul, né en 1474, eut trois fils. 1. Don Franciſco. 2. Don Lorenzo. 3. Don Garcias. L'aîné eut un fils nommé du nom de ſon ayeul, Don Henriquez. Ses Deſcendans ne ſe trouvoient pas à la vérité dans l'arbre généalogique que mon pere leur avoit remis; mais ils l'aſſurérent qu'ils étoient en état de ſupléer par eux-mêmes à ce défaut, par la parfaite connoiſſance qu'ils avoient de cette famille, pour laquelle ils avoient ſouvent été employés; que nous trouve-

rions

rions dans une généalogie qui étoit entre
les mains de la Comtesse Douairiére de Ximenés, & dans les Archives des Hérauts
d'armes, que le fils de ce Don Henriquez
second étoit Don Pédro ayeul du dernier
Comte; & que celui-ci étant mort sans
postérité masculine, le bien devoit revenir de droit, comme ils pourroient le
prouver, à la branche collatérale, & aux
descendans de Don Lorenzo, dont Blas
venoit en droite ligne, comme il pouvoit
le prouver par des titres autentiques; &
que le dernier descendant de Don Garcias,
le troisiéme frere par Donna Éléonor Jut-
tella, étoit Don Sanche, qui de Donna
Maria Tordésillas avoit eu Gil surnommé Pérez, & Catherine. Don Juan, surnommé Blas, épousa ladite Catherine,
& en eut Gil, en qui se réunissent par
le sang les droits des deux branches collaté-
rales.

Ils ajoutérent que le premier Don Henriquez avoit choisi & institué Curateurs à
l'hoirie par maniére de fidéi-commis de tous
ses biens, Don Tomaso de Vélasco, & Don
Gullermo de Fuente-Séca, en réglant l'ordre de succession comme s'ensuit. Son héritage viendroit à son fils aîné & à ses descendans de mâle en mâle, & au défaut
de ceux-ci, en cas qu'il y eût des filles on
devoit lever sur le fond une somme de deux
cens mille écus pour les filles, soit qu'il
y en eût une, ou plusieurs; que les descendans mâles de l'aîné venant à manquer,
la succession passeroit au fond ou à ses
descendans mâles aux mêmes conditions

que

que ci-devant, c'est-à-dire, qu'en cas qu'il
n'y eût que des filles, une ou plusieurs,
on leur donneroit une fois pour toutes la
somme de deux cens mille écus, & que
les biens & titres passeroient au troisiéme
fils, & à ses descendans mâles. Que si celui-ci venoit aussi à manquer d'héritiers mâles, ou que dans ses descendans la ligne
masculine vînt à s'éteindre, on préleve-
roit d'abord une somme de deux cens mille
écus pour être donnée aux Religieux de la
Sainte Trinité de la Rédemption, pour en racheter des Espagnols captifs chez les Infidèles, & qu'alors le bien & le titre passeroient aux filles ; mais qu'en cas qu'il y en
eût plus d'une, l'aînée auroit la moitié des
biens, le titre, le château & la terre de
Ximenés ; & que l'autre portion seroit par-
tagée entre les cadettes, s'il y en avoit
plus d'une.

Sur le revers de cet Acte, étoit écrit
comme s'ensuit. ›› *Memorandum.* Ce jour &
›› an, ci-dedans spécifiés, j'ai signé six Ac-
›› tes & Testamens tous de la même for-
›› me & teneur que celui-ci, chacun en sept
›› feuilles de parchemin, chaque feuille si-
›› gnée par moi, & scellée du cachet de
›› mes armes, & certifiée par les témoins
›› qui ont aussi signé au bas. J'en ai remis
›› deux originaux entre les mains de mes
›› deux amis Don Tomaso de Vélasco &
›› Don Gullermo de Fuente-Séca, un troi-
›› siéme à mon fils aîné Francisco, le qua-
›› triéme à mon second fils Don Lorenzo,
›› le cinquiéme à Don Garcias mon troisié-
›› me fils, & le sixiéme au Prieur du Couvent
des

● des Révérens Peres de la *Sainte Trinité de*
● *la Redemption des Captifs.*

Etoit signé

Don **HENRIQUEZ** , Comte de
XIMENEZ.

Ceci paroit avoir été tout écrit de la propre main de Don Henriquez , & signé par
les mêmes témoins qui ont signé aux Actes
du testament.

Nous avons aussi examiné , continuérent
les Avocats, la généalogie des O' Néals ,
dont votre ayeule étoit issue. Nous avons
trouvé qu'elle remonte jusqu'au tems de
Moyse ; on y voit nombre de ses ancêtres
qui ont été distingués par leur rang , par
leur mérite & par leur valeur , la plûpart
alliés aux Rois & à la principale Noblesse
du Royaume d'Irlande.

Cette généalogie est en Latin , & &
porte avec soi toutes les preuves de la plus
grande autenticité : elle est signée & attes-
tée non-seulement par les Hérauts d'armes,
mais encore par une vingtaine de Lords
Irlandois.

Ils entrérent après cela dans un détail
circonstancié de quelques autres titres , dont
je ne veux pas fatiguer mes lecteurs.

De-là ils remirent à mon pere un manuscrit de la propre main de son oncle Gil
Perez : après que mon pere l'eut un peu
examiné , il dit qu'une autrefois il nous en
feroit la lecture à loisir.

On se répandit ensuite en différens rai-

fonnemens , pour voir & confulter comment Don Blas devroit s'y prendre dans
cette affaire. Les Avocats donnérent leur
avis , qui fe trouva enfuite tout-à-fait con-
forme à celui des confeillers de Madrid ,
& dont j'aurai occafion de parler dans la
fuite.

Pour ce qui regarde la terre de Ximenès ,
leur fentiment fut qu'il falloit donner part
de fes droits & prétentions aux héritiers
des premiers Fidéi-Commiffaires , à qui le
droit du Fidéi-commis étoit dévolu ; & qu'il
n'y avoit point de tems à perdre , d'autant plus que les Peres de la Trinité avoient
déja formé leur demande fur les deux cens
mille écus , croyant qu'il n'y avoit plus
aucun héritier mâle.

Iis ajoutérent à tout cela , que rien ne
conviendroit mieux à la Comteffe , qui
étoit du même fang , & qu'elle feroit
beaucoup mieux de donner fa fille à un
des fils de Don Blas , afin de lui éviter
les embarras de bien des recherches , que
de fe réjouir de voir que la branche mâle
n'étoit pas entiérement éteinte ; & que ce
mariage feroit un avantage commun aux
deux familles. Vous comptez bien que mon
frere ne leur fçut pas mauvais gré de ce
dernier avis.

Là-deffus mon pere leur fit part des fentimens que Don Sanche avoit déja conçu
pour la jeune Comteffe , & leur declara
que ce n'étoit que par ce feul motif qu'il
s'étoit déterminé à faire valoir fes droits ,
& que fans cela il n'y auroit peut-être jamais fongé , dans l'idée où il avoit été jufqu'es

ques-là, que ses prétentions ne pouvoient s'étendre que sur le titre tout seul.

Le lendemain les Avocats s'en retournèrent, très-satisfaits de la reception & du bon accueil qu'on leur avoit fait, aussi-bien que de la gratification dont mon pere avoit récompensé leurs peines & leurs avis. Ensuite mon pere trouvant qu'il étoit tems de se retirer & de retourner à Lirias, dit à Don Alphonse, qu'il avoit envie de s'en aller chez lui dans trois jours, & de faire tous les préparatifs nécessaires pour son voyage de Madrid. A cela mon Patron répondit, suivant sa politesse ordinaire, qu'il y auroit de la dureté à laisser la Comtesse seule ; que pour lui il vouloit accompagner mon pere, afin de voir si par lui ou par ses amis, il pourroit lui être de quelque utilité à la Cour ; & que pour cela il se flattoit que les Dames voudroient bien avoir la bonté de rester à Leyva avec mon oncle & Don *Scipion*, pour tenir compagnie à la Comtesse.

Il se passa encore entr'eux quelques complimens là-dessus. Enfin ils convinrent de leur fait, & on régla que mon frere seroit du voyage. Comme je n'avois jamais vu Madrid, je témoignai à mon Patron que je serois bien aise d'être de la partie, & il me le promit très gracieusement.

Le lendemain Don Alphonse donna ses ordres pour que tout fût prêt pour notre voyage. Sur ces entrefaites la Comtesse fit ressouvenir mon pere, qu'il avoit promis de communiquer à la compagnie la lecture du Manuscrit dont il est parlé plus

haut, & le pria de dégager sa parole. Il
lui répondit avec la même civilité, que
ses priéres étoient des ordres pour lui : en
même-tems il alla le chercher & revint à
l'inftant. Voici à peu près ce qu'il con-
tenoit.

CHA-

CHAPITRE XIV.

La Vie de Don Bernardo, &c.

» COmme il eſt très-poſſible que la con-
» noiſſance de ſa famille pût être un
» jour d'un très grand avantage à mon
» neveu Gil, connu juſqu'à préſent ſous
» le ſurnom de Blas ; comme il a ignoré
» juſqu'à preſent le vrai nom & la qualité
» de ceux dont il tient le jour, je me ſuis
» cru obligé en juſtice & en conſcience,
» de lui laiſſer des éclairciſſemens qui puiſ-
» ſent le mettre un jour à même, lui ou
» ſes deſcendans, de rentrer dans les droits
» qui pourront lui apartenir, tant par les
» loix de la Nature, que par celles du
» Royaume.

» Comme mon intention n'eſt point que
» cet écrit tombe jamais entre les mains
» de qui que ce ſoit tant que je vivrai,
» ou du moins juſqu'au tems de ma mort,
» j'eſpére qu'on n'attribuera point au
» moindre mouvement d'ambition, ce que
» je ne puis refuſer à la force de la véri-
» té. J'avoue devant mon Créateur, à
» qui j'en demande très-humblement par-
» don, que j'ai été un grand pécheur ;
» mais je rends graces à la Bonté Divine
» de m'avoir toujours préſervé de toute
» tentation du côté de la vaine gloire &
» de l'amour-propre. Ce ſeroit donc avec
» la

» la plus grande injustice qu'on m'en ta-
» xeroit, sur ce que je vais écrire de l'ori-
» gine de notre famille.

Le commencement du Manuscrit ne contient qu'une répétition des mêmes raison-
nemens des Avocats sur notre généalogie ;
ainsi je passerai tout cet article pour ne
pas vous ennuyer.

» Tout ce détail est amplement vérifié
» par les généalogies autentiques qui sont
» entre mes mains ; & qui sont duement
» attestées par les Hérauts d'armes , &
» collationnées sur les Titres originaux ,
» où la descendance est exacte & non in-
» terrompue, jusqu'à la naissance de mon
» beaufrere , de ma sœur Catherine , &
» à la mienne , y ayant été enregistrées
» dans les formes par nos parens respec-
» tifs. Don Henriquez , qui fait la tige
» d'où descendent nos deux familles, don-
» na dès l'âge de vingt-cinq ans des preu-
» ves d'une valeur extraordinaire, & se si-
» gnala dans la bataille contre les Mo-
» res des Montagnes d'Alpujarras , dans
» le Royaume de Grenade , qui s'étoient
» révoltés. Les rebelles avoient déja en-
» velopé le Comte de Tendilla Gouver-
» neur de ce Royaume ; & quoiqu'il se
» défendît vaillamment, & qu'il en eût
» déja fait tomber plusieurs aux pieds de
» son cheval , ils l'auroient infailliblement
» massacré , ou du moins fait prisonnier ,
» si Don Henriquez , voyant son oncle
» (il étoit frere de sa mere) dans cette
» extrêmité , ne se fût fait jour en terras-
» sant ou en écartant tout ce qui s'opo-
» soit

» soit à sa fureur, & ne fût arrivé à tems
» pour le débarrasser, au moment que
» n'espérant plus de salut, il ne songeoit
» qu'à vendre sa vie le plus cher qu'il
» pourroit.

» Après cette première action, où les
» Mores furent défaits, & où il en périt
» un très-grand nombre, Muley-Ben-
» Hamet-Ben-Abdallah, homme brave &
» d'une force prodigieuse, envoya défier
» le plus brave des Espagnols dans l'Ar-
» mée du Comte de Tendilla.

» Don Henriquez, qui étoit présent
» lorsque celui qui étoit chargé du messa-
» ge du Roi More proposa le défi, fut le
» premier à s'offrir de l'accepter.

» Il en demanda la permission à son on-
» cle, qui ne la lui accorda qu'avec beau-
» coup de peine & de répugnance. Après
» l'avoir obtenue, il chargea le messager de
» Muley-Ben-Hamet-Ben-Abdallah de lui
» dire, que quoiqu'il n'eût pas la téméri-
» té de se donner pour le plus brave d'en-
» tre les Espagnols, il osoit cependant es-
» pérer que le Roi More ne feroit pas dif-
» ficulté de se rendre au lieu & au tems
» qu'il avoit lui-même marqué & propo-
» sé : qu'au reste il étoit fâché de devoir
» trouver un ennemi en la personne d'un
» Prince brave & courageux, & qu'il ai-
» meroit beaucoup mieux embrasser com-
» me ami. Il ajouta que quelle que fût
» l'issue de cette affaire, il ne pouvoit que
» lui en revenir beaucoup de gloire, puis-
» qu'il auroit eu à combattre le vaillant
» Muley-Abdallah.

»Les

» Les deux champions se trouvèrent sur
» le champ de bataille au tems marqué.
» Leurs Armées étoient rangées de cha-
» que côté, & attendoient de ce combat
» singulier la décision de leur sort. On bat-
» tit de part & d'autre avec autant d'a-
» dresse que de courage; ils se portèrent
» l'un à l'autre différens coups; le com-
» bat fut long; mais enfin le More, af-
» foibli par la perte du sang qui avoit cou-
» lé de ses blessures, tomba de son che-
» val, on le crut mort.

» D'abord Don Henriquez mit pied à
» terre pour lui donner du secours, en cas
» qu'il fût en état d'en recevoir : effecti-
» vement il n'étoit qu'évanoui, il fut por-
» té dans la tente de Don Henriquez,
» où l'on eut soin de le panser de ses bles-
» sures.

» Les Mores ayant vu tomber leur chef,
» avancèrent pour le retirer & le venger
» de Don Henriquez; mais les Chrétiens
» sçurent retenir l'un, & défendre l'autre.

» Les deux Armées en vinrent aux mains,
» le combat fut long & sanglant, & du-
» ra jusques sur le soir, que les Mores fu-
» rent mis en déroute, & poursuivis avec
» une ardeur qui répandit le carnage &
» l'horreur dans leur camp, & ne finit
» que par l'obscurité de la nuit.

» Les soins que l'on prit de Muley-Ben-
» Hamet eurent un si bon succès, qu'au
» bout de six semaines il fut entièrement
» guéri de ses blessures, dont il n'y en
» avoit eu aucune de dangereuse.

» Le Comte de Tendilla, qui alloit sou-
» vent

» vent lui faire visite, gagna sur lui, par ses
» bonnes maniéres & par ses discours, une
» promesse d'écouter sans préjugé les Prin-
» cipes fondamentaux de la Religion Chré-
» tienne. Le Comte ne doutoit pas que
» son prisonnier ne se sentît convaincu,
» lorsqu'on lui feroit voir que tout ce qui
» a été prédit sur le Messie, se trouve
» exactement accompli en la vie de Jesus,
» fils de la Vierge Marie.

» Mulcy reçut de fréquentes visites de
» quelques sçavans & pieux Ecclésiasti-
» ques : il les écouta avec patience & at-
» tention, & leur répondit avec tant de
» douceur, qu'à la fin il fut convaincu
» de la vérité de la Religion Chrétienne
» & reçut le baprême. Il fit alors avec le
» Comte de Tendilla un Traité, par le-
» quel il seroit permis à tous les Mores
» qui ne voudroient pas renoncer aux er-
» reurs du Mahométisme, de se retirer
» en Afrique ; & que ceux qui embrasse-
» roient le Christianisme, seroient regar-
» dés & traités comme tous les autres fi-
» déles sujets & serviteurs du Roi.

» En vertu de ce Traité, plusieurs fa-
» milles Moresques quitérent le Royau-
» me. Il y eut aussi plusieurs Mores qui
» embrassérent le Christianisme ; à la vé-
» rité ils n'en furent pas moins Mahomé-
» tans dans le cœur.

» Le Roi FERDINAND & ISABEL-
» LE voulant récompenser la valeur de
» Don Henriquez, & reconnoître le ser-
» vice qu'il avoit rendu à l'Etat & à la
» Religion, l'honorérent de l'Habit &

» de

» de la Croix de l'Ordre d'Alcantara *.

» Je n'ai pu me difpenfer de m'étendre
» fur ce trait remarquable de la vie de
» Don Henriquez, parce que foit par en-
» vie, ou par ignorance, il a été omis dans
» nos Hiftoires, quoiqu'il foit détaillé dans
» toutes fes circonftances dans la Patente
» dont j'ai vu & lu l'original dans les Ar-
» chives de l'Ordre d'Alcantara ; elle eft
» datée de l'an 1499.

» Comme je n'écris ceci que pour le pro-
» fit & l'inftruction de mon neveu, en
» qui fe réuniffent les deux branches ca-
» dettes des defcendans de ce Henriquez,
» je ne parlerai point de la lignée de Don
» Francifco fon aîné.

Ici le Manufcrit rend compte de notre
généalogie, de la même maniére que j'ai
déja eu l'honneur de vous dire, & il continue ainfi.

» Don Bernardo mon oncle fervit com-
» me volontaire à l'âge de dix-neuf ans
» fous le Duc de Médina-Céli Viceroi de
» Sicile, & fe trouva avec lui lorfqu'il
» prit

* Cet Ordre de Chevalerie fut inftitué dans
le onziéme fiécle par le Roi ALPHONSE,
à l'occafion de la prife de la ville de ce nom
dans la Province d'Eftramadure. Il fut féparé
en 1219. de celui de Calatrava, & depuis a
eu fes Grands Maîtres particuliers. Les Che-
valiers portent une Croix verte. Il y a trente-
huit Commanderies, dont le revenu fe monte à deux cens quarante-huit mille cent quatorze ducats par an.

» prit l'Ifle de Gelves ; mais la Flotte des
» Infidèles tombant fur le Viceroi lorf-
» qu'il s'y attendoit le moins , fon Armée
» fut en partie détruite , & le refte réduit
» à l'efclavage. Il s'en falut même très-peu
» que lui-même ne fût pris prifonnier.
» Un de fes fils , qui fe trouva fur le mê-
» me vaiffeau où étoit Don Bernado , fit
» une réfiftance vigoureufe mais inutile.
» Les Ottomans vinrent à l'abordage , fe
» rendirent maîtres du vaiffeau & de tout
» l'équipage. On conduifit le vaiffeau &
» les prifonniers à Tripoli.

» Ce fut en 1559. que fe paffa cet ac-
» tion. La rançon de Don Bernardo fut
» mife à fi haut prix , qu'il fut obligé de
» faire vendre prefque tout fon bien , pour
» mettre fin à un efclavage qui dura ce-
» pendant trois ans , & que fon Patron
» avoit foin de rendre de jour en jour plus
» dur & plus infuportable. Ayant apris
» qu'il étoit d'une des meilleures familles
» d'Efpagne , & même parent du Viceroi ,
» il comptoit par-là le forcer d'autant plû-
» tôt à fe racheter au prix qu'il voudroit.

» Dès qu'il fut de retour en Efpagne ,
» il fut prefenté à Philippe II. qui
» régnoit alors. Il en fut reçu très-gra-
» cieufement , & le Roi eut la bonté de lui
» faire efpérer quelque dédommagement
» pour tout ce qu'il avoit fouffert : on
» commença par lui donner d'abord une
» Compagnie.

» Le Grand O' Néal , Irlandois , étoit
» alors incognitò à Madrid , pour des af-
» faires très-importantes. Il avoit amené
» avec

» avec lui sa fille, qu'il destinoit au Cou-
» vent, & à qui il vouloit faire prendre
» le Voile en Espagne.

» Cette jeune Demoiselle logeoit chez
» la Comtesse d'Alcaudéte, dont le mari
» étoit Gouverneur d'Oran, & Colonel
» du Régiment où étoit la Compagnie
» qu'on venoit de donner à Don Bernar-
» do. Comme il faisoit les aprêts pour se
» rendre à son Régiment, qui étoit à Oran,
» il eut besoin d'aller souvent chez la
» Comtesse, épouse de son Colonel. Dans
» toutes ses visites il eut occasion de voir
» la jeune Demoiselle Irlandoise, il en
» devint éperdument amoureux, il fut
» assez heureux, & la belle Irlandoise
» prit aussi pour lui les sentimens les plus
» tendres.

» Il fit confidence de sa passion à la
» Comtesse, & la pria de vouloir bien
» s'intéresser auprès du pere de la Demoi-
» selle ; ce qu'elle fit en effet dès le lende-
» main. O' Néal étant venu la voir, elle
» fit tomber la conversation sur Bernardo,
» elle parla de sa famille, de son carac-
» tére, de son bien, de ses malheurs.

» Comme elle n'en parloit que dans la
» vue de servir Bernardo, tout ce qu'elle
» en dit prévint si fort O' Néal en sa fa-
» veur, que la Comtesse profitant de ces
» bonnes dispositions, obtint qu'il consen-
» tiroit à marier sa fille avec un cavalier de
» ce mérite, & dont l'alliance ne pouvoit
» que lui faire honneur. Il vit Bernardo,
» il le goûta, & ratifia ce qu'il avoit pro-
» mis. Le mariage se conclut, & il se cé-
» lébra.

» lébra le prémier de Janvier mil cinq
» cens soixante-deux. Au mois de Février
» suivant Bernardo partit pour aller join-
» dre sa Compagnie ; il laissa sa jeune épou-
» se auprès de la Comtesse.

» Il étoit trop bien recommandé pour
» n'être pas des mieux reçus chez le Gou-
» verneur, qui eut pour lui toutes les at-
» tentions possibles. Le reste de l'année se
» passa assez tranquilement ; mais en mil
» cinq cens soixante-trois S A L A R R A C Z
» Roi d'Alger troubla leur repos pour le
» siége d'Oran & de Mazalquivir.

» Les Infidéles assiégerent Oran avec dix
» mille hommes, & un nombre considé-
» rable de vaisseaux & de galéres, pour
» priver la ville de tous les secours qu'elle
» pourroit recevoir d'Espagne ou d'Italie.
» Ils avoient outre cela vingt piéces de
» gros canon ; ce qui faisoit en ce tems-là
» une artillerie formidable.

» Les assiégés se défendirent avec toute
» la valeur imaginable. Dès qu'ils virent
» que la bréche étoit suffisante pour un
» assaut, ils résolurent unaniment de mou-
» rir, plûtôt que d'accepter aucune capi-
» tulation.

» Heureusement pour eux, & lorsqu'ils
» s'y attendoient le moins, lors même que
» les Barbares faisoient toutes les dispositions
» pour donner un assaut général, Don
» Juan de Cordoüa, Général des Galéres
» d'Espagne, parut à Offing avec un se-
» cours qu'il amenoit de Cartagéne. A cet-
» te vue les Mahométans prirent la fuite
» avec tant de hâte & de confusion, qu'ils
» aban-

» abandonnèrent leur canon aux assiégés ;
» ils s'embarquèrent du mieux qu'ils pu-
» rent, & tâchèrent de se sauver à Alger.

» Don Juan les poursuivit vivement,
» leur donna la chasse, & leur prit vingt-
» deux galliotes, & trois gros vaisseaux
» Mores.

» Après cet échec les Mores se conten-
» tèrent de menacer de recommencer le
» siége l'année suivante. Mais le Roi ayant
» envoyé en mer une puissante Flotte sous
» les ordres de Don Garcias de Tolède,
» les Infidèles jugèrent à propos de remet-
» tre à un autre tems l'effet de leurs me-
» naces.

» Don Bernardó ayant été dangereuse-
» ment blessé à ce siége, le Comte d'Al-
» caudéte l'envoya à Madrid, où ayant
» trouvé de plus habiles Chirurgiens que
» ceux d'Oran, il fut parfaitement rétabli
» de ses blessures.

» En mil cinq cens soixante-quatre,
» sa femme accoucha d'un fils, nommé
» Jean, dans le château d'Estalla, où il
» laissa la mere & le fils. Il s'embarqua à
» bord de la Flotte selon les ordres qui lui
» avoient été donnés, & arriva assez tôt
» pour aider à la prise du Fort del Pennon.
» Ce château avoit été bâti anciennement
» par le Comte Don Pédro de Navarro
» proche la ville de Vélez sur les côtes
» d'Afrique, & il étoit alors en la posses-
» sion des Mores.

» Deux ans après cette expédition, les
» Mores du Royaume de Grenade arborè-
» rent l'étendart de la rebellion. Don Ber-
» nardó

» nardo , à qui le Roi venoit de donner
» un Régiment, fut envoyé pour les châ-
» tier, sous les ordres du Marquis de Mon-
» déjar : les rebelles furent entiérement
» défaits en sept différens combats.

» L'année mil cinq cens soixante - six
» fut remarquable par la mort de l'Infant
» DON CARLOS , qui par ordre du
» Roi son pére eut les veines ouvertes , &
» expira dans un bain chaud.

» La Duchesse de Parme, sœur naturel-
» le du Roi , étoit alors Gouvernante des
» Pays-Bas. Elle étoit fille de l'Empereur
» CHARLES-QUINT, premier Roi d'Es-
» pagne de ce nom.

» Les Peuples des dix-sept Provinces ne
» s'accommodoient point d'être gouvernés
» par une femme , ils commencérent par
» murmurer , ils en vinrent enfin à une
» rebellion formée; la Populace qui se joi-
» gnit à ceux de la Religion Réformée ,
» se laissa aller à toutes sortes de violen-
» ces.

» Le Roi envoya le Duc d'Albe pour
» tâcher de réduire les séditieux , & d'é-
» touffer la révolte dans son principe. Ce-
» lui-ci , loin d'adoucir les esprits , ne fit
» au contraire que les aigrir , en arrêtant
» les Comtes d'Egmont & de Horn : &
» bien en prit au Prince d'ORANGE de
» s'être évadé à tems , sans quoi il auroit
» infailliblement subi le sort des deux au-
» tres , à qui le nouveau Gouverneur fit
» trancher la tête au mois de Juin. On
» dit que lorsque les Comtes virent que ce
» Prince alloit s'éloigner, ils lui dirent, adieu

» Prince

» Prince fans terre ; & qu'il leur répon-
» dit , adieu Comtes fans tête.

» En mil cinq cens foixante-fept , Shan
» O' Néal beau-pere de Don Bernardo éx-
» cita une efpéce de foulévement dans le
» Nord de l'Irlande , dans le deffein de
» rétablir ce Royaume dans fon ancienne
» liberté, en fecouant le joug de l'Angle-
» terre ; de faire rentrer la Nobleffe dans
» tous fes droits & prérogatives, & de ré-
» tablir la Religion Catholique-Romaine,
» que la Reine ELISABETH d'Angle-
» terre vouloit abolir dans les trois Royau-
» mes.

» Il fut malheureufement affaffiné par
» un des fiens. Cette nouvelle caufa tant
» d'affliction à l'époufe de Don Bernardo
» qui étoit alors enceinte , qu'elle en fit
» une fauffe-couche dont elle mourut.

» Don Bernardo fut inconfolable de la
» perte d'une fi digne époufe, il fut auffi
» extrêmement afiligé de la trifte fin de
» fon beau-pere. C'étoit un Seigneur qui
» avoit beaucoup de crédit à la Cour d'Ef-
» pagne ; c'étoit lui qui avoit le plus con-
» tribué à faire avoir à fon gendre le Ré-
» giment dont il étoit Colonel. D'ailleurs,
» comme il tiroit de tems en tems & en
» fecret des remifes confidérables pour ai-
» der à la réuffite du deffein dont j'ai par-
» lé ci-deffus , il contribuoit à l'entretien
» de Don Bernardo , de maniére qu'il ne
» fe preffoit pas de folliciter le payement
» des arrérages qui lui étoient dus par la
» Cour , tant pour fes propres apointe-
» mens , que pour les avances de l'habil-
» lement

» lement de fon Régiment qu'il avoit fait
» à fes frais, & que la Cour lui devoit
» encore dès le tems qu'il en avoit été fait
» Colonel.

» Les rigueurs du Duc d'Albe dans les
» Pays-Bas, bien loin d'éteindre le feu de
» la révolte, ne faifoient au contraire que
» l'allumer davantage. Plus il augmentoit
» de rigueur, & plus les Flamans s'aigrif-
» foient : cela obligea le Roi à faire paf-
» fer de tems à autre fes meilleures trou-
» pes dans ce Pays, pour faire rentrer les
» Flamands dans leur devoir.

» Comme le Régiment de Don Bernar-
» do fut auffi nommé pour cette expédi-
» tion, il fit un voyage à Madrid pour
» folliciter les arrérages tant de fes apoin-
» temens, que des avances pour l'habil-
» lement, outre une nouvelle fomme pour
» habiller le Régiment avant qu'il fe mit
» en marche.

» Le Miniftre le reçut avec toute la po-
» liteffe imaginable, lui fit toujours bien
» des complimens, il lui donnoit toujours
» les plus belles paroles du monde, & en
» attendant le remettoit d'un jour à un
» autre, & voilà tout ce qu'il en put ti-
» rer. Lui qui étoit d'un naturel altier,
» fe piqua d'honneur : il prit de l'argent
» à emprunt fur fes biens, & habilla en-
» core une fois fon Régiment : après ce-
» la il le fit marcher vers Cadiz, & le fit
» embarquer fur un vaiffeau de tranfport,
» fous les ordres de fon Lieutenant-Colo-
» nel; & pour lui il freta un bâtiment plus
» leger, & fit voile pour les Pays-Bas

O

» quel-

» quelques jours avant le reste de la Flot-
» te.

» Après quelques jours de navigation,
» il fut surpris en pleine mer d'un orage
» si violent, qu'on fut obligé de couper
» tous les mâts du navire, & de s'aban-
» donner au gré des vagues.

» Ils furent ensuite le jouet des flots
» pendant vingt-cinq jours, toujours ba-
» lottés par la fureur des vents, jusqu'à
» ce qu'enfin ils furent portés sur les cô-
» tes de Plymouth en Angleterre, où ils
» échouérent. Ils perdirent tout ce qu'ils
» avoient, trop heureux encore de pou-
» voir sauver leur vie ; par bonheur il ne
» périt personne de l'équipage, ni des paf-
» sagers.

» Don Bernardo, dans ce triste état,
» écrivit d'abord à Don Gerardo de Spésio,
» qui étoit alors Ambassadeur pour le Roi
» d'Espagne auprès de la Reine ELISA-
» BETH. Son Excellent lui fit à l'instant
» des remises pour s'équiper, & pour se
» transporter à Londres, où il lui man-
» doit de se rendre, d'autant que sa pre-
» sence dans ce Pays-là pourroit être de
» quelque utilité pour le service du Roi.

» En ce tems-là, vers la fin de mil cinq
» cens soixante-huit, il y avoit déja quel-
» que mésintelligence entre la Cour d'Es-
» pagne & celle d'Angleterre, par raport
» à certain argent que des Marchands Gé-
» nois avoient prêté au Roi, & qu'on en-
» voyoit au Duc d'Albe pour l'habille-
» ment & la paye des Garnisons des Pays-
» Bas.

» Les

» Les vaisseaux qui transportoient cet
» argent pour les Génois se trouvant pour-
» suivis par quelques Armateurs François,
» cherchérent un azile dans les Ports d'An-
» gleterre, & se réfugiérent à Plymouth;
» à Falmouth, & à Southampton.

» La Reine ayant eu des avis certains
» que cet argent étoit destiné à être em-
» ployé contre les Flamans, qu'elle soute-
» noit sous main, ayant même fait des
» avantages à plusieurs qui s'étoient retirés
» dans ses Royaumes, fit saisir le tout,
» & se contenta d'en donner des suretés
» aux Marchands Génois.

» Sur cette saisie, & sur le refus que fit
» la Reine de restituer cet argent, le Duc
» d'Albe fit saisir à son tour les effets qui
» apartenoient aux Marchands Anglois
» dans les Pays-Bas; & la Reine par con-
» tre-represailles en fit saisir bien davanta-
» ge sur les Flamans en Angleterre.

» Au mois de Janvier mil cinq soi-
» xante-neuf, la Reine publia pour jus-
» tifier son procédé, que le Duc d'Albe
» avoit été l'agresseur, & que c'étoit lui
» qui avoit commencé par saisir les effets de
» ses Sujets; & elle jetta le blâme de tou-
» te cette brouillerie sur Don Gerardo Am-
» bassadeur d'Espagne. Celui-ci se défen-
» dit, & donna à entendre que c'étoit
» bien moins la Reine que les ennemis de
» l'Espagne qui faisoient courir ce bruit,
» & pour se justifier plus amplement, il dit
» tout net que la Reine étoit la principa-
» le cause des dissentions : il parla même
» à Sa Majesté en des termes si peu mé-

» nagés

» nagés, qu'elle en fut outrée, & fit met-
» tre cet Ambassadeur aux arrêts, où il
» fut pendant deux jours ; outre qu'elle
» fit de fortes plaintes au Roi contre son
» Ministre.

   » Il n'y avoit que peu de jours que l'Am-
» bassadeur avoit reçut cet affront, lors-
» que Don Bernardo arriva à Londres. Le
» Ministre regarda ce procédé de la Reine
» à son égard comme une insulte faite au
» Roi son Maître, dont il étoit repre-
» sentant. Il envoya d'abord un Exprès
» à la Cour de Madrid, à qui il fit les
» plaintes les plus améres contre la Cour
» d'Angleterre.

   » A Madrid le Roi ne sçut pas plûtôt que
» l'argent des Génois étoit arrêté & saisi en
» Angleterre, qu'il fit saisir tous les effets
» des Anglois qui se trouvoient dans ses
» Domaines & Royaumes, & fit tout ce qu'il
» put pour exciter un soulévement & une
» révolte en Angleterre & en Irlande.

   » Quoiqu'il n'y eût pas de guerre dé-
» clarée dans les formes entre l'Espagne
» & l'Angleterre, les Anglois ne laissérent
» pas de faire des prises continuelles des
» Vaisseaux Espagnols. Ces sortes de repre-
» sailles & d'excès furent poussés si loin,
» & faisoient tant de tort aux Sujets de la
» Monarchie d'Espagne, que la Reine
» craignant enfin qu'une simple brouille-
» rie ne tournât en une guerre ouverte
» entre les deux Couronnes, prit le sage
» parti de faire finir ces excès, en défen-
» dant à ses Sujets de ne plus inquiéter les
» Vaisseaux Espagnols.

» Don

» Don Bernardo pendant son séjour à
» Londres, envoya des ordres à son In-
» tendant en Espagne de prendre encore
» de l'argent sur ses terres sur le même
» pied qu'il en avoit emprunté lui-même
» avant son départ, & de le lui faire adres-
» ser en Flandre; & il prit en Angleterre
» d'un Marchand que lui recommanda
» l'Ambassadeur, des Lettres de change
» pour avoir de quoi se mettre en équi-
» page, après quoi il se disposa à partir
» pour aller joindre son Régiment, qui
» étoit arrivé plus heureusement que lui.

» Il fit part à l'Ambassadeur du dessein
» qu'il avoit de s'embarquer incessamment
» pour les Pays-Bas. Son Excellence lui
» répondit qu'elle en avoit disposé autre-
» ment, & qu'elle vouloit l'employer plus
» utilement pour le service du Roi; qu'au
» reste ce ne seroit que pour une affaire
» qui ne devoit pas être de longue halei-
» ne; mais qu'il falloit qu'il eût la pré-
» caution de continuer de faire les prépa-
» ratifs comme s'il alloit effectivement
» partir, & qu'il fît prendre les devans
» à tous ses domestiques; qu'après cela il
» se logeât dans une maison particulière
» qu'il lui indiqua, qu'il ne se montrât
» que le moins qu'il pourroit, qu'il ne pa-
» rut plus à l'hôtel, & que Son Excellen-
» ce iroit le voir fort souvent.

» Que ses visites ne pourroient du moins
» que le constituer en quelques dépenses;
» & que comme c'étoit pour le service du
» Roi, il ne seroit pas juste que ce fût
» aux frais de Don Bernardo. En même-

O 3 » tems

» tems il lui mit en main une bourse de
» cinq cens guinées, & lui dit en même-
» tems de lui faire sçavoir dès qu'il seroit
» dans son nouveau logement : mais sur-
» tout, continua l'Ambassadeur, prenez
» garde qu'aucun de vos gens ne puisse
» seulement soupçonner que vous restiez
» ici, & ayez soin qu'ils soient tous bien
» persuadés que vous partez.

» En vertu de ces instructions, Don
» Bernardo fit embarquer le lendemain tout
» son monde avec ses nouveaux équipages
» sur la Tamise, avec ordre d'aller l'atten-
» dre à Douvres, où il iroit les joindre
» par terre ; mais qu'en tout cas, s'il n'y
» étoit pas quand ils arriveroient, ils n'a-
» voient qu'à partir d'abord, & passer la
» mer sans s'amuser à l'attendre ; & qu'en
» arrivant en terre-ferme, ils poursuivis-
» sent incessamment leur route pour Bru-
» xelles, & lui louassent d'abord une mai-
» son dans le voisinage de la Cour, ou
» s'il se pouvoit, sur le Sablon.

» Après avoir fait embarquer ses gens,
» Bernardo entra dans son nouveau loge-
» ment, qui se trouva commode, & fort
» propre. Après y avoir fait ses premiers
» arrangemens, il s'en fut chez Don Gerar-
» do, comme pour prendre congé de lui ; ce
» qu'il fit en presence des domestiques de
» l'Ambassadeur, qui crurent tous qu'il par-
» toit effectivement. Dans le particulier,
» il rendit compte de tout à Son Excellen-
» ce, & se retira dans son petit logement.

» A peine avoit-il été quatre heures chez
» lui, où il se faisoit passer pour un Mar-
» chand

» chand Génois sous le nom de Brocardo,
» qu'un laquais en habit de livrée deman-
» da à parler au Signor Brocardo. Il lui
» remit une lettre de l'Ambassadeur, par
» laquelle Son Excellence lui mandoit,
» que comme il ne pourroit se passer d'a-
» voir du moins un domestique, elle lui
» envoyoit un Italien qui parloit parfai-
» tement Anglois, & en qui il pouvoit
» avoir une entiére confiance, d'autant
» que sa fidélité étoit connue à Son Ex-
» cellence, qui marquoit de plus dans la
» lettre, que ce garçon seroit propre pour
» leur correspondance mutuelle; mais que
» cependant le Signor Brocardo eût atten-
» tion de ne jamais l'envoyer de jour à
» l'hôtel.

» L'Ambassadeur ajoutoit à la fin de sa
» lettre, qu'il viendroit ce soir même sou-
» per avec le faux Génois, qu'ainsi il don-
» nât ses ordres à son nouveau laquais de
» faire préparer un bon souper, parce que
» Son Excellence devoit amener encore
» quelques amis; que le laquais étoit au fait
» & que Don Bernardo, ou plûtôt le Si-
» gnor Brocardo pouvoit dès ce jour le
» regarder comme son propre domestique.

» Vers les six heures du soir le feint
» Marchand ne fut pas peu surpris de voir
» arriver chez lui le Marquis Vitelli,
» suivi d'un homme qui portoit une cas-
» sette.

» Dès que le porteur fut retiré, le Mar-
» quis ouvrit la cassette, & dit au Signor
» Brocardo qu'il y avoit-là six mille gui-
» nées qu'il lui remettoit, & qu'il seroit

» chargé de les distribuer, ainsi que les
» autres sommes qui lui seroient envoyées
» par la suite, à certaines personnes qui
» viendroient avec des billets, spécifiant
» la somme que chacun devroit toucher,
» & un signe particulier qu'il lui donna.

» Après cela le Marquis lui fit confi-
» dence qu'il avoit été envoyé en Angle-
» terre, sous le prétexte aparent de tra-
» vailler à accommoder les différends qui
» étoient survenus entre les deux Cours ;
» mais que dans le fond le vrai motif de
» son voyage, étoit de se mettre à la tête
» des troupes que le Duc d'Albe devoit
» envoyer, pour seconder & soutenir
» les Comtes de Northhumberland & de
» Westmorland, deux Lords qui pou-
» voient beaucoup dans le Nord de l'An-
» gleterre, & qui tramoient un souléve-
» ment dans le Royaume ; qu'à cette fin
» on avoit omis dans ses instructions cer-
» taines formalités qui les rendoient dé-
» fectueuses, afin de pouvoir profiter du
» tems qu'il faudroit employer à en de-
» mander & en faire venir de plus amples
» & mieux expliquées, pour avoir l'œil à
» tout ce qui se passeroit.

» Que le Duc d'Albe s'étoit engagé à
» soutenir ces deux Seigneurs, par des
» troupes choisies qu'il leur devoit en-
» voyer des Pays-Bas ; qu'il avoit déja en-
» voyé le Gouverneur de Dunkerque dé-
» guisé en habit de matelot, avec des gens
» experts dans le pilotage, pour examiner
» & sonder les Ports d'Angleterre, & voir
» ceux qui seroient les plus propres pour

» une

,, une defcente ; mais que cependant il ne
,, vouloit pas hazarder les meilleures trou-
,, pes du Roi, avant que d'être fûr, & de
,, voir à quoi fe monteroient les hommes
,, que ces Seigneurs pourroient mettre
,, fur pied ; qu'il vouloit auffi voir quel
,, effet produiroit fur l'efprit du Peuple,
,, le motif qu'ils allégueroient pour jufti-
,, fier cette levée de bouclier ; à quoi fe
,, détermineroient le Catholiques-Romains
,, d'Angleterre, qui paroiffoient déja tout
,, déconcertés depuis la prifon du Duc de
,, Norfolck ; & enfin quel parti prendroit
,, en général la Nobleffe d'Angleterre, &
,, combien de troupes la Reine ELISA-
,, BETH pourroit d'abord mettre fur pied.
,, Le Duc s'attend que je lui envoye,
,, continua Vitelli, un compte fidèle fur
,, tous ces articles, fans quoi il aura de la
,, peine à fe déterminer.
,, Les deux Comtes doivent fouper ce
,, foir avec nous ; & pour vous Monfieur
,, l'Ambaffadeur & moi nous avons jugé
,, à propos de vous retenir en Angleterre,
,, afin de difcipliner les Payfans que ces
,, Lords doivent armer. Pour cela vous
,, ferez bien-tôt obligé de vous mettre en
,, marche vers le Nord de l'Angleterre ;
,, vous trouverez plufieurs perfonnes de
,, votre connoiffance, & plufieurs braves
,, Officiers avec qui vous avez déja fervi,
,, & qu'on a tenu quelque tems difperfés
,, & cachés dans les maifons des Gen-
,, tilshommes, & des principaux des mé-
,, contens.
,, Il y avoit près de deux heures que le

O 5

,, Mar-

„ Marquis Vitelli étoit avec Brocardo ,
„ lorsqu'on vint dire à l'oreille à celui-ci
„ que le Comte de Northumberland de-
„ mandoit à le voir. Il ordonna qu'on le
„ fît entrer , & le dit en même-tems au
„ Marquis.

„ Dans cet intervale , Vitelli lui dit
„ en peu de mots qui étoit ce Comte
„ qui étoit venu à pied , envelopé dans
„ son manteau & sans domestique.

„ Ils en étoient encore aux premiers
„ complimens , que le Comte de West-
„ morland entra. L'autre Comte salua ce-
„ lui-ci par son nom & assez haut , apa-
„ remment par mégarde.

„ Bernardo , qui jouoit déja à merveille
„ le rôle de Signor Brocardo , leur repre-
„ senta qu'il seroit à propos d'être un peu
„ plus sur leurs gardes ; crainte que si
„ quelqu'un de la maison venoit à les en-
„ tendre se nommer , cela n'excitât une
„ certaine curiosité, & même ne fît naî-
„ tre des soupçons , de voir des person-
„ nes de leur rang venir comme en cachet-
„ te faire visite à un simple Marchand ;
„ & que de la curiosité on pourroit passer
„ à des informations , dont les consé-
„ quences ne pourroient qu'être dangereu-
„ ses , & peut-être même fatales.

„ Ils aprouvérent unanimement les ré-
„ fléxions de Brocardo , & convinrent
„ qu'on ne sçauroit prendre trop de pré-
„ cautions ; & le Comte de Westmorland
„ lui mettant la main sur l'épaule , lui dit :
„ Eh bien mon ami ! j'espére que nous au-
„ rons en vous un correspondant zèlé &
                              „ fidele :

„ fidèle : j'ai deux mille piéces de Ratine
„ ordinaire prête à remettre en vos mains,
„ je ne doute pas que vous ne nous en
„ rendiez bon compte, comme j'espére
„ sur-tout qu'elles vous arriveront à pro-
„ pos pour en tirer bon parti.

„ Et moi j'en ai trois mille, dit le Com-
„ te de Northumberland ; ils entendoient
„ l'un & l'autre des hommes par les piéc-
„ ces de Ratine.

„ Brocardo qui les comprit, répondit
„ que quand ils en auroient chacun dix
„ mille, il n'y en auroit pas de trop, qu'il
„ sçauroit où les employer avec avanta-
„ ge, & que c'étoit la marchandise dont
„ on avoit le plus de besoin à la Foire.

„ Don Gerardo, qui avoit déja mis au
„ fait les Comtes sur ce qu'étoit Don Ber-
„ nardo, arriva aussi déguisée, en man-
„ teau, & sans domestiques.

„ Signor Brocardo, dit-il après avoir
„ salué la compagnie, je vous aporte le
„ montant des Lettres de change que vous
„ aviez à prendre sur moi ; j'ai autant ai-
„ mé aporter la somme avec moi, parce
„ qu'étant toute en or, elle n'est pas d'un
„ si grand poids, que si c'étoit en argent,
„ ainsi je vous prie de m'en débarrasser, en
„ même-tems il lui remit le sac. Vous n'a-
„ vez que faire de vous donner la peine
„ de les compter, continua-t-il, vous pou-
„ vez m'en croire sur ma parole, vous y
„ trouvez justement quinze cens guinées,
„ je compte vous en faire tenir davanta-
„ ge demain.

„ Après cela on entra en discours, &

,, on entama la matiére qui faifoit le prin-
,, cipal motif de cette affemblée fecrette.
,, Les deux Comtes Anglois foutenoient
,, que fi l'on faifoit débarquer un bon
,, Corps de troupes réguliéres , dans le
,, même-tems qu'ils publieroient leur Ma-
,, fefte , cela encourageroit beaucoup les
,, gens d'une certaine forte , qui fans cela
,, n'oferoient fe déclarer pour eux , mais
,, qui s'ils fe voyoient foutenus fe met-
,, troient encore de la partie & agiroient
,, avec eux. Les Efpagnols fe trouvérent
,, d'un avis contraire , difant pour raifon
,, qu'un tel procédé leur feroit au contrai-
,, re pernicieux ; que le gros de la Nation
,, Angloife , fur-tout le Peuple , avoient
,, une antipathie naturelle contre tout ce
,, qui s'apelle Etranger ; que c'eft un Peu-
,, ple d'ailleurs extrêmement jaloux de fa
,, liberté : qu'ainfi pour peu que les enne-
,, mis leur fiffent entrevoir que ces Etran-
,, gers venoient pour faire la conquête de
,, leur Pays, en groffiffant les objets com-
,, me cela ne manqueroit pas , il en arri-
,, veroit que ceux même qui fans cela au-
,, roient été portés pour la bonne caufe ,
,, & qui auroient embraffé votre parti ,
,, loin de s'attacher à vous , ou de fe te-
,, nir du moins neutres , s'uniront à vos
,, ennemis, & feront caufe commune con-
,, tre ces troupes Efpagnoles, qu'ils regar-
,, deront comme un ennemi commun.
,, Il y eut outre cela bien d'autres alléga-
,, tions, & des objections des plus fortes ,
,, par exemple, quelles forces fuffifantes on
,, auroit dans le Pays ? quelle Place ? quel
,, Fort ?

„ Fort ? quel Port fur les côtes , foit pour
„ débarquer , foit pour fervir d'azile en cas
„ de befoin ? Qu'il étoit abfolument né-
„ ceffaire d'avoir quelque Port à leur dif-
„ pofition , ne fût-ce que pour avoir un
„ lieu affuré , pour s'y retirer & s'y main-
„ tenir en cas que l'événement vînt à ne
„ pas répondre à la juftice de la caufe qu'ils
„ foutenoient : caufe d'autant plus jufte ,
„ que c'étoit celle de leur Souveraine , de
„ leur Reine , d'une Souveraine qu'on
„ avoit trompée , & qu'on retenoit dans
„ une étroite prifon , & qui n'y étoit que
„ par la trahifon & la mauvaife-foi de
„ celle qui avoit ufurpé fes droits ; car
„ dans le fond il n'y avoit pas de Cafuifte
„ affez hardi pour défendre les droits pré-
„ tendus d'ELISABETH contre ceux de
„ MARIE , dont la légitimité étoit fi
„ autentiquement reconnue.

„ Du côté de la naiffance , ELISABETH
„ ne peut former aucune prétention , puif-
„ qu'elle n'eft pas née d'une couche légi-
„ time. Elle fçauroit avoir plus de droit
„ par le teftament du Roi HENRI , d'au-
„ tant qu'il ne pouvoit pas difpofer de la
„ couronne au préjudice de l'héritiére lé-
„ gitime , qui eft la Reine d'Ecoffe.

„ Mais fans nous écarter de l'affaire en
„ queftion , fi on venoit à faire au Roi
„ une propofition de cette nature , & telle
„ que la faifoient les deux Comtes , cela
„ donneroit à Sa Majefté quelque foup-
„ çon que ces Seigneurs n'euffent pas un
„ parti auffi fort qu'on le lui avoit repre-
„ fenté , & qu'au contraire la Reine ELI-
„ SABETH

„ SABETH n'eût pas un fi grand nombre
„ d'ennemis cachés qu'on l'avoit dit à le
„ Cour de Madrid.

„ Qu'il ne feroit pas poffible d'affembler
„ un certain nombre de troupes, même
„ fur les Côtes des Domaines du Roi, fans
„ donner quelque ombrage à la Cour d'An-
„ gleterre ; à plus forte raifon feroit-il
„ impratiquable de les faire débarquer en
„ Angleterre. Que les mefures que la Rei-
„ ne ne manqueroit pas de prendre pour
„ empêcher une defcente, feroient d'a-
„ bord avorter leurs deffeins, ruineroient
„ toutes les efpérances de l'infortunée
„ Reine prifonniére, occafionneroient une
„ Déclaration de guerre de la part de
„ l'Angleterre contre l'Efpagne, & pro-
„ cureroient aux Rebelles des Pays-Bas
„ la protection ouverte & déclarée de la
„ Reine ELISABETH : au lieu que s'ils
„ fe trouvoient par eux-mêmes affez forts,
„ non-feulement pour faire tête aux trou-
„ pes qu'ELISABETH pourroit mettre
„ fur pied, mais encore pour tirer de pri-
„ fon la Reine d'Ecoffe, & fortifier leur
„ part d'un Chef de cette conféquence ;
„ alors le Roi pourroit lever le mafque,
„ & ne fe verroit plus dans aucune nécef-
„ fité de garder des ménagemens & des
„ bienféances avec ELISABETH, &
„ qu'il pourroit alors leur envoyer ouver-
„ tement toutes les troupes qu'eux-mê-
„ mes croiroient néceffaires ; quoique ce-
„ pendant. vu la jaloufie naturelle des
„ Anglois contre les Etrangers, ces trou-
„ pes ne devroient jamais aller au-delà

„ d'un

„ d'un tiers , ou même d'un quart de ce
„ à quoi se monteroient celles qu'ils au-
„ roient levées dans le Pays , & qu'ils
„ auroient assemblées , & auxquelles on
„ joindroit celles que le Roi leur enver-
„ roit.

„ Que pour ce qui étoit de l'argent
„ Sa Majesté Catholique étoit toute prê-
„ te à fournir les sommes qui seroient
„ nécessaires pour cette entreprise ; qu'el-
„ le avoit même déja fait remettre cinq
„ cens mille piéces de huit, qui devoient
„ être données aux deux Comtes là-pre-
„ sens.

„ Que peu à peu cet argent seroit trans-
„ porté secrettement dans la maison du
„ Signor Brocardo , & que les Comtes
„ n'auroient qu'à le faire chercher de la
„ maniére , & par qui ils jugeroient à pro-
„ pos , avec toutes les précautions qu'ils
„ prescriroient eux-mêmes.

„ Quelques plausibles que parussent ces
„ raisons , les deux Comtes s'en accom-
„ modérent pas tout-à-fait. Ils represen-
„ térent que des troupes nouvellement le-
„ vées ne seroient ni dressées disciplinées ,
„ & par conséquent qu'elles ne pourroient
„ pas servir à grand chose , & qu'il fau-
„ droit pour le moins les mêler avec des
„ hommes déja formés & faits au service.

„ On leur répondit à cela , qu'ils avoient
„ dans le Nord de l'Angleterre quantité
„ de braves Officiers , qui avoient du ser-
„ vice & de l'expérience , qui pourroient
„ conduire leurs levées , & qu'on leur
„ join-

,, joindroit Don Bernardo qui étoit là-
,, préſent : outre qu'on ne pouvoit ſans
,, injuſtice révoquer en doute la capacité
,, du Marquis Vitelli. Que le Roi l'avoit
,, déja envoyé à l'avance , pour prendre
,, le commandement en chef des troupes
,, qui étoient prêtes à marcher à leur ſe-
,, cours , à la première nouvelle qu'on au-
,, roit que les Anglois auroient commen-
,, cé à remuer.

,, Ces Seigneurs Anglois tinrent après
,, cela pluſieurs conférences dans la mai-
,, ſon de Signor Brocardo : mais ils eurent
,, beau faire & beau dire , ils ne purent
,, jamais perſuader les Eſpagnols , ni les dé-
,, terminer à hazarder de débarquer aucu-
,, nes troupes.

,, A la fin le Comte de Weſtmorland ,
,, qui avoit un mécontentement perſon-
,, nel & particulier contre ELISABETH,
,, qui lui avoit ôté & affermé à d'autres
,, de riches mines de cuivre , qui ayant
,, été trouvées ſur ſes terres lui aparte-
,, noient de droit & ſelon les loix du Pays :
,, le Comte, dis-je , mécontent, ſe laiſſa
,, emporter à ſon reſſentiment, & entraî-
,, na le Comte de Northumberland dans
,, ſes ſentimens.

,, Ils partirent pour le Nord d'Angle-
,, terre , ils emmenérent avec eux Don
,, Bernardo , on y fit tranſporter l'argent
,, qu'on avoit reçu d'Eſpagne. Ils arboré-
,, rent l'étendart de la révolte plûtôt qu'il
,, n'avoient été réſolu , & même avant
,, que d'avoir bien pris toutes les meſures
,, con-

,, convenables en pareille occasion. A la
,, vérité ils se trouvérent comme forcés
,, à l'alternative , ou d'abandonner pour
,, toujours leur dessein , ou de se déclarer
,, comme ils firent ; parce qu'ELISA-
,, BETH , qui avoit découvert leurs tra-
,, mes , les avoit mandés à la Cour ; &
,, avoit sur leurs excuses , réitéré ses or-
,, dres en des termes si précis & si forts ,
,, qu'ils virent à n'en pas douter , qu'ils
,, avoient été trahis par quelqu'un , &
,, que la Reine sçavoit tout.

,, Les lettres & les autres papiers de
,, Don Bernardo , qui sont entre mes
,, mains , & dont j'ai extrait la plus gran-
,, de partie de ce qui a quelque raport à
,, sa vie , contiennent un détail très-am-
,, ple & des mieux circonstanciés des sui-
,, tes de cette révolte , qui fut si fatale aux
,, Chefs que j'ai déja nommé. Mais com-
,, me cette affaire n'a rien de commun
,, avec mon principal dessein , je la passe-
,, rai sous silence , & je me contenterai
,, de dire en passant , qu'ELISABETH
,, fit transférer la Reine d'Ecosse sa riva-
,, le dans une ville forte , devant laquelle les
,, rebelles n'étoient pas en état de mettre le
,, siége , d'autant qu'ils n'avoient tout au plus
,, que quatre mille hommes d'Infanterie ,
,, & cinq ou six cens de Cavalerie , &
,, encore quelles troupes ; au lieu que la
,, Reine avoit au-delà de vingt mille hom-
,, mes de troupes réglées & bien discipli-
,, nées ; ensorte que les rebelles n'osant
,, leur faire face , se retirérent plus avant
,, vers

,, vers le Nord, où ils espéroient augmen-
,, ter considérablement leur nombre, mais
,, il étoit trop tard. Non-seulement per-
,, sonne ne se joignit à eux, mais au con-
,, traire le peu de troupes qu'ils avoient
,, se fondirent peu à peu, tant par la dé-
,, sertion, que parce que la plûpart se dis-
,, persérent, chacun songeant à sa propre
,, sureté.

,, Le Comte de Northumberland & Don
,, Bernardo se réfugiérent en Ecosse ; &
,, le Comte de Westmorland se retira en
,, Flandre, où le Roi lui accorda une le-
,, gére pension pour son entretien.

,, Lorsque Don Bernardo fut arrivé à
,, Edimbourg, il y trouva un Vaisseau
,, Ecossois, qui étoit justement en char-
,, ge pour Cadiz. Il y retint une place en
,, qualité de passager. Il fit ce qu'il put
,, pour persuader au Comte de Northum-
,, berland de lui tenir compagnie & de
,, passer en Espagne, mais il ne put le dé-
,, terminer ; le Comte se laissoit encore
,, bercer de quelques lueurs d'espérance
,, de venir à bout de son premier dessein,
,, sur des lettres par lesquelles un certain
,, Gentilhomme nommé Dacres le flattoit
,, d'un promt & puissant secours, qui se
,, réduisit à quelques hommes mal disci-
,, plinés, que ce Dacres fit paroître à la
,, vérité, mais qui furent bien-tôt disper-
,, sés. Bernardo voyant l'entêtement du
,, Comte, prit congé de lui & s'embar-
,, qua pour l'Espagne. Son voyage fut
,, heureux, & il ne fut pas plûtôt à Ca-
,, diz

„ diz qu'il se rendit en poste à la Cour.
„ Il se fit annoncer au Ministre, qui don-
„ na part de son arrivée au Roi. Sa Ma-
„ jesté lui donna d'abord une longue au-
„ dience, & écouta avec attention &
„ bonté le détail qu'il lui fit de cette af-
„ faire, & de tout ce qui avoit raport à
„ la révolte de ci-dessus.

„ Au reste le Roi ne parut point éton-
„ né ni fâché. Comme il étoit d'une cons-
„ tance extraordinaire, il dit seulement
„ après avoir tout entendu avec patience
„ & sans s'émouvoir, je n'eus pas grande
„ idée de cette entreprise dès que j'apris
„ que le Duc de Norfolck étoit en pri-
„ son.

„ Pour vous Bernardo, ajouta le Roi
„ vous pouvez me servir plus utilement
„ en restant ici, qu'en retournant en Flan-
„ dre joindre votre Régiment ; je vous
„ fais Major-Général.

„ Bernardo remercia Sa Majesté, & lui de-
„ manda en même-tems la permission d'al-
„ ler mettre ordre à quelques affaires do-
„ mestiques, en cas que le service exigeât
„ qu'il ne s'éloignât point, ajoutant qu'il
„ espéroit avoir tout réglé chez lui au bout
„ d'un mois.

„ Le Roi le lui permit, mais il lui en-
„ joignit en même-tems de revenir d'abord
„ au bout de ce terme.

„ Au sortir de chez le Roi, il se ren-
„ dit chez le Ministre, qui lui fit expédier
„ son Brevet de Major-Général. De-là,
„ pour profiter du congé que Sa Majesté
„ lui

„ lui avoit donné, il ſe rendit en diligen-
„ ce à Eſtella ; il y trouva les affaires de
„ mon pere ſi délabrées, que pour le ſou-
„ lager il nous prit chez lui ma ſœur &
„ moi, & nous confia aux ſoins d'une bon-
„ ne vieille Douegne, qui étoit déja char-
„ gée de l'éducation de ſon fils.

CHAPITRE XV.

Suite du précédent.

» BErnardo mit ordre à ses affaires du
» mieux qu'il put , & s'en retourna à
» la Cour. A sa première audience le Roi
» lui dit qu'il l'avoit destiné à accompa-
» gner en Irlande Don Juan de Mendoza,
» & que dans une dixaine de jours il rece-
» vroit ses instructions ; qu'en attendant il
» vît le Ministre , qui lui parleroit plus
» amplement là-dessus.

» Il reçut effectivement ses ordres & ses
» instructions dans le tems que le Roi lui
» avoit dit ; & tout étant prêt pour le dé-
» part , ils se rendirent Don Juan & lui à
» Cadiz , où ils s'embarquérent à bord
» d'une Frégate légere. Ils eurent le vent
» favorable, le trajet fut court, leur voya-
» ge se passa agréablement , & ils arrivé-
» rent heureusement & en peu de jours sur
» les côtes d'Irlande.

» Don Bernardo couvrit les motifs de
» ce voyage en Irlande du prétexte de voir
» les parens de sa défunte femme , de se
» mettre au fait des affaires de sa famille,
» & de former ses prétentions sur la part
» qui devoit venir à son fils pour les droits
» de sa mere.

» Don Juan se donna pour un ami de
» Don Bernardo , & publia qu'il étoit ve-
» nu pour faire compagnie à son ami, &
que

» que son voyage n'avoit d'autre motif
» que celui de voir un Royaume dont on
» dit que les anciens habitans étoient une
» colonie de Peuples originaires d'Espagne.

» Mais le vrai motif de leur voyage étoit
» un ordre secret de la Cour, de bien exa-
» miner la situation de ce Royaume, &
» la disposition des esprits parmi la Noblef-
» fe Irlandoise ; à combien se monteroient
» bien les forces que les Catholiques-Ro-
» mains pourroient mettre sur pié ; quels
» seroient les ports de mer dont on pour-
» roit s'assurer plus aisément, & où l'on
» pourroit débarquer plus commodément
» les armes & les munitions dont leur fré-
» gate étoit chargée, pour ensuite les dif-
» tribuer en cachette parmi les anciennes
» familles du Pays.

» Le Roi voyant l'opiniâtreté des Fla-
» mans, sur qui les rigueurs & la sévérité
» du Duc d'Albe produisoient un effet tout
» oposé à ce qu'il en attendoit, comprit
» qu'il falloit qu'ils fussent assistés & ani-
» més sous main par la Reine Elisabeth.
» Là-dessus Sa Majesté se détermina à tout
» événement, en cas que cette Princesse
» vint à épouser ouvertement les intérêts
» des Flamans rebelles, & à tout préparer
» pour être en état de lui tailler de la be-
» sogne dans son propre Royaume.

» Don Bernardo & Don Juan furent très-
» bien reçus ; on leur fit le meilleur accueil
» du monde. Don Bernardo sur-tout fut
» accablé de politesse de la part des pa-
» rens de sa femme.

» Ils trouvérent toutes les facilités qu'ils
» purent

» purent fouhaiter pour débarquer leurs ar-
» mes & autres munitions , ils les diftri-
» buérent en différentes maifons , fur-tout
» parmi les parens de Bernardo , & ils de-
» meurérent dans ce Pays jufqu'au mois
» de Janvier de mil cinq cens foixante & dix.
» Ils attendirent cette faifon , & ils aimérent
» mieux s'en retourrer en hiver afin d'évi-
» ter l'Efcadre du Comte de la Marck ,
» qui étoit forte de vingt-quatre Vaiffeaux
» de guerre , & qui avoit déja fait bien
» du mal aux Efpagnols. Leur commiffion
» étant exécutée , ils s'embarquérent pour
» retourner en Efpagne. Leur voyage ne
» fut pas tout-à-fait fi agréable qu'il l'avoit
» été en allant, à caufe de la rigueur de la
» faifon ; mais du moins il fut heureux ,
» & il ne leur arriva aucun accident. Ils
» ne s'arrêtérent point à Cadiz , ils prirent
» la pofte , & fe rendirent en diligence à
» la Cour. Ils rendirent au Roi un comp-
» te exact de tout ce qu'ils avoient fait ,
» découvert ou remarqué , & Sa Majefté
» parut très-fatisfaite de la maniére dont
» ils s'étoient acquités d'une commiffion
» auffi délicate que celle dont ils avoient
» été chargés.

» Le Roi eut la bonté de dire à Don
» Bernardo , qu'il n'oublioit point fes fer-
» vices paffés , & que fon intention étoit
» de l'en récompenfer d'une maniére pro-
» portionnée à fes mérites ; qu'en atten-
» dant il pouvoit aller , s'il le vouloit , fe
» repofer de fes fatigues pour quelques
» mois , & qu'on fe fouviendroit de lui.

» Cette annnée fut remarquable par la
» Ligue

»Ligue entre le Pape , le Roi d'Espagne,
»& les Vénitiens contre les Turcs, qui
»avoient enlevé à ces derniers l'Isle de
»Cypre ; par la fameuse victoire de Lé-
»pante, que les Chrétiens remportérent
»sur les Infidèles ; & par la bravoure &
»la sage conduite de DON JUAN D'AU-
»TRICHE, frere naturel du Roi , qui
»avoit le commandement en chef des Ar-
»mées de la Ligue.

»A peine Don Bernardo avoit-il été un
»mois chez lui , qu'il fut rapellé à la Cour à
»la priére de ce Prince , qui en faisoit
»grand cas , & qui le demanda au Roi
»pour cette expédition dans les termes les
»plus obligeans & les plus flâteurs.

»Il se mit en chemin en Avril. A son
»arrivée à la Cour , il alla d'abord rendre
»ses respects au Prince , qui le présenta
»au Roi. Sa Majesté le gracieusa beaucoup,
»l'éleva au rang de Lieutenant-Général ,
»lui fit un présent de deux mille pistoles
»pour former ses équipages ; & lui pro-
»mit en outre qu'au retour de l'expédi-
»tion où on l'envoyoit, il seroit payé de
»tous les arrérages qui lui étoient dûs , tant
»pour ses apointemens, que pour les avan-
»ces de l'habillement de son Régiment.

»Tout se trouvant disposé pour le dé-
»part de la Flotte, le rendez-vous géné-
»ral fut assigné au Fare de Messine, d'où
»l'on fit voile ensuite le dixiéme Septem-
»bre , pour aller contre la Flotte des Turcs.

»Cette fameuse bataille a fait tant de
»bruit, que je me dispenserai de répéter
»tout ce qu'en dit Don Bernardo dans ses
» Mé-

» Mémoires ; je me contenterai d'en rapor-
» ter seulement les circonstances qui ont
» quelque raport particulier à ce qui le re-
» garde personnellement.

» Il avoit sous ses ordres, avec deux Ma-
» jors-Généraux , le commandement de
» six grandes galéasses , sur lesquelles il
» avoit soixante pièces de canon , & dans
» chacune quatre cens hommes choisis, qui
» formoient ce qu'on apelleroit les Enfans
» perdus de l'armée. Dans le commence-
» ment de la bataille , les Infidèles eurent
» l'avantage du vent , qui portoit toute la
» fumée de leur Flotte contre les Chrétiens.
» Cet avantage dura peu , le vent cessa ,
» & Don Bernardo profitant du calme, fit
» d'abord remorquer ses vaisseaux par quel-
» ques galéres ; & à la faveur de cette ma-
» nœuvre il avança sur l'ennemi , & com-
» mença à le mettre en desordre. Son exem-
» ple fraya au reste de l'Armée le chemin à la
» victoire, qui fut une des plus signalées qui
» se soient jamais remportées sur mer après
» celle d'Actium, qui est à quelques milles de
» Lépante. Une action aussi éclatante que
» celle-là, lui attira après la bataille les louan-
» ges & les remercimens de tous les Géné-
» raux ; outre que Don JUAN D'AUTRICHE,
» qui étoit un Prince des plus magnani-
» mes , eut une attention particuliére d'in-
» former la Cour que c'étoit principale-
» ment à la bravoure & à la prudence de
» Don Bernardo que le Monde Chrétien
» étoit redevable de cette victoire, qui avoit
» coûté aux Turcs deux cens galéres , tren-
» te mille morts , cinq mille prisonniers ,

P   » &

» & qui avoit procuré la liberté à vingt
» mille Chrétiens qui gémiſſoient dans l'eſ-
» clavage. Ce fut le ſeptiéme Octobre que
» ſe paſſa cette glorieuſe action, qui com-
» mença dès les cinq heures du matin, &
» ne finit qu'avec le jour.

» Don Bernardo reçut au ventre une
» bleſſure ſi dangereuſe d'un éclat de bois,
» qu'on crut qu'il n'en pourroit réchaper,
» & qu'on déſeſpera entiérement de ſa vie.

» Don JUAN avoit déja pour lui une
» eſtime des plus particuliéres, qui s'accrût
» encore beaucoup par le ſervice qu'il ve-
» noit de rendre à la Chrétienté. Ce Prin-
» ce alla d'abord lui rendre viſite, & fit
» venir ſes propres Chirurgiens pour le
» panſer. Dès qu'ils le virent, ils en au-
» gurérent d'abord très-mal, ils épuiſérent
» auprès de lui toute leur ſcience, enfin
» ils firent ſi bien qu'à force de ſoins ils le
» tirérent d'affaire ; mais il ſe paſſa pour-
» tant plus de ſix ſemaines avant qu'il fût
» hors de danger, & il fut près de neuf
» mois avant que d'être en état de ſortir.

» A ſon retour à la Cour, le Roi le re-
» çut avec toute la bienveillance imagina-
» ble. Sa Majeſté lui fit l'accueil du mon-
» de le plus gracieux, & eut même la bon-
» té de lui dire que le Généraliſſime lui
» avoit rendu juſtice, dans le détail qu'il
» avoit envoyé de la bataille.

» Après de tels éloges de la part d'un
» Monarque qui n'en étoit pas prodigue,
» & qui ne les donnoit pas à faux, les Cour-
» tiſans lui prodiguérent leur encens, mon-
» noye commune dans les Cours. Il reçut

» leurs

» leurs complimens avec une extrême mo-
» deſtie , & il ſongea enſuite à ſes affaires,
» & ſollicita le payement de ce qui lui étoit
» dû d'arrérages de ſes apointemens, & des
» avances pour l'habillement dont on a
» parlé ci-devant. Il repréſenta dans ſon
» mémorial , qu'il avoit été obligé d'en-
» gager ſes terres pour attendre ſon paye-
» ment, & pour que le ſervice du Roi
» n'en fut pas retardé.

» Les aplaudiſſemens furent prodigués
» pour un zèle ſi deſintéreſſé , & on lui
» promit de travailler inceſſamment à régler
» & à payer ſes comptes. Sur de telles pro-
» meſſes il ſe rendoit aſſidument trois ou
» quatre fois par ſemaine au Bureau de la
» Guerre, & régulièrement il en tiroit des
» louanges & des promeſſes , mais rien de
» plus.

» A la fin, laſſé de courir & de ſe voir
» amuſé , il préſenta un mémoire au Roi ;
» & comme le Miniſtre de la Guerre ſur-
» vint, le Roi lui parla en termes très
» forts. Le Miniſtre s'excuſa ſur la quan-
» tité d'affaires eſſentielles au ſervice de Sa
» Majeſté, & qui ne ſouffroient point de
» délai ; & ajouta que ce n'avoit été que
» parce qu'on ne pouvoit faire autrement,
» qu'on avoit ſeulement différé de quelques
» jours ce payement ; ajoutant qu'un Offi-
» cier comme Don Bernardo ne pouvoit
» ignorer l'état des affaires de la Guerre ,
» qu'il auroit dû faire attention & y avoir
» égard , & ſe diſpenſer de venir impor-
» tuner Sa Majeſté pour de telles bagatelles.

» Don Bernardo répondit , & il ne put

 » s'em-

»s'empêcher de le faire avec quelque ef-
»péce d'émotion, que de voir tout ſon
»bien enlevé par des créanciers, & ſon
»fils réduit à la miſére pour avoir ſervi
«ſon Roi avec un zèle à toute épreuve,
»n'étoi pas pour lui une ſi petite bagatelle.

»Sa vivacité le porta plus loin qu'il ne
»convenoit à un ſujet en préſence de ſon
»Souverain. Le Roi dit au Miniſtre d'un
»grand ſang froid, mais d'un ton ſec : Qu'on
»le paye d'abord & même ſans examiner
»comptes, & qu'à l'avenir je ne reçoive
»plus de tels reproches : puis tournant le
»dos il paſſa dans ſon cabinet, où il ſe
«fit ſuivre par le Miniſtre.

»Le lendemain Don JUAND'AUTRI-
»CHE fit apeller Don Bernardo, & luï
„dit que Sa Majeſté avoit été très-piquée
„de ce qu'il avoit parlé en ſa préſence avec
„tant de liberté, & qu'il avoit eu bien de la
„peine à adoucir le Roi, & empêcher que
„Bernardo ne fut remercié ſur le champ de
»ſes ſervices.

Don Bernardo rendit compte à Son Alteſ-
„ſe de tout ce qui s'étoit paſſé, & de tous les
„refus qu'il avoit eſſuyés au Bureau de la
„Guerre, & lui conta la pauvre défaite dont
„le Miniſtre s'étoit ſervi en préſence du Roi.

„De-là il fit au Prince un détail de tous
„ſes ſervices, de ſon eſclavage, de ſa ran-
„çon pour laquelle il avoit été obligé d'en-
„gager plus de la moitié de ſon bien ; des
„avances conſidérables qu'il avoit encore
„faites depuis cela, & qui l'avoient for-
„cé à engager le reſte de ſes terres. Il lui
„dit enſuite que toute la gratification qu'il
                              »eut

„ eut jamais obtenue , étoit un préfent de
„ deux mille piftoles , un Régiment qui
„ avoit achevé de le ruïner , & un vain ti-
„ tre de Lieutenant-Général ; qu'enfin il
„ étoit encore à recevoir le premier réal
„ de fes apointemens.

„ Il fuplia le Prince de vouloit bien re-
„ préfenter à Sa Majefté la déplorable fi-
„ tuation où il étoit réduit , perfuadé qu'un
„ Prince auffi fage & auffi éclairé trouve-
„ roit aifément le moyen de diminuer fa
„ faute , d'adoucir Sa Majefté , & d'en
„ obtenir le pardon qu'il demandoit avec
„ toute l'humilité poffible.

„ Don J U A N ne fit que hauffer les épau-
„ les : il lui dit que fa fituation étoit à plain-
„ dre , & que fon cas étoit épineux : il lui
„ promit cependant qu'il auroit la bonté
„ d'en parler à Sa Majefté , & qu'il ne né-
„ gligeroit rien pour lui rendre fervice.

„ Don Bernardo piqué , & avec raifon ,
„ contre le Miniftre de la Guerre , ne vou-
„ lut plus avoir affaire avec lui , & ceffa
„ d'aller au Bureau. Il fe contenta d'atten-
„ dre le fuccès des repréfentations que le
„ Prince Don J U A N lui avoit promis de
„ faire au Roi en fa faveur.

„ Quelques huit jours après , Don J U A N
„ l'envoya chercher & lui dit que fur les
„ repréfentations qu'il avoit faites au Roi
„ touchant fon affaire , Sa Majefté avoit
„ eu la bonté de lui marquer beaucoup
„ de fenfibilité fur ce' qu'il avoit fouffert, &
„ de ce que les Miniftres ne lui avoient pas
„ d'abord rendu juftice , felon les maximes
„ inviolables de Sa Majefté , qui étoient

,, de sçavoir distinguer les personnes de
,, mérite.

,, Que le Roi avoit donné de nouveaux
,, ordres pour qu'il fût payé en entier du
,, premier argent qu'il toucheroit pour le
,, payement des troupes. Le Prince lui
,, remit en même-tems cet ordre, en lui
,, disant de le porter lui-même au Minis-
,, tre, qui ne sçauroit trouver du prétexte
,, pour l'éluder, puisqu'il étoit signé du
,, Roi ; mais comme je sçai, ajouta le gé-
,, néreux Prince, en quel état est à présent
,, la Caisse, & que la situation de vos af-
,, faires ne vous permet pas d'attendre jus-
,, qu'à ce que les fonds soient rentrés, trou-
,, vez bon que je vous prête cette Lettre
,, de change sur le Banquier Pérez. Don
,, Bernardo, qui avoit l'ame extrêmement
,, haute, tâcha de s'excuser ; mais le Prin-
,, ce l'obligea, comme par force, à ac-
,, cepter la Lettre de change, qu'il ne put
,, refuser.

,, Regardez-moi, lui dit ce grand Prin-
,, ce, comme votre ami ; comptez que vous
,, m'obligerez toujours, en me mettant à
,, même de vous être bon à quelque chose
,, & en ne m'épargnant en quoi que ce
,, soit où je pourrai vous servir : en mê-
,, me tems il lui remit la Lettre de chan-
,, ge, qui étoit de mille pistoles.

,, Malgré sa répugnance, Don Bernardo
,, s'en fut avec l'ordre du Roi auprès du
,, Ministre de la Guerre. Il en eut pour
,, toute réponse, qu'il étoit bien plus aisé
,, à *Sa Majesté* d'ordonner des payemens,
,, que de trouver l'argent pour les faire ;
,, que

,, que pour le présent il n'y en avoit poi n
,, dans la Caisse ; & que le plus pressé, dès
,, qu'il y en auroit, étoit la paye & l'ha-
,, billement des troupes, qui manquoient
,, de tout dans les Pays-Bas ; & qu'enfin
,, il falloit qu'il eût patience jusqu'à ce qu'il
,, eût de l'argent de reste.

,, En un mot, Don Bernardo n'éprouva
,, que trop pour son malheur, que le Roi
,, même n'avoit pas grand crédit auprès du
,, Ministre, & qu'on ne faisoit pas grand
,, cas de ses ordres.

,, Alors il ne sçut plus quel parti pren-
,, dre, il alla rendre compte de tout à
,, Don J u a n. Son Altesse lui conseilla de
,, ne plus importuner le Roi ; mais que le
,, Duc d'Albe avoit imposé dans le Pays-
,, Bas une Taxe du dixiéme sur toutes sor-
,, tes de marchandises, qu'un tel impôt
,, devoit fournir des sommes considérables,
,, que de gré ou de force les Flamans se-
,, roient obligés de payer, & qu'il en
,, écriroit au Duc pour qu'il le payât sur
,, cette Taxe : qu'ainsi il lui conseilloit en
,, ami de se rendre au plûtôt en Flandre,
,, où se trouvoit encore son Régiment, &
,, de profiter de l'occasion qui se présen-
,, toit d'accompagner le Duc de Médina
,, Céli, qui avoit eu ordre de s'y rendre,
,, sur les nouvelles qu'on avoit reçues que
,, le Comte de la Marck s'étoit emparé de
,, la Brille dans les Pays-Bas.
,, Comme le Duc de Médina-Céli étoit
,, prêt à s'aller embarquer, Don Bernardo,
,, à la recommandation du Prince d'Autri-
,, g h e, fut admis à une audience du Roi,

 ,, pour

» pour prendre congé de Sa Majesté, qui
» lui fit un accueil des plus gracieux, &
» les plus belles promesses du monde.

» Il s'embarqua encore à bord de la Flot-
» te pour les Pays-Bas en compagnie du
» Duc de Médina Céli, qui de son côté
» fut charmé d'avoir avec lui un Officier
» d'un mérite aussi distingué & aussi gé-
» néralement reconnu, que Don Bernar-
» do : c'étoit en mille cinq cens soixante
» & douze.

» Jusqu'ici j'ai suivi ce que j'ai trouvé
» de la vie de Don Bernardo dans ses pro-
» pres papiers, où je dois lui rendre la
» justice, d'avouer qu'il parle toujours de
» lui-même avec une extrême modestie.
» Tout ce que j'ai là-dessus, tant de ce
» qui est écrit de sa main, que d'autres,
» m'a été remis par son Chapelain, de qui
» j'ai sçu que dans la route ils rencontrèrent
» la Flotte des Alliés & l'attaquèrent ; qu'ils
» perdirent la bataille, & furent entiére-
» ment défaits ; que les ennemis prirent
» plusieurs de nos vaisseaux, du nombre
» desquels se trouva celui où étoit Don
» Bernardo, qui y fut dangereusement bles-
» sé, & qui mourut de ses blessures deux
» jours après la bataille.

» J'ai sçu outre cela du Chapelain, qu'il
» fut échangé au bout de quelques mois :
» qu'à son retour à Estella il trouva que
» les créanciers s'étoient mis en possession
» des biens de Don Bernardo, & qu'ils
» nous en avoient mis dehors, le fils de
» Don Bernardo, ma sœur & moi, & que
» quelques personnes charitables avoient

» trou-

,, trouvé moyen de nous faire recevoir en
,, différentes Maisons des Orphelins.

,, Ainsi nous fûmes envoyés ma sœur &
,, moi à l'Hôpital de *Ségura* , qui étoit le
,, lieu de leur naissance, & le fils de Don
,, Bernardo fut reçu dans celui d'Estella ,
,, sans que qui que ce fut de leur parenté
,, songeât le moins du monde à leur don-
,, ner du secours.

,, Après avoir ainsi parcouru la vie de
,, mon oncle Don Bernardo, issu du second
,, fils du Comte de Ximenés, je vai à pre-
,, sent vous dire quelque chose de celle de
,, mon pere.

,, L'esprit de Don Sanche étoit d'une
,, toute autre espéce ; il étoit entiérement
,, livré à l'étude ; mais quelle ? pour son
,, malheur & pour le nôtre, c'étoit juste-
,, ment celle qu'on apelle la Philosophie
,, & la Médecine universelle , la Poudre
,, de Projection , le Grand-Oeuvre : & si
,, réduire l'or à rien est un signe certain
,, que le Philosophe est dans la bonne rou-
,, te , il est constant que mon pere étoit
,, dans la droite voye si jamais on y fut,
,, car les creusets , les fournaux , & les
,, expériences chymiques , eurent bientôt
,, englouti tout son or & son argent , &
,, peu à peu transmuant en fumée une pièce
,, de terre , & de-là une autre , il réduisit
,, à un grandissime rien tout ce qu'il avoit
,, au monde dont il pût disposer.

,, Le Trévisan, Zacharie, Ghéber, Zé-
,, non , le petit Paysan, le Cosmopolite
,, Raymond Lulle, & que sçai-je combien,
,, d'autres Sages de cette espéce ! l'occu-

P 5

,, poient

,, foient jour & nuit. Ce n'étoit pas en-
,, core affez pour lui de fe ruïner, de dif-
,, fiper tout fon bien, il y ruïna encore fa
,, fanté : s'il n'étoit pas mon pere, je dirois
,, prefque qu'à force de foufler, il s'étoit
,, enfin brûlé la cervelle ; tandis qu'il fe
,, croyoit lui-même l'homme du monde le
,, plus heureux, à la veille de trouver la
,, Pierre Philofophale, cette précieufe Pier-
,, re qui devoit lui fournir plus de trefors
,, que n'en ont les Mines du Pérou, cette
,, Médecine Univerfelle, qui devoit pro-
,, longer le cours de fa vie au-delà de celui
,, qu'on nous raconte que vivent le Cerf
,, & le Corbeau, & qui pour comble de
,, félicité & felon fes folles efpérances le
,, devoit maintenir durant cette longue vie
,, dans une parfaite fanté, & exemt de
,, toutes les infirmités qui accablent le ref-
,, te du Genre-humain.

,, A la vérité un certain Gentilhomme
,, Allemand qui travailloit & foufloit avec
,, mon pere, avoit bien trouvé le véritable
,, fecret de faire de l'Or, en auffi peu de
,, tems que mon pere faifoit de la fumée,
,, car dès qu'il vit que le bon-homme n'avoit
,, plus rien, il fe retira avec bien de l'or à
,, ce qu'on m'a affuré, fans qu'aucun des
,, amis de mon pere eût affez d'afcendant
,, fur fon efprit pour lui faire comprendre
,, que ce Charlatan le trompoit.

,, Le bon homme ne pouvoit pas fouf-
,, frir que qui que ce fût lachât la moin-
,, dre parole qui tendit feulement à le de-
,, fabufer de l'idée qu'il s'étoit formée de
,, fon Philofophe, qui felon lui étoit non
,, feu-

„ feulement le plus habile mais encore le
„ plus honnête-homme du monde.

„ Ma mere, & le reste de la parenté qui
„ le voyoient prêt à être ruïné, firent
„ envain tous leurs efforts pour prévenir
„ une si dure extrémité.

„ Hélas ! la pauvre Dame n'avoit que
„ trop bien deviné ce qui arriveroit ; mais
„ par bonheur pour elle, la mort l'enleva
„ avant que Don Sanche nous eût entié-
„ rement rendus misérables. *Les dissolvans ,*
„ *la révivification , la coalition , la putrefac-*
„ *tion , le changement des corps en esprits &*
„ *des esprits en corps , les subtisations, sublima-*
„ *tions , spiritualisations , oléaginités , incombus-*
„ *tibilités ,* & que sçai-je combien d'autres
„ termes de l'Art ! qui lui avoient couté
„ un tems infini & un argent immense ,
„ & qui étoient le seul langage , ou plû-
„ tôt l'unique barragoin qu'on entendoit
„ dans la maison , & les frais excessifs de
„ différens procès , conduisirent le pauvre
„ Philosophe dans une affreuse prison , à
„ lapoursuite d'impitoyables créanciers qui ,
„ peut-être n'avoient que trop abusé de sa
„ foiblesse & de son indolence. Tout ce
„ qui lui restoit de biens ne suffisant pas
„ pour payer la moitié de ses dettes , il
„ mourut insolvable , & nous laissa ma
„ sœur & moi entre les bras charitables de
„ Don Bernardo ; & à la mort de celui-ci
„ nous fûmes portés à l'Hôpital des Orphe-
„ lins de *Ségura* , où nous fûmes reçus sous
„ le nom de *Pérez.*

„ Le Chapelain de Don Bernardo étant
„ venu faire un tour à *Ségura* une couple

» d'années après tous ces malheurs ; il re-
» mit au Curé de cette ville tous les pa-
» piers dont j'ai tiré les éclaircissemens, &
» les preuves de ce que je viens de dire.

» Le Curé me vît un jour chez un des
» Administrateurs de l'Hôpital, à qui il
» étoit venu faire visite ; ma physionomie
» lui revint. Il me demanda au Directeur,
» qui fut charmé de se débarrasser du soin
» & des frais de mon entretien ; il me prit
» chez lui, & depuis eut un soin tout
» particulier de mon éducation & de mes
» études

» D'abord que je fus en âge, je pris les
» Ordres, je reçus le Sous-Diaconat, le
» Diaconat, & je fus ensuite ordonné Prê-
» tre ; & dès que ma sœur fut en état de
» gagner sa vie, on la mit en service.

» Après que le Chanoine Pérez eut fait
» tout ce détail, il finit en disant, qu'outre
» ce qu'il avoit tiré des papiers & titres
» dont on a parlé ci-dessus, qui lui avoient
» été remis par le Curé, il avoit encore
» apris bien des choses de différentes pér-
» sonnes d'âge à Ségura & à Estella.

CHAPITRE XVI.

*Don Sanche délivre le Comte de Leyva
d'un grand danger.*

A Peine mon pere eut-il fini fa narration,
que Don Pédro de Patillos arriva avec
fon époufe.

Les deux Avocats, en s'en retournant à
Valence, avoient paffé chez lui pour lui
rendre vifite. Comme on n'avoit point exi-
gé d'eux de garder le fecret fur la découverte qu'on venoit de faire touchant notre
famille, ils s'étoient fait un plaifir de l'en
inftruire, & il venoit pour nous en faire
compliment; & j'ofe bien affurer que la
part qu'il prenoit à cette bonne nouvelle
étoit des plus fincéres, car il étoit fort de
nos amis, & ma mere étoit alliée de fort
près à fa famille.

Pendant le fouper, Don Pédro propofa
une partie de chaffe de fanglier pour le
lendemain dans la forêt de mon Patron.
Mais mon pere repliqua qu'il feroit mieux
que les Dames fuffent de la partie, &
que pour les mettre à l'abri de tout danger on fît préparer un pofte, d'où fans
courir aucun rifque elles puffent avoir le
plaifir de la chaffe, & que pour cela il
feroit plus à propos de remettre la partie à
un autre jour.

Tout

Tout le monde fut de son avis , & la Comtesse d'Albano en particulier le remercia de son attention pour les Dames , ajoutant que pour elle elle seroit charmée de pouvoir s'y trouver.

Le lendemain matin toute la compagnie monta à cheval , les Dames même furent de la partie vêtues en Amazonnes , & nous allâmes faire un tour dans la forêt. Don Alphonse avoit donné ses ordres pour y faire trouver quelques charpentiers avec ceux de ses fermiers , & autres paysans de sa terre qui s'entendoient à cette chasse ; ses propres chasseurs étoient avec nous. On chercha le lieu qui seroit le plus commode pour les Dames , & l'on ordonna d'abord qu'on le disposât de façon qu'elles pussent voir la chasse sans crainte & sans aucun risque. Ce fut-là ce qui nous occupa toute la matinée.

On vit commencer l'ouvrage , on laissa travailler les charpentiers , & nous revînmes dîner. Comme il faisoit beau nous sortîmes Don Pédro , mon frere & moi , après avoir pris le caffé , & nous allâmes nous divertir à pêcher. Le reste de la compagnie s'amusa : les uns jouérent aux Echets , les autres aux Cartes , enfin chacun chercha à ne pas s'ennuyer jusqu'à l'heure du souper.

Le jour commençoit à peine à paroître le lendemain , que je fus éveillé par le son des cors qui nous apelloient à la forêt. Tout le monde fut bientôt prêt. Les piqueurs prirent les devans , & les Dames se placérent dans l'endroit qui leur étoit desdeftiné. Il n'y avoit que peu de tems qu'elles y étoient, lorfqu'on fit paffer devant elles un fanglier d'une groffeur extraordinaire. Les chaffeurs & les piqueurs fçurent fi bien le détourner, qu'il paffa plufieurs fois devant les Dames.

C'étoit la première fois que je me trouvois à cette forte de chaffe. Je fus tellement animé par les cris des chaffeurs, la voix des chiens, le fon des cors de chaffe répétés par différens échocs, que je ne croyois pas qu'on pût trouver de plaifir au deffus de celui-là.

J'avois auprès de moi un vieux chaffeur, à qui on avoit ordonné de me fervir de conducteur & de ne pas me quitter. Il m'impatientoit extrêmement, en me retenant fort fouvent, & en m'empêchant de courir où j'aurois voulu; parce que comme je ne connoiffois point cette chaffe, je ne croyois pas qu'il y eut aucun danger.

J'étois d'autant plus piqué que je voyois aller mon frere dans les mêmes endroits où mon guide ne vouloit pas que j'allaffe & je ne pus m'empêcher de lui en demander la raifon. Il me difoit qu'il n'y avoit que très-peu de danger pour mon frere où il y en auroit beaucoup pour moi; qu'à la vérité il n'étoit encore qu'un jeune homme, mais qu'on pouvoit le regarder comme un vieux & rufé chaffeur; & des plus expérimentés.

Nous eûmes pendant deux bonnes heures tout le plaifir de la chaffe, que nous courûmes grand rifque de voir finir d'une maniére des plus tragiques.

On

On dit que le naturel du sanglier est
de fuir ceux qui le poursuivent tant qu'il
en a la force, ou qu'il n'en est pas empê-
ché ; mais que dès qu'il voit qu'il ne peut
plus échaper, il se met en défense, il s'ac-
croupit contre quelque tronc d'arbre, afin
de ne pouvoir être attaqué par derriére ;
il devient furieux & souvent tue quantité
de chiens, & pour l'ordinaire les meilleurs
comme les premiers à l'attaque. Tant qu'il
court il ne se détourne point pour attaquer
ni les chasseurs ni les chiens, s'il n'est pas
blessé ; mais s'il l'est, il se jette avec fureur
sur celui par qui il l'a été.

Don Alphonse, qui entendoit parfaitement cette chasse, & qui à voir courir la
bête connut qu'elle ne pouvoit aller loin,
craignit pour ses chiens : il courut au ga-
lop sur le sanglier, & lui poussa sa lance
dans l'épaule droite au moment qu'il passoit
devant les Dames : mais ayant poussé la
lance avec trop de force, il tomba la tête
la première en glissant le long du col son
cheval. Le sanglier furieux alloit se ruer
sur lui, & l'auroit infailliblement déchiré
si mon frere qui suivoit le Comte, n'eut
percé la bête d'un coup de javelot, & ne
l'eut comme clouée à la terre, au moment
qu'elle étoit à peine à deux piés du Comte, & qu'elle alloit sauter sur lui. Les Dames
à ce spectacle furent saisies d'horreur, &
jettérent les hauts cris, la Comtesse de
Leyva s'évanouit & perdit toute connoissance.

D'abord mon frere courut au ruisseau qui
étoit tout proche, il aporta de l'eau dans

fon chapeau, & lui en jetta au vifage pour la faire revenir. Le Comte qui n'étoit point bleffé vint auffi au fecours de fa femme, il la prit entre fes bras; & lui parla. La voix du Comte, & le plaifir de voir qu'il n'avoit aucun mal, contribuérent le plus à la faire revenir à elle; mais elle fut deux ou trois jours avant de pouvoir fe remettre entiérement, tant la peur l'avoit faifie.

Dès que la Comteffe eut repris fes fens, mon frere tira fon couteau de chaffe & trancha la hure de l'animal, puis fonnant la mort de la bête, le fon de fon cors apella les autres chaffeurs qui étoient plus éloignés.

A ce fon, celui qui me conduifoit me dit que la bête étoit morte : nous courûmes au champ de bataille, & nous arrivâmes juftement comme mon frere montoit vers les Dames, tenant au bout de fa lance cette hure qui me parut terrible.

Il s'adreffa à la Comteffe de Leyva à peu près en ces termes. Permettez Madame que je mette à vos piés cette tête d'un ennemi qui vous a fait tant de peur, & il mit effectivement la hure à fes piés. La Comteffe lui fauta au col, & l'embraffant tendrement : Que ne vous dois-je pas mon cher Sanche? lui dit-elle : Non, tout ce que je poffede au monde, ma vie même, feroit trop peu de chofe pour m'acquiter auprès de vous. Et moi Madame, reprit mon frere, quelles graces ne dois-je pas rendre à la Providence, de m'avoir mis en état de vous être bon à quelque chofe, & de rendre ce fervice à mon généreux

Pa-

Patron ! Don Alphonse l'embrassa à son
tour, l'apellant son libérateur.

Dès que nous fûmes instruits de ce qui
s'étoit passé, nous félicitâmes unanimement
le Comte de Leyva & mon frere ; celui-
là d'avoir échapé un tel danger, & celui-
ci de l'en avoir délivré.

Comme Madame de Leyva se trouvoit
encore mal, nous retournâmes tous au
château. Mon frere reçut avec une extrême modestie les complimens qu'on lui
fit sur le service qu'il avoit rendu à Don
Alphonse ; mais il me dit en particulier,
que de ses jours il n'avoit goûté de joye si
parfaite, que celle qu'il avoit sentie en
sauvant notre cher Patron d'un danger auquel il auroit surement succombé, s'il ne
l'eut secouru à tems.

On proposa à la Comtesse de Leyva de
se mettre au lit, l'assurant qu'un peu de
repos pourroit lui faire du bien. Elle s'en
défendit par politesse, pour ne pas quitter
la compagnie. Là-dessus les autres Dames
dirent qu'elles avoient aussi besoin de repos, tant par la fatigue & la frayeur,
que parce qu'elles s'étoient levées trop matin ; que si Madame de Leyva vouloit bien
prendre un peu de repos, elles suivroient
toutes son exemple, & se contenteroient
d'une tasse de chocolat jusqu'au soir, qu'elles n'en souperoient que mieux.

Don Pédro passa quatre jours à Leyva
avec nous. Avant de s'en retourner il in-
vita toute la compagnie à aller passer une
partie de l'Eté à sa terre ; mais sur ce
qu'on lui représenta que nous devions aller

à

Madrid pour des affaires, & que le jour
de notre départ étoit déja fixé, il exigea
que les Dames y allaffent avec mon oncle & Don Scipion après notre départ,
& y attendiffent notre retour. Il les pref-
fa fi fort, qu'elles ne purent le refufer. Peu
de jours après tout étant réglé & difpofé
pour le voyage, nous nous mîmes en chemin pour Madrid.

CHA

CHAPITRE XVII.

Arrivée de Don Alphonse à Madrid.

NOtre voyage se passa sans qu'il nous
arrivât rien de remarquable , ni aucun accident. En arrivant nous allâmes
loger dans un hôtel qui nous avoit été
préparé par un domestique de Don Alphonse , que ce Seigneur avoit envoyé d'avance , afin que tout fût prêt pour nous loger commodément.

Nous restâmes trois jours au logis sans
sortir , tant pour nous repoer , que pour
nous arranger , & régler notre maison.
Pendant ce tems-là mon pere fit venir les
plus habiles Avocats , pour sçavoir comment il devroit s'y prendre pour se faire
reconnoître dans les formes pour Comte
de Ximenés.

Ils furent tous unanimement d'avis qu'il
présentât à Sa Majesté une requête , dans
laquelle il exposeroit ses titres , & la su-
plieroit de l'admettre au rang de Titulado ,
auquel il pouvoit prétendre par le droit
de sa naissance.

Cette requête une fois presentée , dirent-
ils , Sa Majesté la fera communiquer à
l'Avocat-Général ; celui-ci consultera là-
dessus avec les Conseillers du Roi , & avec
les Généalogistes ; ils examineront ensemble toutes les preuves qui leur seront four-
nies ;

nies; après cela ils en feront leur raport
au Roi; & si Sa Majesté le trouve en
votre faveur, elle renverra le tout à las
Cortès, avec ordre de vous reconnoître
en qualité de Titulado, & de vous accorder le même rang qu'ont occupé vos ancêtres.

Enfin, pour ne pas ennuyer plus long-
tems le lecteur du détail de cette affaire,
je dirai en peu de mots, que mon pere
s'adressa au Roi, qu'il fut introduit par le
Duc d'Ossune à la recommandation de
Don Alphonse, & qu'il présenta sa requête à Sa Majesté.

Le reste de la procédure se passa, comme les Avocats l'avoient déjà annoncé.
Deux mois s'écoulérent avant qu'on eût
mis au net toutes les preuves, & examiné les différens titres qui étoient dans les
Archives. Ensuite le raport se fit, & tout
favorisant la prétention de mon pere, il
fut admis au rang & titre de Comte de
Ximenès.

Lorsque mon pere fut remercier le Roi,
nous fûmes aussi présentés à Sa Majesté
mon frere & moi. Le Monarque eut la
bonté de féliciter mon pere, & nous reçut très-gracieusement. Après cela nous
reçûmes les visites & les complimens de
toute la principale Noblesse de Madrid.

Le Roi qui reconnoissoit parfaitement
mon pere, lui dit un jour, qu'il vouloit
gratifier le Comte Ximenès de quelque
marque de sa faveur Royale, & qu'il lui
donneroit la Croix de l'Ordre de Calatrava.

Mon

Mon pere remercia Sa Majefté de l'honneur qu'elle vouloit bien lui faire ; mais il ajouta avec beaucoup de refpect, qu'il regarderoit comme la plus grande marque de la bonté Royale, fi Sa Majefté daignoit accorder cet honneur à fon fils ; que pour lui il étoit fur la fin de fa courfe, & que felon l'ordre de la nature il reftoit à fon fils l'efpérance d'une longue vie, qu'il confacreroit au fervice de Sa Majefté, dont il pourroit plus long-tems reconnoître les bontés.

Le Roi prit fort bien cette marque de tendreffe paternelle de la part de mon pere, & lui dit qu'il donneroit la Croix à mon frere, ce qui fe fit peu de jours après.

Pendant que mon pere étoit tout occupé de fes affaires, nons eûmes le tems mon frere & moi de faire des connoiffances. Nous nous trouvions réguliérement au Cercle & aux Affemblées : il y avoit peu de nuits que nous ne fuffions engagés à quelque partie de Jeu, de Souper, ou de Bal, au fortir de la Comédie. Une nuit, entre autres, que nous avions été chez le Comte de Torre-Léone, nous nous retirions au logis environ une heure après minuit. A peine étions-nous à vingt pas de chez nous, que nous aperçûmes à la lueur des flambeaux que nos valets portoient derriére le caroffe, des gens qui fe battoient & nous vîmes qu'ils étoient trois affaillans contre un homme que fe défendoit vigoureufement.

Nous fîmes arrêter le caroffe, & nos gens ayant ouvert la portiére, nous mîmes

mes d'abord pied à terre pour aller au secours de l'attaqué, qui alloit être accablé
par le nombre. Les agresseurs voyant ce
secours, se retirèrent peu à peu ; deux
d'entre eux commencèrent à reculer ; le
troisième, qui fit plus de résistance que
les autres, fut celui que mon frere attaqua.

Comme nous étions tout proche de chez
nous, un de nos laquais étoit d'abord allé
y porter la nouvelle de ce qui se passoit,
& demander du secours. Don Alphonse
& mon pere vinrent sur le champ avec
plusieurs domestiques. Comme ils venoient
avec des lumiéres, deux des agresseurs
prirent promptement la fuite & quittèrent
le champ de bataille. L'autre, ayant été
blessé par mon frere dans la poitrine & à
l'aine, fut bien-tôt environné & saisi : on
le fit d'abord porter dans notre maison :
nous y invitâmes aussi l'étranger que nous
avions secouru, & qui avoit reçu une
légére blessure dans le côté.

Dès que nous fûmes dans la chambre,
le cavalier se trouva mal ; & s'évanouit.
On avoit eu la précaution d'envoyer d'a-
bord chercher un Chirurgien ; comme il
ne demeuroit pas loin, il ne tarda pas
de venir ; il visita les deux blessés, mit
le premier apareil à leurs blessures, & dit
qu'il falloit d'abord les mettre au lit. En
même-tems s'adressant à celui qui étoit
le plus dangereusement blessé : Je vous
conseille, Monsieur, lui dit-il, de vous
disposer à quitter le monde ; je me croi-
rois responsable de la perte de votre ame,

ſi je manquois à vous avertir d'envoye:
vîte chercher unConfeſſeur;car juſqu'à pre
ſent, à moins d'un miracle, je ne vois pa:
que vous en puiſſiez échaper. Puis il di:
au jeune cavalier, que ſa bleſſure n'étoit
point dangereuſe, mais qu'il devoit ſe
coucher chaudement, & ſe garder de l'air
& du froid.

On les coucha d'abord dans la maiſon, en deux différentes chambres. Le cavalier qui étoit encore tout jeune, & qui avoit bien l'air d'un homme de condition, nous demanda en grace de vouloir bien envoyer quelqu'un chez Don Géronimo de Hiſſopillo dans la Calle-Mayor, & avertir que nous l'avions retenu, qu'on ne l'attendît pas cette nuit, & qu'il ne s'en retourneroit que le lendemain, mais qu'on eût bien ſoin de ne rien dire de ce qui s'étoit paſſé; car je crains, ajouta-t-il, qu'on n'effraye ma mére; outre qu'elle viendroit d'abord, & vous donneroit plus d'embarras en venant ici à une heure ſi indue.

L'autre bleſſé pria inſtamment qu'on voulût bien lui faire venir promptement un Confeſſeur; quoique, dit-il, je craigne fort qu'un repentir au lit de la mort après avoir vécu dans le crime, ne ſoit pas d'un grand mérite: mais Dieu eſt infini dans ſa miſéricorde comme dans ſes autres attributs. Je m'apelle Angello della Gamba; le fils du Duc d'Oſſuna n'eſt qu'un lâche, & je meurs de la main d'un enfant.

Il fut confeſſé par un Pere de Saint Dominique, après cela il reçut les derniers
Sacre-

Sacremens. Vers les sept heures du matin,
il se sentit plus foible., il pria le laquais
qui étoit près de son lit., de demander
au Maître de la maison qu'il lui fît la
grace de venir , qu'il avoit quelque chose à lui dire.

Don Alphonse & mon pere se rendirent
auprès de son lit. Je vous remercie Messieurs , dit-il en les voyant, de la charité
que vous avez exercée envers le plus grand
scélérat & le plus méchant homme qu'il
y eût sur la Terre ; je me vois sur le point
de la quitter , & j'en sortirois avec une
conscience bien plus tranquile que je ne
fais , si ce malheureux Don Carlos...... ne
m'eût engagé à le suivre.

Je suis né à Rome , j'y ai exercé long-
tems le métier de ce qu'on apelle un Bra-
vo, c'est-à-dire Assassin. J'avois échapé
pendant bien des années aux pourfuites de
la Justice, parce que je n'avois point été
découvert ; cependant ayant été une fois
engagé à assassiner un certain Don Pédro
de Patillos neveu de l'Ambassadeur d'Espagne à Rome, je fus découvert je ne sçai
comment, & je fus pris & condamné.

Je fus assez heureux d'obtenir par l'in-
tercession même de ce Seigneur , un pardon que je n'attendois point ; & que je
n'avois pas mérité. Je rentrai là-dessus en
moi-même, je conçus la plus vive horreur
de ma vie passée, & je pris une ferme résolution d'abandonner un métier si détestable , & d'employer le reste de mes jours
à me repentir de mes crimes. Hélas ! j'a-
vois bien tenu cette résolution , jusqu'e

çe que, pour mon malheur, mon mauvais génie me fit connoître ce Don Carlos lorsqu'il passa à Rome. Il m'engagea
à son service, je l'ai suivi, & suis venu
ici comme le papillon à la chandelle. Le
jeune cavalier que nous voulions assassiner hier au soir, aspiroit à épouser Dona
Isabella Marquina. Don Carlos..... en
est devenu amoureux. Son intention est
de la débaucher, & d'en venir à bout
par force, s'il ne le peut par douceur.... Ah!
je n'en puis plus.... je me meurs!... Si
Dieu me fait miséricorde... je demande...
Il n'en put dire davantage, il expira.

Lorsque le Chirurgien vint pour voir le
jeune homme, & lever le premier apareil, il le trouva assez bien & sans fièvre,
& lui fit espérer qu'il pourroit sortir dans
sept ou huit jours; car quoique sa blessure
fût assez grande, elle n'étoit pourtant que
dans les chairs, & n'étoit pas dangereuse.

Vers les onze heures il vint un domestique de la part de Don Géronimo Hissopillo, pour sçavoir si Don Henri son fils
iroit dîner au logis.

Mon pere dit au laquais qu'il alloit lui-
même voir Don Géronimo, & lui appren-
dre le motif pour lequel nous retenions
Don Henri chez nous, qu'il espéroit
que son pere ne le trouveroit pas mauvais.

Effectivement mon pere fit mettre les
mules au carosse, & s'en alla droit chez
Don Géronimo. Après les premiéres civilités, il amena insensiblement le discours
sur l'avanture de la nuit précédente, &
sur

eut grand soin de prévenir le pere que la blessure de son fils n'étoit qu'une bagatelle, & que le Chirurgien assuroit qu'en peu de jours il seroit parfaitement guéri.

Don Géronimo fit bien des remercimens à mon pere, la conversation ne fut pas longue; il étoit trop empressé à venir voir son fils; il pria mon pere de trouver bon qu'il l'accompagnât; mon pere répondit qu'il lui feroit beaucoup d'honneur. Pendant qu'il causoient ensemble, il paroissoit à mon pere d'avoir connu autrefois ce Seigneur quelque part. En descendant l'escalier, celui-ci ordonna à un de ses gens de faire atteler son carosse, & de venir le prendre chez le Comte Ximenés ; mon pere étoit déja connu de tout le monde en cette qualité.

Après avoir été quelque tems dans la chambre où étoit Don Henri, & s'être beaucoup entretenu avec le Chirurgien, il fit de nouveaux remercimens à mon pere, & le pria de permettre à la Sennora Hissopillo de venir chez nous pour voir son fils.

Mon pere lui répondit qu'il étoit le maître de la maison, & qu'il pouvoit disposer de tous ceux qui y étoient, comme il feroit chez lui. Il remercia mon pere, il nous fit aussi compliment à mon frere & à moi, & nous embrassa en s'en allant. Son carosse étoit déja à notre porte. Il ne put se dispenser en arrivant chez lui, de dire à sa femme ce qui étoit arrivé à Don Henri : à la vérité il prit toutes les précautions nécessaires pour ne la point allarmer, il eut ſoin de lui dire que la bleſſure étoit legére, qu'il ne couroit aucun riſque, qu'on avoit autant de ſoin de lui chez nous, que s'il étoit l'enfant de la maiſon. Toutes ces raiſons ne firent que très-peu d'impreſſion ſur l'eſprit de la bonne Dame : elle fut d'abord ſi ſaiſie, qu'on auroit dit que ſon fils étoit mort.

A l'inſtant même elle accourut chez nous ; elle ſe jetta au col de ſon fils, elle le baignoit de ſes larmes ; elle reſta tout le jour auprès de lui ; & quoiqu'elle vit qu'il n'étoit point en danger, on ne pouvoit la conſoler. Nous lui offrîmes un bouillon ou du chocolat, il ne fut pas poſſible de lui faire prendre la moindre choſe. Elle auroit paſſé la nuit auprès de Don Henri, ſi le Chirurgien ne lui avoit repreſenté que ſa préſence & ſon chagrin ne feroient que retarder la guériſon de ſon fils. Enfin elle ſe rendit aux raiſons des Chirurgiens & à nos repreſentations ; elle ſe retira, & promit de ne pas revenir de quatre jours.

Pendant qu'elle fut chez nous, mon pere ordonna à un de nos laquais de s'informer de quelqu'un de ceux de cette Dame, ſi Don Géronimo n'étoit pas Catalan. Sur ce qu'on lui raporta qu'il étoit de Barcelonne, que c'étoit un des plus riches cavaliers de cette province, tant par ſes grands biens, que par les bienfaits du Roi, mon pere ſe reſſouvint de l'avoir vu fort ſouvent à la Cour, lorſqu'il y étoit lui-même employé aux affaires, & ſe rapella ſon hiſtoire.

Sur

Sur ces entrefaites Don Alphonse & le Comte Ximenés donnérent part à la Justice de tout ce qui s'étoit passé.

On fit transporter le cadavre à la Conciergerie ; & après quelque formalités, les Juges le condamnérent à être exposé sur une roüe proche le grand chemin, & le déclarérent indigne de la sépulture.

La Veuve d'Angelo della Gamba vint se jetter aux pieds de Don Alphonse, & le suplier d'employer son crédit pour faire révoquer la sentence contre le corps de son défunt mari.

Don Alphonse lui répondit que cela n'étoit pas en son pouvoir ; mais que si elle vouloit revenir un autre jour, il auroit soin d'elle pendant notre séjour à Madrid ; qu'ensuite, comme il ne doutoit pas que Don Pédro de Patillos ne fût assez charitable pour lui assurer du pain pour le reste de ses jours, il se chargeroit du soin de la faire conduire chez lui lorsque nous nous en irions.

Cette pauvre malheureuse, qui n'étoit pas d'ailleurs des plus affligées de la mort de son mari, ne s'étant pas attendue qu'il fît une autre fin, au train de vie qu'il menoit, accepta avec joye l'offre de Don Alphonse. Elle fut conduite chez Don Pédro de Patillos, qui lui fit une pension viagére, en reconnoissance du service qu'elle lui avoit rendu pendant qu'il étoit à Rome.

F I N.